産経NF文庫
ノンフィクション

全体主義と闘った男
河合栄治郎

湯浅 博

文庫版のまえがき

よほど「全体主義」というフレーズが気に障ったのかもしれない。拙著『全体主義と闘った男　河合栄治郎』を批判する論評が、海を隔てた中国から飛んできた。中国共産党の機関紙、人民日報系の環球時報（電子版）が、「右翼の本だ」とかみついたのである。共産党が気に入らない批判者を右翼と決めつけるのはいつものことで、それが「全体主義の批判者」という意味ならその通りなのだ。

この本は安倍晋三首相が平成三十年の年末から年始の休暇中に、読書などで過ごすとフェイスブックに投稿した写真の三冊の中の一つに入っていた。テーブルの上には、作家の百田尚樹氏の『日本国紀』、垣根涼介氏の『信長の原理』、そして『全体主義と闘った男』が並んでいた。

環球時報は拙著について、「自由主義を信奉した経済学者の物語を通じて、日本の左翼集団を批判する内容」であると紹介する。同紙が『全体主義と闘った男』を、勝手に「左翼集団を批判する内容」とそらしていたので、本書を通じて河合の人間像を味読していただければ、なぜ中国共産党の親戚筋が目の敵にするのかが分かるのではないかと思う。

河合栄治郎は戦前期の時代状況の中で、その生涯を「自由の気概」をもって生きた唯一の知識人であった。全体主義は人間の営みに反する一党独裁体制を無理に維持しようとするから、彼らには自由ほど怖いものはない。河合は昭和初期に、左の全体主義であるマルキシズムが論壇を席巻すると、その自由を阻害する危険性を追及した張本人である。

やがて、右の全体主義であるファシズムが台頭すると、身の危険を覚悟で一人これを痛烈に批判した。そして、河合の『ファシズム批判』など四著書が発禁処分になり、危険思想家として有罪判決を受けると、病魔に襲われて死去する。

その「独立不羈の精神」は、戦後世界を形成してきた自由、民主主義、法の支配など自由の擁護につながる。従って、自由主義の国際秩序に挑戦する中国の習近平政権にとって、本書は安倍首相にどうしても読んでほしくない一冊なのだろう。

習国家主席は平成三十年十二月に開催の改革・解放四十周年記念式典で、「マルクス主義の指導的地位を堅持」しつつ、中国の特色ある社会主義の道を歩むことを求めているところからも、拙著を蛇蝎のごとく嫌う理由がある。

環球時報はさらに、「中国脅威論を宣揚する著書もあり、中国を覇権国家だと騒ぎ立てている」と激しく非難した。人は理路より字句に怒るが、共産党はもっと怒る。記事には、もう一つの拙著『中国が支配する世界―パクス・シニカの未来年表』（飛鳥新社）の写真が掲載されていた。この本は、ソ連崩壊を例に中国の全体主義を待ち受けているのは、栄光か奈落か。衰亡のタネは繁栄の中に潜んでいると、その要件をあげた。そのうえ、日米豪印とアジアの民主国家が、全体主義国家の野望にどう対峙すべきかを提起しているから、これこそ「頑迷な右翼分子」のレッテルにふさわしいとの判断なのだろう。欣快にたえない。

平成三十一年三月

湯浅　博

序章 〝進歩的大衆人〟が日本を漂流させる

「革新幻想」に踊っていた

昭和四十三（一九六八）年秋のこと、木枯らしがようやく東京・駿河台の銀杏《いちょう》並木を駆け下りていく。ヒマラヤスギが天をつく大学の中庭は、政府と大学当局を糾弾する立て看板で埋め尽くされていた。捨てられたアジビラと銀杏の落ち葉が風に吹き寄せられている。怒声に近い学生のオルグ演説や、かき鳴らすギターはもう聞き慣れた。

あれは、倦怠《けんたい》と野蛮《やばん》が奇妙に混在する時代であった。大学は「学生会館闘争」と「七〇年安保反対闘争」が重なって、全学で授業がストップしてしまっていた。大学キャンパスは過激派学生とその同調者に占拠されていたのである。

一九六〇年代後半の学生たちの反乱は日本だけではない。中国では紅衛兵による文化大革命が起き、パリのソルボンヌ大学で始まった「五月革命」が、米欧の大学で同時並行的に吹き荒れた。これに小田実《おだまこと》、開高健《かいこうたけし》、鶴見俊輔《つるみしゅんすけ》らによるべ平連（ベトナムに平和を!市民連合）の反米運動も重なっていく。

全共闘系学生たちの加虐性は、体制との距離を「主体性」という抽象表現で自己批判させ、

「お前は何者なのだ」と問い続ける。体制か反体制か。共産党を意味する代々木系か反代々木系か。あの倦怠と野蛮の時代は、敵対しあう小集団がはびこって互いにつぶし合っていた。フランス映画の『ポリー・マグー　お前は誰だ』に触発され、おしゃれで毒のあるウィリアム・クライン監督の視点が、学生たちを妙に引きつけた。

しかし、何を読み、何を聞いても、「七〇年安保」の〝反乱の季節〟が何だったのかの説明がつかない。羅針盤のない航海のように未熟な精神が彷徨《ほうこう》し、どこからか「お前は誰だ」と心の内に呼びかけてくる。信頼できる羅針盤がなければ、自らの緯度経度が分からないまま さまよい続けるのだ。

そんな折に、東京の神保町にある古本屋街の一角で、書棚からカーキ色の現代教養文庫と、セピア色の自由選書を取り出した。『学生に与う』（河合栄治郎）と『戦後日本の思想と政治』（関嘉彦、林健太郎）である。前者は戦前に東京帝国大学教授だった河合栄治郎の書いたもので、もう一冊はその門下生らによる古い本である。そして三冊目はハンナ・アーレントの『全体主義の起源』（三分冊の一冊）だったが、こちらは値が張るので元の棚にそっと戻した。

手元に残った二冊にはところどころに染みがあり、元の持ち主が赤鉛筆を引きながら熟読玩味《がんみ》していた痕跡があった。河合の『学生に与う』のページをめくると、「かくて教養は人生に於ける戦いである」との一節が浮かび上がってくる。人は「心の中の戦いを忘却しがちである」が、それに打ち勝って人格を陶冶《とうや》しなければならない、と河合は説いた。

その河合が「日支事変」の勃発をどう考えるかに苦闘していたちょうど同じ頃に、オランダの文明批評家のヨハン・ホイジンガが『朝《あした》の影のなかに』を書いていた。厳しいファシズム批判の中で、ホイジンガはやはり「生きるということは戦闘である」という河合と似た言葉を残している。

洋の東西で二人の碩学《せきがく》が、期せずして国家や人間は物理的に、そして精神的にも戦うものであることを説いていた。彼らは安らぎを求めて戦うことの矛盾と、その悲劇を書いた。河合やホイジンガが生きた一九三〇年代は、思想的にも経済的にも不安定な時代であったのだ。

オランダはナチス・ドイツ軍に占領され、ライデン大学教授のホイジンガは危険分子として収容所に収監された。全体主義の嵐が吹き荒れた日本でも、河合がひとり敢然と自由擁護のために戦う「独立不羈《どくりつふき》」の道を歩んだ。それは時代の風を無視して、風車に戦いを挑むドン・キホーテを思わせる。

河合の言葉を借りれば、「右は保守反動と闘いて被圧迫思想を擁護し、左に唯物論的マルクス思想と闘う我等《われら》は、右よりはマルクス主義と同一視され、左よりは保守主義と混淆《こんこう》されかくて左右両翼より挾撃されるかも知れない。しかし、此処に自由主義のなすべき使命があり、自由主義の負うべき貴重な問題がある」との考えに至る。

文明社会は反対意見を認めながら、いかに共存していくべきかという思考力が重要になる。そこには思想、言論の自由を守りぬく強靭《きょうじん》な精神と、公共のモラリティがなければ成り立たない。自由には悪くする自由もあるから、道徳の劣化は自由社会の致命傷になるのである。

河合栄治郎の自由主義者としての戦闘性は、早くも農商務省に勤務していた大正七年、出身校の第一高等学校弁論部の演説会に出て、十六世紀初頭の「エラスムスとルーテル」を弁じたことに表れていた。河合はエラスムスのように博学才子としてローマ法王に招かれた寛容の人より、ルーテルのように燃えるような信念で、法王の権威に「汝誤れり」と挑戦した改革者を好んだ（『河合栄治郎全集第十六巻』）。

河合はエラスムスの魅力を知りながら、旧教に挑むルーテルのように全体主義に挑んでいったのである。まず、マルクス主義の矛盾点とその危険性を批判し、昭和九年には転じて『ファッシズム批判』を書いた。昭和十一年の陸軍青年将校による軍事クーデター未遂事件では、「二・二六事件の批判」を書いて、巨大な敵に敢然と立ち向かった。

〝迷えるソクラテス〟退場

このころ読んだ本に、河合門下の一人である大河内一男《おおこうちかずお》の『暗い谷間の労働運動』があった。彼にとって戦前戦中の世界は、「学問と研究との息詰まるような暗さ」であったという。しかし、恩師である河合栄治郎がファシズム体制と闘っているさなか、巧みにすり抜けて戦中も戦後にも栄光をつかんだ大河内は、自己弁護もあって、そう書かざるをえなかったのではないか。

昭和三十九（一九六四）年三月の東京大学卒業式で、東大総長であった大河内は「太った豚より痩せたソクラテスになれ」と訓示した。自由主義者、河合の直弟子だけあって、十九世紀英国の思想家J・S・ミルの有名な一節を引用しようともくろんだのだろう。

実際には、予定稿のこの部分を飛ばして読んだといわれる。何を躊躇《ちゅうちょ》したものかは分からない。だが、大河内が『自由論』のミルを語るのは、概してふさわしいとはいえなかった。

大河内は戦前の講師時代に、東京帝大を放逐された恩師、河合を結果として裏切ることになったうえ、ミルとは対極にあるマルクスの資本論を巧みに体系化した経済学者である。「七〇年安保」前のこのとき、東大総長になっていた大河内は、東大紛争への対処でも、文字通り〝迷えるソクラテス〟であった。

河合―大河内という師弟関係の顚末《てんまつ》は、平成二十五（二〇一三）年春、東京・初台の新国立劇場で演じられた福田善之作品『長い墓標の列』を通して概観できた。演出家の宮田慶子は、河合を〝揺るがぬ知性〟として「どれだけ自分が孤立無援でも、こうなんじゃないのと意見を言った人があの時代にはいたんだということに、今とても勇気をもらえます」と称賛していた（新国立劇場の対談）。

脚本家の福田善之は、東京帝大で起きた河合事件を、重厚な四幕物にまとめて昭和三十二年に発表している。河合事件とは、平賀譲《ひらがゆずる》総長が河合を自由主義の危険思想家として大学から追放する「平賀粛学」を指している。実際の河合人脈を知る福田が、大河内をモデルとする「城崎」をどう描いているかに興味があった。

学者に祖国あり

作者の福田善之は、母子家庭に育って経済的に恵まれなかった。麻布中学の月謝が払えなくなったときに、二年先輩の河合の長男、武の世話で、母の河合国子が救いの手を差し伸べてくれた。

河合は終戦の前年に死去したが、妻の国子は夫が昭和十五年二月にわずか十日間で書き上げた名著『学生に与う』の印税を奨学金として福田を支援した。彼はそのまま河合邸に居候して大学生活をおくり、多くの河合人脈を知って『長い墓標の列』を書いた。福田はこの作品で劇作家としての第一歩を踏み出したが、河合栄治郎という人物の存在が、劇作家、福田を世に送り出したともいえる。

すでに述べたように、河合はマルクス主義に対して理論面から矛盾を突き、軍部が台頭すると今度はファシズムを果敢に批判した。とくに、『帝国大学新聞』に掲載した「二・二六事件の批判」は、左派も尻込みする世情に抗して「日本言論史上の金字塔」を打ち立てた。しかし、自著『ファッシズム批判』など四冊が「世を乱すもの」として発禁処分となり、「平賀粛学」で休職処分を受けてしまう。

福田善之の脚本で興味深いのは、劇中の人物が実在の誰であるかが分かることだ。主人公の河合である山名教授のほか、山名を裏切ることになる城崎が後の東大総長、大河内一男である。門弟の安井琢磨《やすいたくま》、木村健康《きむらたけやす》、新聞記者の土屋清《つちやきよし》、学生の関嘉彦《せきよしひこ》、猪木正道《いのきまさみち》らも容易に特定できる。

劇中の山名が、右傾化したゼミ学生に問われて「もちろん私は愛国者だ」と叫ぶ場面がある。河合自身もまたパスツールの有名な言葉「学問に国境なく、学者に祖国あり」との言葉に共感を示している。このフレーズが本書を貫く通奏低音となって、繰り返し顔を出すことになろう。河合は左右の全体主義と戦ったが、日本という祖国を愛することにおいては揺るぎないものがあった。

大河内は「恩師に殉じよう」と他の弟子たちにも呼びかけて辞表を出しながら、平賀総長の甘言によって自らは撤回してしまう。他の弟子たちは梯子を外され、河合からは「関係を絶つ」と事実上、破門された。劇中の山名と城崎の緊迫したやりとりは、強靱な思考と知性がほとばしるギリシャ悲劇のようであった。

だが、理想と正義と信念が、現実と名誉と地位の前にはなすすべもない。そして山名の下を去っていく城崎――。終幕で山名は、灯火管制の中、身を削りながら自らの思想体系を構築しようとしながら倒れてしまう。命は義によりて軽しであった。ちなみに、このとき師に殉じた木村健康（戦後、東大に復帰）は、名論稿「河合栄治郎の生涯と思想」（『河合栄治郎・伝記と追想』）で、河合が生涯を通してその戦いを実践していたと書き残している。

アカデミアの天下人

実在の大河内はその後、経済学部長を三度歴任して東大総長にまで上り詰めた。しかし、輝かしい道を突き進んだ大河内も、「七〇年安保」直前に、全共闘運動の荒波を受けて昭和四十三年、安田講堂占拠事件のさなかに辞任に追い込まれる。

「城崎」こと大河内一男が東大総長になって四年ほどたった昭和四十二年秋、朝日新聞論説委員だった扇谷正造が、目撃した「平賀粛学」の河合処分のころの実話を語っている。

「私はまず大河内さんのところに行ってみた。『どうするんです』と聞くと考え込んで答えがない。平賀総長から残れといわれているんです。残って大学の再建に協力してほしいといわれている。一方、自分は河合先生に殉じて辞めるべきではあるまいか、その去就に迷っておられた。ハムレットですな」

「しかし、いまや大河内先生は、東大総長なんです（中略）ご自身の中にあるハムレット的なものをアウフヘーベンなさるべき時ではあるまいか」（扇谷『カイコだけが絹を吐く』）

講演は扇谷らしい皮肉が込められており、京都大学名誉教授の竹内洋にいわせると「アカデミズムの天下人になった人物への痛烈な揶揄《やゆ》」であった。

東大医学部に端を発して安田講堂が学生たちに占拠され、大河内は機動隊を導入して彼らを排除した。これがかえって全学の学生から反発を受け、東大全共闘が組織されて安田講堂は再びバリケード封鎖された。そのさなかの昭和四十三年十一月、大河内はじめ全学部長が辞任した。

恩師の河合とともに大学を辞し、戦後復職した木村健康は「東大紛争の責任は大河内総長の指導力欠如にある」と厳しく批判し、河合事件のときの彼の身の処し方とを重ね合わせた。

自由な社会とその敵

カーキ色の現代教養文庫のページを読み進めていくうちに、一枚のしおりが落ちた。拾い上げると、「社会思想研究会への入会案内」とある。社会思想研究会（社思研）とは河合の系譜に連なる人々の研究団体である。河合は昭和十三年十月に、自著の『時局と自由主義』など四書が内務省から発禁処分にされたが、研究会は起訴後の裁判を支援した門下生を中心に戦後、創設された。

社思研は経済評論家の土屋清、社会思想家の関嘉彦、政治学者の猪木正道らのほか、次世代の田久保忠衛《たくぼただえ》（杏林大学教授）、岡野加穂留《おかのかおる》（明治大学教授）、碧海純一《あおみじゅんいち》（東京大学教授）らが理事に名を連ねていた。社会思想社は「社会思想研究会出版部」が発展した出版社である。陣容からみて、研究会というより本格的な研究所に近い。

ところで、古本屋で入手したもう一冊の自由選書『戦後日本の思想と政治』の共著者の一人、林健太郎《はやしけんたろう》は戦中戦後を巧妙にすり抜けた大河内一男や丸山眞男《まるやままさお》とは同じ東大教授でも、思想の背骨に一本太い筋が入っていた。

林は昭和四十三（一九六八）年十一月の大衆団交にまる八日間、計百七十三時間も学生たちにつきあう気骨を見せた。林はドクターストップで病院搬送されるまで、毅然と自己の主張を貫いた東大教授には稀有《けう》な存在であった。林との共著者である関嘉彦が東京都立大学を去り、中央大学でも武藤光朗《むとうみつろう》がやはり教授会のふがいなさにあきれて辞表をたたきつけた。関らの行動は直接、間接的に彼らの師である河合栄治郎を彷彿《ほうふつ》とさせた。

関嘉彦は学生紛争などで一定期間授業を行わない大学に対しては、政府がその閉鎖を命ずることができる時限立法「大学臨時立法」に賛成した数少ない教授の一人だった。関はこの法案に対する経済学部学生ゼミ連合の討論会に出て自説を述べた。「現代では個人の自由の敵は単に国家権力のみでなく、世論、資本家の経済力、集団的暴力などがあり、そのような社会的力で個人の自由が脅かされる場合は国家が個人の自由の擁護者にならなければならない」(関『私と民主社会主義』)

関の三十分にわたる議論に、学生たちは反論もできなかった。逆に、関から問い詰められると、突然「ナンセンス!」と絶叫して議論を遮断《しゃだん》した。だが、全学集会で大学総長の態度は煮え切らない。関は人間の権利や自由を説いてきた社会思想史の教授として、「大学立法反対」の決議は容認できなかった。

やがて、全国各地の大学で次々に機動隊が導入され、荒れ狂った全共闘運動も急速に収束に向かっていった。全共闘の行動に寛容だった進歩主義の知識人たちは存外、節操がなく、関、武藤、林ら全共闘運動と対決した自由主義の知識人はその信念を貫いている。

関らは「左の全体主義」的な行動とは、どこまでも相いれなかった。それは、彼らの師にあたる河合が、昭和十一年の二・二六事件に対し、ただ一人、「右の全体主義」批判を展開し、身をテロの危険にさらした姿と二重写しになってくる。

進歩的大衆人の病理

マルキシズムとその遺風を継いだ進歩的文化人の思想は、大きく後退した。ただ、その系譜には二つあって、東大教授の丸山眞男に代表される「官学知識人」と評論家の清水幾太郎《しみずいくたろう》にみる「メディア知識人」だと、京都大学名誉教授の竹内洋は『メディアと知識人』でいう。

両者は六〇年安保反対闘争で挫折して、官学知識人は研究室へ撤退し、メディア知識人の一部は転向して保守の旗手になった。メディア知識人の悲劇は「いつもウケていたいという宿痾《しゅくあ》」があり、良識的ポーズでコメントを連発するテレビ文化人のいまに通じる。あるいは、知識人や文化人になり損ねた「進歩的大衆人」というべきか。

進歩的大衆人の病理は政治家にこそあった。うつろいがちな民意をタテに、ポピュリズム政治を積み上げる。「進歩的なポピュリズム」は生きながらえて広く浸透し、安倍政権下の安保法制反対というムード拡散のように、時折、息を吹き返す。政治家の旗振りにメディアが応じ、「徴兵制が復活する」という偽りの口吻《こうふん》につながった。

彼らの一部は、自虐的な「謝罪強要人」になって、中国や韓国のそれと手を結んだ。戦争が終結した際に、勝者と敗者はともに戦後処理を試みるが、敗者の方が勝者よりも豊かになってしまった。そうなると、勝った側に相手を許そうとする雅量《がりょう》が失われてしまう。

そのスキを突く日本の「謝罪強要人」にあおられて、外交上は解決済みの問題まで蒸し返される。あるいは、反日が国内統一のイデオロギーとして利用されることになる。それが長期的に見て、勝者の外交上の失敗であることに気がつかないのである。

国家と国民を漂流させる「大衆人現象」は、米国に守られながら反米を叫ぶという精神の歪みの中で醸成されてきた。いまや、進歩的大衆人の金科玉条は憲法第九条とその護持であろう。「戦争放棄」条項のおかげで戦争に巻き込まれないですんだと自らを欺いてきた。だが、日本に憲法第九条があるからといって、当然ながらソ連と後継国家ロシアも中国もそれに拘束されはしない。

実際には、日米安保条約に基づいて西太平洋に米軍兵力が前方展開し、中国、北朝鮮、ロシアの野心を抑止してきた。日米同盟はそれら効果的な抑止力にはなったが、その副作用も大きかった。米軍の分厚い保護膜が日本人から危機感を失わせ、依頼心ばかりが強くなったのだ。かつて河合栄治郎が嘆いた「戦略的な生存本能」の喪失である。

自由の気概と道義力

戦後の日本人は、敗戦の挫折で自信を失い、焦土の中から生きる糧を求めた。一部は、共産主義革命の実現を夢見て暴力に走り、再び挫折した。いくつかの挫折を繰り返しながら、日本はようやく復興から高度経済成長への足掛かりをつかんだ。

このころ浮上した進歩主義の歴史観は、昨日より今日、今日より明日であって、前の時代はその限りにおいてしか価値をもたないと考える。しかし、それぞれの時代には相応の価値があって、物理的な豊かさだけが目的なら、働きアリと少しも変わらない。貧しくとも品位と礼節はかけがえのないものであった。

河合栄治郎が未刊の著書『国民に愬《うった》う』で述べていたように、戦争を誰が始めたとしても、敗戦は一億国民の共同の責任として重くのしかかってくる。そのとき、日本と日本人を支えたのは、思想的な背骨としての道徳規範であり、日本人の道義力であって、それなくして国は亡びたであろう。

「祖国の運命に対して、奮然として起つことの出来ない国民は、道徳的の無能力者である。若し我々国民が道徳的の敗者であるならば、幸いにして戦いに勝とうとも、戦勝が却って国民の退廃と堕落とに駆るであろう。若し仮に不幸にして戦いに敗れれば、再起の気力もない亡国の民となるだろう。今や我々日本国民は道徳的試練の下に立たされている」（『全集第十四巻』）

確かに自由主義思想家、河合は矛盾に満ちた存在であった。自らの理想を掲げて周りを巻き込みながら突進するが、異端に対しては過酷なペナルティーを科した。そんな河合を評論家の粕谷《かすや》一希《かずき》はこう評している。

「そこにはヒロイズム・独善主義・貴族主義（大内兵衛）が、批判者や敵対者からは、耐えがたい臭気として感じられるほど、敢然と生きた。けれども、歴史が決定的に転回してゆく瞬間、決然として圧倒的な敵に戦いを挑み、その戦いのなかで死んでいった。その戦いのなかで、河合栄治郎は明るく、底抜けに明るく、男らしかった。その後姿に多くの敵対者が脱帽せざるを得なかった」（粕谷『河合栄治郎』）

河合がその職を賭し、命を削りながら全体主義と戦うストイックな生き方に、現代人がどれほどの共感を寄せるか分からない。若者に迎合する大学教師は山ほどいるが、自らの思想と行動で毅然と接してきた指導者はどれほどいるだろうか。

日本の〝躯体〟支える思想

右であれ左であれ「思想の自由な競争」がない社会では、経験的な事実すら否定され、かえって悲劇を生み出すと警告したのは、分析哲学者のカール・ポパーだった。十分な議論も反証もせずに、負のレッテルを貼って排除するパターンだ。近年の政治論争でいえば、反対意見を主張する論者に「反立憲主義」や「反知性主義」と決めつけて、発言を封じる進歩的大衆人の卑劣な論法である。

米国では北大西洋条約機構（NATO）を「時代遅れ」と一蹴したトランプ大統領が誕生し、反対を唱える人々には、司法でもメディアでも「大衆の敵」という焼き印を押す。米国が二世紀にわたって支えてきた多元主義、法の支配、寛容性という民主主義や自由社会の礎が脅かされている。

これまでも、国内論壇には「米国の悪」「アジアの善」とする単純化した政治コピーが跋扈したことがあった。こうした印象操作に対しては事実をもって反論し、世にはびこるポピュリズムの巧妙な詐術を暴いていかなければならない。道義力を失った自由や民主主義が暴走すると、その脅威を内に抱えて自らを傷つける。

日本の自由な社会は、米占領軍によってのみでなく、河合ら戦闘的な自由主義知識人の犠牲の上に築かれた。河合は「損得の岐路に立ったら損する途を選ぶ」ことを信条に、法廷での壮絶な言論戦を挑んだ稀有な存在であった。しかし、峻厳《しゅんげん》な雪稜にそびえる孤高の山ではなかった。河合を巨峰とすれば、彼を慕い、支え、戦後世界に彼の思想を実践した人脈の裾野は広い。前述の二冊の本は、「巨峰」と「裾野」を象徴するものであろう。

日本を含む国際社会が変革期を迎えたいま、日本の〝躯体〟を支える揺るぎない思想とは、いったい何なのか。河合が死を賭して守ろうとした自由の気概とはどのようなものだったのか。歴史の転換点に立って、圧倒的な敵に挑んだ思想家、河合栄治郎の闘いを通して、日本の背骨となる思想のありようを考えてみたい。

■独立不羈【どくりつふき】

他の束縛や制約を受けずに自分の意思にしたがって自由に行動する。「羈」は馬のたづなの意味。

全体主義と闘った男　河合栄治郎——目次

第三章 帝大経済学部の「白熱教室」

第四章 二年八カ月の欧州留学

第五章　「左の全体主義」との対決

第六章　ファシズムに命がけの応戦

第七章 正面から放った軍部批判の矢

第八章 名著『学生に与う』誕生

第九章 戦後を見通した「有罪願望」

終　章 戦闘的自由主義者の水脈

◈第一章◈
理想主義と反骨精神

一高時代の河合栄治郎（後列右）。前列中央は当時の校長の新渡戸稲造

宿場の生家

江戸っ子、栄治郎の登場

江戸四宿の一つ、日光街道の千住には、かつて廓《くるわ》と飲み屋が軒を連ねていた。松尾芭蕉の従者、曾良の『旅日記』には芭蕉は奥の細道に旅立つにあたり、なぜか「六日間滞在」とある。芭蕉もしばしここで〝沈没〟したかと勘繰れば興味深い土地柄である。

宿場の真ん中あたりに、幕末から昭和にかけて酒の卸と小売りの「徳島屋」があった。同じ敷地内には分家が営む河合醸造所もあり、東京名物「河合の花白酒」の醸造元として名をはせた。白酒はひな祭りに振る舞われ、俳句の季語でもある。

白酒の紐の如くにつがれけり　　高浜虚子

徳島屋と橘井堂

河合善兵衛の徳島屋商店は、商売が繁盛してみるみるうちに「九尺二間の小規模経営から、のちには使用人二十五名ないし三十名におよぶ経営」にまで広げた。女中が三人いて、うち一人は徳島屋の次男坊の世話にかかりっきりになっていた。この次男坊こそ、のちの東京帝国大学教授、河合栄治郎である。

北千住の地元「安藤昌益と千住宿の関係を調べる会」が、徳島屋の跡地前に一時、「河合栄治郎生家旧跡」の掲示板を出したことがある。調べる会事務局長の矢内慎吾さんと、街道筋を歩くと、左手角にある大型スーパー脇にそれはあった。

ちょうど、徳島屋と背中合わせに森鷗外の父、静男が開業した「橘井堂《きつせいどう》医院」があったという。鷗外の妹、小金井喜美子は『鷗外の思い出』で、徳島屋を「土蔵造りの立派な酒屋で、突当りが帳場で、土間の両側には薦被りの酒樽の飲口を附けたのが、ずらりと並んでいました」と、その壮観さを語っている。

「お兄様（鷗外）が陸軍へお勤めになった初めの頃ですから、私は小学生で十歳位でしたろう。その頃、北千住に住んでいました。千住は四宿といわれた宿場跡なのです」

「昼は静かなのですが、夜になると遠くもない青楼の裏2階に明かりがついて、芸者でも上ると賑やかな三味線や太鼓の音が、黒板塀で囲まれた平屋の奥へ聞えて来ます」

河合栄治郎は明治二十四（一八九一）年二月十三日、その青楼に近い東京都足立区千住一丁目に生まれた。安政生まれの父、善兵衛は働き者で商いを広げて財をなし、王子の農家の娘、曽代との間に五人の子供をもうけた。徳島屋の跡継ぎとなる長男の淳雄は、高等小学校を卒業すると、すぐに丁稚《でっち》奉公に出され、上級校への進学は許されなかった。

栄治郎は次男であることが幸いした。実は栄治郎にも、先行き暖簾《のれん》分けするために、父は小僧として鍛えることを怠らなかった。店には丁稚小僧がいるのに、商家の倅《せがれ》である栄治郎に草鞋《わらじ》をはかせ、貸し出した酒や醤油《しょうゆ》の徳利を回収させた。「感心なもんだね。あれが徳島屋の倅だよ」と、町のおかみさんの間でも評判だった。

商人にならなかったのは、栄治郎の利発さが家人を驚かせ、通学していた千寿尋常高等小学校の教師、小林粂三が中学進学を勧めたためである。小林は徳島屋を訪問すると、善兵衛と対座して熱心に説いた。

「酒屋で苦労させるのは惜しいから中学にやって、進んだ勉強をさせた方がいい」

のちに小林は、栄治郎の姉、石井喜久に「河合君が勉強して偉くなってくれれば……、そのことが僕の何よりの楽しみだ」と期待を口にした。栄治郎はそんな小林と善兵衛を「此の先生と、かの父とから、私は公共の為に奉仕すると云う心を鼓吹された」と述べている。

明治の優秀な人材は、おおむね官吏、軍人、学者の道に進むことを期待された。善兵衛自身は無学ではあっても、栄治郎には多大の期待をかけ、もとより支援を惜しむような人物ではなかった。

「憲政の神様」への手紙

『河合栄治郎伝』（『河合栄治郎全集』第二十三巻別巻）の著者、江上照彦《えがみてるひこ》（相模女子大教授）は、善兵衛は商人らしく極めて合理的で、進学が息子の立身出世の有効手段になると判断したと考える。栄治郎は資産家にして町会議員の父から、強い意志と公共の精神を受け継いだ。もともと河合家の「徳川びいき、薩長嫌い」は筋金入りである。三河出身の祖父、初代善兵衛以来、三代にわたって「薩長の力に最後まで抵抗した江戸っ子の味方への同情だった」と江上はいう。

善兵衛が尊敬していたのが「憲政の神様」尾崎行雄だったのも、尾崎が薩長の藩閥政府に挑戦していたからである。河合門下の江上は、河合教授から何度も新撰組好き、近藤勇好きを聞かされていたという。その理由もまた、父親譲りの正義肌で、田舎者の薩長が振るう力に、最後まで抵抗したその意気に感じたからという。

あるとき、栄治郎は尾崎咢堂の舌禍に同調して尾崎邸を訪ねた。かなり粘ったものの、屋敷の門が閉じられて会うことはかなわなかった。だが、正義感にかられた栄治郎は後日、熱烈支援の手紙を尾崎に送ったほどであった。厳父・善兵衛によりまかれた愛国主義の種子は、栄治郎の剛毅《ごうき》な精神と感激の心の奥底に定着した。

江戸っ子には権力嫌いで生活臭いっぱいの川柳や語呂合わせをつくるDNAがある。「お他力《たりき》、車力《しゃりき》、車引き」「たまげた、駒下駄《げた》、日和下駄」などなど。もちろん、「薩長大嫌い」を口にした。

河合が江戸っ子の激しい気性をもち、かつ功名心が強いのはその血筋によるものらしい。たとえ孤立しても、断固信じる道を突き進む栄治郎の原型は小学校時代にきっちりできていた。そういえば、河合門下からなる社会思想研究会に馳せ参じた明治大学元学長の岡野加穂留《おかのかおる》も直参旗本の家系で、「薩長」と聞くと「てやんでぇ」と江戸っ子の血が騒いだ。

府立三中

蘇峰リアリズムへの傾倒

河合栄治郎は明治三十五（一九〇二）年四月、夏目漱石の小説『吾輩は猫である』に登場する「落雲館」のモデルとなった郁文館中学校の浅草分館に入学した。ところが通学して一年半ほどのうちに、健康を損ねて休学した。漱石の小説では、苦沙弥先生を困らせたバンカラ学校で利かん気どもが多いから、通常より一年早く入学した栄治郎は、肌が合わずに胃を壊したらしい。

栄治郎は郁文館を中途退学すると、明治三十七年四月に本所の錦糸堀にできたばかりの東京府立第三中学校（現都立両国高校）に二学年から編入学した。しかし、退学から編入するまでの半年間の療養生活は、本好きの栄治郎には、読書の渇きを癒やすとっておきの時間になった。

彼は太平記、源平盛衰記、神皇正統記、平家物語、保元物語、平治物語と主に好きな歴史物を片っ端から読破した。

本は惜しまずに買え

父の善兵衛は、栄治郎の目を見張る好成績に気をよくして、「お前には店を一軒もたせるわけにはいかない。お金はいくらでも出してやるから、本は惜しまずに買え」と気前がよかった。この時代に「カネに糸目をつけず」とは、相当な財がなければいえるはずもない。もっとも、善兵衛は伜がいい気になって無駄遣いしないよう姉の喜久に預けて監視役を命じた。

「私に監督させて、栄治郎が欲しいときに渡してくれ、というふうに言っておりました」（『月報8』『河合栄治郎全集』）

府立三中に編入学した栄治郎は、英語力を身につけたいと英語教師、村松治作に教えを受けることになった。村松は英語教師ではあるが、漢籍に通じ、評論雑誌『成功』に寄稿する教養豊かな文化人であった。

たまたま村松が、徳富蘇峰の礼賛者であったことから、栄治郎は蘇峰の著作に親しんだ。中学生にして蘇峰の『国民叢書《そうしょ》』を一冊もあまさず読み通し、たちまちその虜《とりこ》になっていく。

蘇峰どころか、高山樗牛《たかやまちょぎゅう》と徳富蘆花を繰り返しひもといた。親友の久保田万太郎《くぼたまんたろう》からは『金色夜叉』など、尾崎紅葉全集を借りて読んだ。中学の五年間で漢文、英文を問わずに乱読し、賢人を友とする読書尚友で早熟という外はない。

蘇峰といえば「平民主義」の旗手から「藩閥政治」擁護に豹変《ひょうへん》した明治の言論人として知られる。蘇峰は日清戦争後に独仏露の三国干渉を見て、「涙さえ出ないほどの口惜しさ」をおぼえたという。そして日露戦争の勃発。栄治郎は無批判に熱愛したわけではないが、「私は此の二、三年間、文章に於て蘇峰狂であった」と自らを書いている（『全集第十七巻』）。

とかく変節で捉えられる蘇峰だが、拓殖大学の澤田次郎教授は「リアリストの見地」から国際情勢を見ていた点では不変であったことに注目する。蘇峰はロシアの南下を抑えるために、英国と提携することを考えた。海外に出向いて英国抱き込み工作に奔走し、他方でロシア情報を収集する。ジャーナリストの顔をした諜報工作である。

ロシアが満州を侵食すれば、東アジアのパワー・バランスが崩れる。蘇峰は海洋国家の日米英が組んで大陸国家のロシアを封じ込め、東アジアの勢力均衡を保つことを考えている。

蘇峰の動きもあって日英同盟が成立し、やがて日本は日露戦争に勝利する。日露戦争の勝利は、欧米の植民地支配下にあった多くのアジア諸国の人々を勇気づけた。その際、蘇峰は世界の海軍大国の英国と同盟を結ぶことで、国民に依頼心が生じる懸念を抱く。

「国民的依頼心は、実に賤しむ可きの極たり」

そこで澤田教授はいまの日本の戦略環境の下で「もし蘇峰が生きていたら」という命題を考える。蘇峰のリアリズムに従えば、どの国も信用せず、米国はじめ友好国を利用しながら生き残り戦略を考える。この警句は、中国と対峙《たいじ》する東シナ海のいまの尖閣周辺に生きていよう（拓殖大学海外事情研究所『海外事情』）。

天下を語る〝蘇峰狂〟

栄治郎は村松に導かれて蘇峰の漢文調に親しみ、英国のT・B・マコーレー作品の表現に魅了されていく。中学三年生のときのはじめての弁論「回顧と反省」は、蘇峰の『静思余録』をベースにしていた。五年生のときに書いた論文「項羽と劉邦」もまた、蘇峰の影響の下に書いたと述べている（『全集第十七巻』）。

後年、自らを理想主義と位置づけながら、国際情勢に対する視点がリアリズムなのは、若き日より蘇峰に親しんだゆえなのかもしれない。

明治三十九年二月、栄治郎は府立三中で親友の久保田万太郎といっしょに、和紙に毛筆で書いてとじた雑誌『さきくさ』を発刊した。寄稿者はそれぞれに雅号をもつ念の入れようで、栄治郎は「鉄骨」と号した。万太郎は随筆には「京の人」、書評には「通人」と号している。

掲載した文章も、鉄骨は「徳富蘇峰論」「蘇峰の逸事」をものにしているから、その傾倒ぶりは「蘇峰狂」そのものである。鉄骨は天下を語り、通人は文学を語っているから雅号は体を表している。

「其の混々たる思想、組織の巧妙、義理の明白、才思の筆端に溢るる、詩趣の深き、特に其の人生に関する観察眼の犀利にして多方面なる一唱三嘆、無限の妙音に触るる感を生ず」

栄治郎の豊かな読書量のたまものであろうが、その水準の高さには舌を巻く。スマホ全盛の現代にあっては、栄治郎のような早熟の読書家は望むべくもない。同級にはほかに、後年、満州拓殖公社理事になる中村孝二郎《なかむらこうじろう》、海軍造船中将の江崎岩吉《えさきいわきち》、そして所属した雑誌部の二年下には芥川龍之介がいた。猛勉強が信条の栄治郎ではあるが、首席はいつも向島の医者の息子、尾城という少年に奪われて一度しか勝てなかった。

第一高等学校

嗚呼玉杯に花受けて

柏葉の校章つき帽子に黒マント、足元は朴歯《ほおば》の高下駄である。寮歌の「嗚呼《ああ》玉杯に花受けて」を高吟《こうぎん》しながら、本郷を歩くのは官学エリートの証しであった。河合栄治郎は後年、生涯で一番うれしかったことを問われると、言下に「一高入学」と答えた。明治四十一（一九〇八）年七月二十五日。栄治郎は合格発表のその日、湯煙たなびく伊香保温泉の村松旅館に先輩と二人で滞在していた。卸酒屋の息子であるとはいえ、中学生の分際で試験後の温泉旅行とは優雅なものである。

この時代、遠く東京を離れた伊香保でも、官報を見れば官立第一高等学校の合否が分かった。もちろん、一高は全国に八つある官立高校の頂点にある。

北群馬郡伊香保町（現渋川市）の役場は、温泉街を象徴する長い階段の起点近くにあった。栄治郎はその朝、不安と期待を抱きながら、この階段を一気に駆け下りた。息せき切って役場にある官報を凝視した。「一部甲類合格　河合栄治郎」

栄治郎が欣喜雀躍《きんきじゃくやく》したのは言うまでもない。一高の合格者名簿のトップに、自分の名前を認めたからである。

ワレ一高ニ合格セリ

栄治郎は宿に戻ると、興奮する気持ちを抑えながら、二通の手紙を書いた。姉の石井喜久と、上級学校への進学を父に談判してくれた千寿尋常高等小学校の教師、小林条三である。栄治郎の一高入学を、誰よりも喜んでくれる二人だったからである（「月報8」『全集』）。

利発な栄治郎は、もとより、一高入学をバネに「立身出世と功名栄達」を抱く少年であった。だが、それ以前に、「一高への志」をひそかに心に刻んだ出来事があった。栄治郎は中学四年のとき、一高弁論部から高校・専門学校の連合演説会の招待を受けたことがある。

会場は東京・本郷にある一高の「嚶鳴《おうめい》堂」である。当時、ここを舞台に学生雄弁家として勇名をはせた青木《あおき》得三《とくぞう》、前田《まえだ》多門《たもん》、鶴見《つるみ》祐輔《ゆうすけ》、芦田《あしだ》均《ひとし》など、一高出身の東京帝国大学生らがいた。のちにそれぞれ大蔵官僚、文部大臣、厚生大臣、総理大臣へと赴く強者《つわもの》揃《ぞろ》いである。

当日の夜、とりわけ栄治郎に感動を与えたのは、やがて年上の親友となる鶴見祐輔の「日本海々戦の回顧」と題する演説だった。その気迫と論旨に圧倒され、明らかに気持ちを高揚させていた。日暮れに会場を出たとき、寄宿舎の窓から灯が漏れて、あの寮歌が中学生の栄治郎を見送っていた。

「そのとき、私は固く心に誓ったのであった、どんなことをしても一高に入ろう」

一高への入学は、同時に府立三中の友人たちとの別れである。運命というものは分からない。あれほど栄治郎がかなわなかった尾城という医者の息子は、どうしたわけか一高の入試に失敗して、地方の高校に去っていった。親友の久保田万太郎は、これより前、四年への進級試験に失敗して慶應義塾の普通部へと転校していた。このときの万太郎の心情は、自嘲ぎみの一句に込められている。

竹馬や　いろはにほへと　ちりぢりに　　久保田万太郎

一高はもともと明治七年に東京英語学校として創設され、明治二十二年に本郷に移ってきた。いまの東大農学部キャンパスにあり、東京帝大よりも定員が少なかった分だけ、誇りが高い。ここの卒業生は、早世さえしなければ、大半は著名人になった。東京帝大時代の河合の直弟子、木村健康《きむらたけやす》にいわせると「まことに一高は百花繚乱《りょうらん》であった」（木村「河合栄治郎の生涯と思想」『伝記と追想』）。

栄治郎が一高に入学した当時の校長は、京都帝大から東京帝大に転任してきた新渡戸稲造である。それまでの一高は、「運動部の全体主義と、文芸部、弁論部の個人主義とが対立し、何れの場所にもありうべき対立は、その縮図として一高に於ても現われていた」（『全集第十七巻』）という状況であった。

新渡戸の教養主義

新渡戸は札幌農学校の二期生である。入学したときには「少年よ、大志を抱け」で有名なクラーク博士はすでに帰国しており、指導を受けることはかなわなかった。新渡戸は米国のジョンズ・ホプキンス大学に留学し、一九〇〇（明治三十三）年に『武士道』を英文で書き上げた俊才である。

日清戦争に勝利した直後で日本への関心が高まっていたこともあり、この本は世界的なベストセラーになった。新渡戸はベルギーの法学者から、宗教教育のない日本に道徳があり得るのかを問われて、日本の社会規範は神道でも仏教でもなく、武士道によって保たれていると述べている。

新渡戸は『武士道』に続く『修養』と『世渡りの道』などがベストセラーになり、小日向に敷地数千坪の大豪邸を建てるほどだった。その華麗な生活ぶりから、順風満帆で平穏な生涯にみえるが、実は何度も神経症を患っている。『武士道』をカリフォルニアで書き上げたときも、彼は神経症の療養中であった。

新渡戸は京都から東京帝大に移り、一高の校長を兼任すると、そのキリスト教の西洋型教養主義を学内に注入する。海外生活の長い新渡戸は米国人の妻をめとり、「ソシアリティー」

「フレンドシップ」をよく語る。それまでの一高のバンカラ精神をもののみごとに覆した。質実剛健《しつじつごうけん》、弊衣《へいい》破帽《はぼう》の気風をむねとし、剛毅《ごうき》に親しんできた生徒たちは大いに戸惑った。栄治郎のいう運動部の「全体主義」と共に闘った弁論部の魚住影雄《うおずみかげお》（評論家）、安倍能成《あべよししげ》（学習院大学院長）、阿部次郎《あべじろう》（哲学者）らが新渡戸の人格主義や理想主義に傾倒していく。これに対し、文芸部の谷崎潤一郎、菊池寛、芥川龍之介らのちの文豪たちが自然主義へと向かっていく。栄治郎その人は、一高に入学する動機となったのが、あの「嚶鳴堂」の演説会であるから、迷わず弁論部員になった。

全寮制「夕の鐘の音」の対置法

第一高等学校は官学でも珍しい全寮制であり、一切の通学を認めなかった。電化はされていたが自習室は夜十時には消されてしまう。天下の一高といえどもそれ以後はろうそくの灯をたよりに読書するほかなかった。

めぐり来る明治四十二（一九〇九）年三月一日、寮生たちは一高紀念祭の夜に、寄宿舎の内と外で寮歌「嗚呼玉杯に花受けて」を放歌乱舞していた。事件は、紀念祭が最高潮に達したところに起きた。

その夜の全寮茶話会で短躯《たんく》の男が、突然、壇上に立って新渡戸稲造校長を弾劾する演説を始めた。運動部を代弁する一高ＯＢの帝大生、末弘厳太郎《すえひろいずたろう》（のちの東京帝大教授）である。このころの一高生は、大半が言問《こととい》通りを挟んだ東京帝大に進むことから、先輩たちの垣根は低い。

末弘は新渡戸の鼓吹する個人主義や理想主義は外来の軟弱思想であり、「一高の剛健尚武の気風を破壊するものである」と非難した。これが引き金となって、運動部と弁論部による「言論の白兵戦」（「著者自らを語る」『全集第十七巻』）へと広がった。

栄治郎はいまだ、校長を直接には知らず、弁論部の先輩たちともまだ交流がなかった。そんな無垢《むく》な彼が、運動部の主張に傾きかかったころ、新渡戸が勇躍して演壇に立った。とたんに、水を打ったように静まりかえった。新渡戸は臆することなく「剛健もよい、尚武もよい、しかし私の教育の究極のねらいは人格の向上にこそある」と説いた。一高生を狭隘《きょうあい》な天地から解放し、豊かな広い世界に引き出し、人間としての教養を説いた（「故人の思い出」『全集第十六巻』）。

反撃する新渡戸の胆力

新渡戸の演説は札幌農学校の出身者らしく、確たる理想主義の信念がみなぎっていた。反対者の前に進み出て、堂々と所信を述べるには相応の自信と胆力が欠かせない。新渡戸の弁舌は、進取の気性に富む寮生の心に火をつけた。「千余の寮生に感激の涙を流さしめた、私も亦その一人であった」と、栄治郎はそのときの心境を書いた。栄治郎は自らを「無垢なる立身出世主義者であった」と省察し、青春の悩み多き彷徨《ほうこう》へと誘われていった。そのうえで「理想主義が私の確守すべき人生観である」と述べて、将来にわたる自らの指針とした。

河合門下の木村健康は、「厳父によって播《ま》かれていた自由主義の微小な種子は、新渡戸校長に培われて発芽し、しかもそれは個人主義、理想主義の根をおろしはじめたのである」（木村「生涯と思想」『伝記と追想』）と観察した。

新渡戸はよく「to be or not to do」として、人の価値はそのなしたる結果にあるか、あるいはその人にあるかと問うた。もちろん、「to be」を肯定して、価値あるものは富、名誉ではなく、人格にあるとの理想主義を掲げた。栄治郎は「私の価値判断は転倒した。従来の私は死んで新しき私は生まれた」と述べて、生物の脱皮に例えた。

栄治郎は新渡戸と並ぶもう一人の明治の代表的な知識人、内村鑑三にも師事している。彼を内村に紹介したのは、のちに東大法学部教授になる同級生の高木八尺《たかぎやさか》であった。栄治郎はその激しい性格から煩悩に対しても克服しなければ気が済まないところがある。新渡戸の考え方に心酔はしても、性の葛藤を克服するには内村の求道者のような強靱《きょうじん》さが欠かせない。

内村の強靱な意志

河合門下の木村健康は「内村氏における深刻な罪の意識とこれを克服しないではおかぬ強

烈な意志とは、河合にとって驚異の的であった」とみている。栄治郎も内村は、「新渡戸博士の寛容と比べて狭隘狷介《きょうあいけんかい》であったかもしれない、然し先生は博士の分散的な性格に比べて単一の目標を抱いて邁進《まいしん》する人であった。博士はどこか弱さがあったが先生には人格的な強さがあった」と描いている。

新渡戸は博士号をもった帝大教授兼一高校長であり、国際連盟事務次長を歴任した博学多才の国際人だ。他方の内村は、柏木の教会で信仰一筋に生き、剛直を好んだ宗教人であった。栄治郎にとって、新渡戸は思想や精神の上の「母」であり、内村は「父」であったとの比喩は適切だろう。

二人の師はともにキリスト教に帰依していたが、栄治郎は必ずしも信者になってはいない。木村がいうように、栄治郎の考え方にキリスト教的な色彩が色濃く反映しており、新渡戸と内村の下で人格主義や理想主義を学んではいる。だが、栄治郎はその影響下にありながら、やがて独自の道を切り開いていく。

栄治郎の考え方に示唆的なのは、二つの対立概念を検討したうえで、その先を独自に読もうとする多角的思考法を確立したことである。このころ、栄治郎の弁論は磨きがかかり、一高弁論部の新鋭として縦横に力を発揮した。

明治四十三（一九一〇）年二月には、河上丈太郎《かわかみじょうたろう》らとともに第十二代弁論部委員に選出された。

五月二十二日に慶應義塾連合演説会で登壇した一高の二年生、栄治郎は「夕の鐘の音」と題する演説をした。ミレーの絵画の農夫のようなささやかな生活で一日を汚れなく送る者と、他方で功名富貴を目指して行動する者がいることを対置した。

しかし、後者にくみしないのはもちろん、前者にも満足はできない。思索と修養によって基礎をつくったうえで、世の悪と戦わねばならないと独自の道を説いた。

栄治郎は最後に「諸君、我々は到底martyr（殉教者）である。我々は自己の職分の為に斃る、の覚悟なくしてはならぬ」と結んだ。のちに、演説が掲載された『青年雄弁集』を読んだ河合門下の駒澤大学教授、猪間驥一《いのまきいち》は、栄治郎が若き日の思いのままに、むしろ「自由の殉教者」として生きたことを示唆している（「月報7」『全集』）。

友と語り
煩悩と闘う「赤城山日記」

明治四十二（一九〇九）年春、第一高等学校二年の河合栄治郎は、寄宿舎の三階からぼんやりと窓の外を眺めていた。木々を抜ける風に吹かれているうち、雪の赤城にこもりたいとの衝動に駆られた。

群馬県の東に位置する赤城山は、榛名山、妙義山とともに上毛三山の一つ、標高一八二八メートルの優美な山である。四月といえば、北関東の山々にはまだ雪が残り、単独行には適さない。だが、栄治郎は思い立ったら矢も盾もたまらなかった。

栄治郎は徳富蘆花の著作を通じて「万物に神宿る」とする汎神論的自然観に親しんでいた。とくに、府立三中時代の親友、中村孝二郎から、赤城山の魅力を「口にも出せない美、崇厳なんどの気がひし々身に迫ってくる」と聞かされていた（松井慎一郎編『赤城山日記』）。

中村は二年後の夏、北アルプス後立山連峰の五竜岳、鹿島槍ケ岳を縦走し、初登攀《とうはん》者として広く知られる。栄治郎はその著名アルピニスト・中村から山の魅力を聞かされ、登山の手ほどきを受けていた。

この春の赤城行きをきっかけに、栄治郎は大学を卒業するまで毎夏、二カ月を大沼湖畔の猪谷旅館で過ごすことになる。だが、この時期の赤城山は、ひとたび吹雪になれば行く手を阻まれ、体力を消耗し、死と隣り合わせの過酷な世界になる。

ギリシャ的な少年愛

それでも、彼を山に駆り立てたのは、二年進級後に寄宿舎の同室となった同級生、深野憲一との友情問題があったと、河合研究の松井《まつい》慎一郎《しんいちろう》はいう。栄治郎は山頂に近い大沼湖畔の雪の道で深野を思い、宿泊している猪谷旅館の炉端で、旅館の人々との交流に心を和ませた。

栄治郎は一高に入学したときから友に飢えていた。府立三中時代は中村孝二郎のほかに、一高受験後に伊香保温泉へ同行した先輩、柿沼宇作がいた。だが、二人とも専門分野が違い、哲学や社会科学を語り合える法文系の友人が欲しかった。

栄治郎の伝記を書いた河合門下の作家、江上照彦は、河合の日記二十三冊と大学ノートなどから、猪谷旅館で知り合った同じ一高の先輩で東京帝大生、那須皓《なすひろし》（のちの東大教授）と加藤完治《かとうかんじ》（開拓村運動指導者）らとの濃密な交友を克明に描いた。そのうちの一冊に、栄治郎は「赤城山日記」と記した。

栄治郎の那須に対する憧れは、「古いギリシャの『少年愛』である」と江上はみた。那須は工学系でありながら、トルストイやユーゴーに夢中になる文学青年であった。いかにも精悍《せいかん》な栄治郎に比べると、那須は容姿端麗で二つの魂は互いを求め合っていた。

作家の江上は何冊もの日記を眺めながら、栄治郎のそれがギリシャ哲学者プラトンの『リュシス』や『饗宴』にあるソクラテスの男子間の友愛や恋愛観を彷彿《ほうふつ》とさせると指摘する（江上『河合栄治郎伝』全集別巻）。

それにしても栄治郎が日記とはいえ、深野や那須との赤裸々な関係をなぜ書き留めていたのか、解せないところがある。ただ、彼の書物の中に、その理由につながると思える箇所にぶつかることがある。

「煩悩のあることがどうして恥辱であろう。之を征服せんとして務め闘う所に、人の偉大さがある」（「故人の思い出」『全集第十六巻』）

栄治郎は赤城滞在中に宗教にも関心をもち、若者らしく性への煩悩と闘っていたのである。かつ、それを征服してみせると啖呵《たんか》を切って自らを律し、なおも思い悩む。法然や親鸞に心引かれ、聖書も熟読し、那須らとキリスト教指導者、内村鑑三のことを議論していた。

知性が集う猪谷旅館

彼らがこよなく愛した猪谷旅館には、知的で芸術愛好の主人のせいか、帝大、一高生のほか志賀直哉ら白樺派の作家も多く滞在した。このころの「猪谷家の坊や」が近代スキーの草分けとなった猪谷六合雄であり、六合雄の長男が国際オリンピック委員会の副会長、猪谷千春である。六合雄の姉、御千代は栄治郎の仲間の一人、大熊善吉が射止めて、法学士・大熊の夫人となった。

猪谷旅館には弁論部の先輩である前田多門、鶴見祐輔もやってきた（「月報9」『全集』）。いまの大沼湖畔には、彼らが親しんだ静けさも猪谷旅館もなくなり、夏のキャンピング地としてのにぎわいを見せるようになった。

栄治郎は友と語り、本を熟読した。山を下りると、神田駿河台下の「中西屋」に出入りして、洋書をむさぼり読んだ。ちなみに中西屋は丸善の創立者が開店し、中国と西洋ものを扱うところから、中と西をとってそう呼んだ。明治から大正にかけての一高生は、思想から学問に至るまで欧米崇拝の波があって原書を読みあさっていた。栄治郎が列記した高校時代の読書遍歴は、その大半が英米書である。

マコーレーの『英国史』、マッカーシーの『現代史』、ギボンの『ローマ帝国衰亡史』など歴史ものに関心が注がれた。中でも感激をノートにしたためたのは、シーレーの『英国膨張史』やジョン・モーレーの『グラッドストーン伝』だった。

さらに、弁論部の先輩にも接近を試みる。栄治郎は「我執の強い私は、自我の角を折って周囲と和らぎ親しもうと努めた」と述べる（「著者自らを語る」『全集第十七巻』）。弁論部の先輩の青木得三、芦田均、前田多門、森戸《もりと》辰男《たつお》らとの交友が増えてきた。

明治四十三年春、栄治郎は一高弁論部の先輩で、大学を出たばかりの鶴見祐輔を内閣拓殖局の朝鮮課に訪ねている。一高の制服を着た彼は、裸電球のぶら下がる部屋で名刺を出した。一高での講演を依頼し、鶴見は快諾した。一高の弁論部には、先輩と現役委員が集う懇親会「縦の会」があって結束が強い。

二人は役所を出ると、そのまま平河町の通りを北西に歩いた。これが二人の長い交友の始まりであった（鶴見「交友三十三年」『河合栄治郎・伝記と追想』）。

弁論部記念講演

蘆花の「謀反論」とは何か

大逆事件の幸徳秋水らが、東京・市谷の東京監獄で処刑されて一週間後の明治四十四（一九一一）年二月一日。作家の徳富蘆花は、武蔵野の寓居《ぐうきょ》から人力車で甲州街道を東に向かっていた。行く先は、本郷区向ケ丘にある第一高等学校である。

一高内の第一大教場は数百人の聴衆であふれかえっていた。紋付き、羽織姿の蘆花が登場すると、「演題は未定」であるのに場内は不思議な空気に包まれていた。『不如帰』で知られる気鋭の作家は果たして大逆事件を語るのか。入場できない人々は窓から場内をのぞき見た。

主催者の河合栄治郎、河上丈太郎（戦後の社会党委員長）、鈴木憲三（のちに弁護士）ら一高弁論部の三年生委員は、この記念講演をもって二年生の新委員と交代することになっていた。引き継ぎにあたっては各界の著名人を担ぎ出すことを習いとした。彼らが真っ先に考えたのが徳富蘆花である。

栄治郎らは蘆花が数年前に、勝者の胸に去来する悲哀を「勝の哀《かな》しみ」と題し、ここ一高で論じた講演にあやかりたいと考えた。このとき、講演を聞いた学生の中には、「人世の無常を感じて、行李《こうり》を纏《まと》めて故山に帰ったものさえあった」と伝えられている（「近頃の随想」『全集第十七巻』）。

当日まで隠された演題

今回は前年の天皇暗殺計画とされる大逆事件で、つい一月に幸徳ら十二人が処刑されて世は騒然としていた。蘆花が講演を受ければ、なんらかの思いを披瀝《ひれき》するだろうと栄治郎らが考えてもおかしくはない。

蘆花との交渉には、委員のうち河上と鈴木が出向いた。大雪の朝に二人は武蔵野の雪を踏み締めながら蘆花邸の門をたたいた。蘆花は二人に大逆事件への思いを示唆し、火鉢の灰の上に火箸で「謀反論」と書いた。河上の五体を武者震いに似た興奮が走った（河上丈太郎

「蘆花事件」『文藝春秋』昭和二十六年十月号)。蘆花は兄の蘇峰を通じて、首相の桂太郎に幸徳らの助命嘆願を試みたが、国民新聞社長の蘇峰は動かない。

事情を知らない栄治郎は、交渉した二人から蘆花の快諾を聞いて驚いた。彼は「私共にとって意外であったが、勿論《もちろん》望外の喜びであった」(『全集第十七巻』)と振り返っている。

その記念講演の日がやってきた。栄治郎ら委員三人は、演壇の上に立つ蘆花の後ろに控えた。弁論部長の畔柳都太郎《くろやなぎくにたろう》教授から紹介を受けて、いよいよ蘆花が登壇する。

舞台の袖には、墨で黒々と「演題未定　徳富蘆花」と書かれていた。委員の河上が一枚目の紙をいっきに引き裂いた。すると、それまで隠されていた本来の演題「謀反論」が浮き出てきたのである。栄治郎らは大逆事件批判が事前に漏れて、講演会中止に追い込まれることを警戒して奇計を案じたのだ(河上前掲論文)。

蘆花はゆっくりと「僕は武蔵野の片隅に住んでいる」と語り始めた。自宅に近い豪徳寺には暗殺された大老、井伊直弼の墓があり、谷を越えると処刑された吉田松陰を祀《まつ》る松陰神社があるという。敵対した二人ではあるが、蘆花は「五十年後の今日から歴史の背景に照らしてみれば、畢竟《ひっきょう》、今日の日本を造り出さんがために、反対の方向から相槌《あいづち》を打ったに過《す》ぎぬ」と独自の議論を展開した。

栄治郎の琴線に触れたもの

蘆花は改めて、「諸君」と注意を喚起した。

「僕は幸徳君らと多少立場を異にする者である」と明確にしたのち、それでも社会発展のためには「謀叛《むほん》を恐れてはならぬ。自ら謀叛人を恐れてはならぬ。自ら謀叛人となることを恐れてはならぬ。新しいものは謀叛である」と語った。

最後に蘆花は、一高生に向かい「幸徳らも誤って乱臣賊子となった。しかし百年の公論は必ずその事を惜しんで、その志を悲しむであろう」と訴えた。蘆花は大逆事件にみる明治の官僚主義を批判し、次代を担う学徒に「自由を殺すは即《すなわ》ち生命を殺すことになる」と人格の陶冶《とうや》を呼びかけていたのである（佐藤嗣男「蘆花講演『謀叛論』考」明治大学人文科学研究所紀要１９９７）。

栄治郎は蘆花の著作『不如帰』『思出の記』『自然と人生』などすべて読みつくしていた。それでも、「あれが本当の雄弁と云《い》うのであろう。私共は息つく間もない位《くらい》に引きずり込まれて、唯《ただ》感心して了《しま》った」と、感激のさまを綴っている（『全集第十七巻』）。

だが、恐れていたことが現実に起きた。「謀反論」が直ちに文部省の知れることになったのだ。翌日、校長の新渡戸稲造は文部省に呼び出され、弁論部長の畔柳とともに譴責《けんせき》処分を受けた。新渡戸は三日、全校生徒を集めて改めて一高の校風を語り、子の責任は親たる校長一人にあるとして「忠君愛国の精神」を忘れぬよう訓示した。

栄治郎は「謀反論」演説から二カ月後、友人の矢内原忠雄《やないはらただお》と赤城山で過ごしている。だが、新渡戸を慕う矢内原と、「謀反論」を擁護する栄治郎との間にすきま風が吹き始めていた。矢内原日記には、記念講演をプロデュースした栄治郎が、新渡戸を気遣うことなく、蘆花と自らを弁護する姿勢に「先生の御胸中を察せざるものと思ふ」と怒りをぶつけていた。蘆花の反骨精神が栄治郎の琴線に触れ、不屈の心を鼓舞していたのである。のちに栄治郎が農商務省の参事官ポストを辞する際や、陸軍皇道派のクーデター「二・二六事件」で軍部批判する際の剛毅《ごうき》果《か》断《だん》な態度にも、蘆花が残した反骨が映じていたのではなかろうか。

この記念講演会を遠因として、それまで抑えられていた新渡戸批判が出始めた。一高復古派による「剛健尚武の気風」の声の広まりである。事件から二年後の大正二（一九一三）年四月二十三日の各新聞に「一高校長　新渡戸稲造の免職」が報じられた。矢内原らの校長復職運動もむなしく、新渡戸は一高を去ったのである。

帝大入学

マルクス主義との遭遇

第一高等学校こそは人生の黄金時代。帝大は無味乾燥な職業教育を受けるところ——。河合栄治郎が一高を卒業した先輩たちから聞いた言葉であった。

栄治郎もまた、一高に後ろ髪を引かれる思いで明治四十四（一九一一）年九月、言問通りを挟んだ帝大法学部に進んだ。正式にいうと、東京帝国大学法科大学政治学科に入学した。当時の一高は、明治の中頃まで現在の東大農学部あたりにあった。昭和十年に、本郷からいまの東大教養学部のある目黒区の駒場に移っている。

東京帝大のある加賀前田邸には、関東大震災までは前田家の人々も敷地内に住んでいた。のちにお雇い外国人が住んだ。大森貝塚の発見者であるE・S・モースは、そのお雇い外国人の特権と自由な生活を『日本その日その日』に書いている。

官吏養成学校と心得る

栄治郎は東京帝大を「官吏養成学校」と割り切っていた。万事が計画を打ち立てなければ気が済まない彼は、大学にあっては「試験の前の二、三カ月間はすべてを捨てて之に没頭しよう、その代わりに一年間の大部分は講義や試験を忘れて自分の読書に邁進《まいしん》しよう、之が私の定めた方針であった」と回顧している（「著者自らを語る」『全集第十七巻』）。

もっとも、試験の準備をするうちに法律学が好きになってしまうところが栄治郎らしい。初めは洋書で「エネクツェルス」「ウィンドシャイド」など民法の注釈書から読み始める。その上で、「国家学会雑誌」「法学協会雑誌」「京都法学会雑誌」「法学新法」「法学志林」などの古い号を古本屋で買い求め、片っ端から読んでいった。

その結果を栄治郎は、「法律学は数学や論理学と似て、吾々《われわれ》の思考を緻密に精確にするのに非常に役立つものだと思う」と述べて、論理的な思考の効用に気づく。大学を卒業した際には、美濃部《みのべ》達吉《たつきち》、松本烝治《まつもとじょうじ》の二人の教授を訪ねて、神妙にお礼を述べたほどであった。

では、栄治郎のいう自由な「自分の読書」はどうだったのだろう。歴史好きな栄治郎が偶然、手にした書物の中に、コロンビア大学のエドウィン・セリグマンの『歴史の経済的説明』があった。その出合いは「私に一つの転機を劃《かく》した」というほどの衝撃だった。すべての歴史を支配する一元的原動力が経済であるとする「唯物史観」に驚嘆した。マルクス主義との遭遇である。

すでに京都帝大教授の河上肇《かわかみはじめ》が明治三十八年に、この本に『歴史の経済的説明・新史観』という書名を冠して訳出していた。いまだマルクスもエンゲルスも知られていなかった日本では、大正半ばに至るまでなじみがなかったのだ。

栄治郎はセリグマンに触発され、「現象と現象との因果関係の根底に横たわるものが何かをさぐる歴史哲学」にのめり込んだ。それはマルクスやエンゲルスだけにこだわるのではなく、彼の読書は歴史哲学の系譜の中にベルンハイムの『歴史的方法の教科書』からヘーゲルに至るまで広がっていった。

栄治郎はセリグマンから歴史における経済の役割のほか、歴史哲学の遥《はる》かな地平を学んだ。彼の二年上の大内兵衛《おおうちひょうえ》は、『新史観』から逆に唯物史観そのものに絞り込んでいく。

大内は「ぼくはこの本に非常に感激して、世の中のことを知るのには経済を知らにゃならんということを、何か非常に新しいことのように思っていた」（大内『経済学五十年』）。大内はこれを機に政治学科志望を経済学科に変える。

同じ『新史観』に感化されながら、栄治郎はそこを入り口に自由主義への道に踏みだし、大内は唯物史観に突っ込んで筋金入りのマルクス主義者になった。のちに二人は経済学部を代表する教授になって、学内を二分する勢力を築くことになる。

歴史哲学の遥かな地平

栄治郎はそれら「歴史哲学」の研究成果を、政治学の小野塚喜平次《おのづかきへいじ》教授の演習で報告した。小野塚との師弟関係は、洋行する矢作栄蔵《やはぎえいぞう》教授宅の留守番役となったことがきっかけだった。その一年三カ月の間に矢作夫人から小野塚を紹介され、夏季休暇の間に読むべき本の推薦を仰いだ。

栄治郎は小野塚に薦められるままエネリックの『国家学汎論《はんろん》』とオッペンハイマーの『国家論』を携えて赤城山の猪谷旅館にこもり、これらの大冊をひと夏で読了した。栄治郎は「私は独逸書の中にある科学的精確性に打たれた」と自著『第二学生生活』に書き、一高以来、英文に限られていた読書が「独逸と云う国に非常に魅惑された」と心境の変化を描いている。

赤城での読書三昧をおえると、二年生として小野塚の演習に参加して、歴史哲学研究に取り組んだ。読んでは演習で小野塚に議論を挑み、矢作が帰朝してからは彼にも師事した。

栄治郎は大学に期待していなかったものの、帝大が「学問にいそしむ快適な場所」になった。図書館にこもって、すべての洋書を残らず棚から取り出し、通読した冊数もかなりに及んだ。

それまでの理想主義一点張りだった栄治郎の人生観が背後に退き、科学と実証主義が彼の精神を支配するようになっていく。そうなると、内村鑑三の聖書講読に連なることが心の重荷になってきた。およそ論証の外にある神という存在に頭を垂れ、恩寵《おんちょう》を乞うことに疑問を感じるようになったのである。

だが、内村と距離を置くことは、彼に紹介してくれた一高の同級、高木八尺や江原《えばら》萬里《まさと》との友情を裏切るようでつらい。

栄治郎はやはり内村から離れた阿部次郎が、著書『三太郎の日記』で、「私の個性の独立が早晩明瞭に発展してつひに先生にそむかなければならぬ日が来る」と書く一節に動かされた。栄治郎は思い悩んだあげく、高木と江原に宗教への決別に向かわざるを得なかった顛末《てんまつ》を書き送った。

◆第二章◆

孤軍奮闘の農商務省時代

結婚式の日の河合栄治郎夫妻＝大正６年

農商務省

心揺さぶる女工哀史

小野塚喜平次《おのづかきへいじ》といえば、政治学を学ぶ学生なら一度は耳にした名前であろう。ドイツの国家学から政治学独自の研究方法を確立して、「日本政治学の始祖」と位置づけられている。西洋のデモクラシーを「衆民主義」という言葉に当てはめ、日本に民主主義を紹介した碩学《せきがく》に、河合栄治郎ら学生たちの心が揺さぶられた。

小野塚は明治三年十二月に新潟県長岡の質屋を営む資産家の家に生まれた。長岡はいまだ戊辰の役の記憶が生々しく残っていた。家老の河井継之助が薩長の大軍に抵抗し、長岡が焦土と化したことから、藩閥政治を憎悪する気風が残っていた。

同じく武家ではないが、反薩長である三河出身の河合家とは相通ずるものがある。

小野塚は自らを「内心は野人的な、非官僚的な、進歩的な思想家」と自己分析した。

二十八年に卒業する際には、時の首相、伊藤博文から秘書官に所望されたが、明治政府入りを心良しとせずに断っている（江上照彦『河合栄治郎伝』全集別巻）。

小野塚が政治にヤマ気を持ちながら学問から離れられず、学問研究をしながら政界への志を断ち切れないでいた、との江上照彦《えがみてるひこ》の観察は興味深い。栄治郎の弟子である江上は、小野塚の中に「栄治郎を連想させるものがある」とみていた。そして、栄治郎が戦後も生きていたら、「現実政治の中に飛び込んで宰相たらんとしたか、それは弟子たちの間でも意見の分かれるところ」と、二人に共通する政治的な〝野心〟を感じていた。

小野塚の後継を蹴る

小野塚門下からは吉野作造《よしのさくぞう》、南原繁《なんばらしげる》、蝋山政道《ろうやままさみち》、矢部貞治《やべていじ》ら気鋭の政治学者が輩出した。栄治郎もまた政治学科の小野塚の下で、一高以来の歴史的な素養を生かして豊かな学生生活を送った。農商務省を経て帝大経済学部の教授になるが、政治思想においては小野塚喜平次、吉野作造の後継者といえる。

小野塚は名著『政治学大綱』で、「各国ハ直裁ニ自国ヲ本位ト為シ、其利害ヲ根拠トシテ行動シ、其行動ハ一定ノ法的規律ニ従フヨリハ、寧ロ国際間ノ勢力関係ニ伴フモノナリ」との認識を示した。権力政治に通じるその国家観と対外認識は、現実主義の系譜に通じるのではあるまいか。

その小野塚から栄治郎は「政治学の自分の後任にならないか」という勧めを暗示的に受け

た。小野塚はこの学才卓抜な愛弟子を大学に残し、いずれは自分の後任にすえたい気持ちがあった。だが栄治郎は、小野塚の慎重な言い回しに「鈍感な私にはその意が酌めなかった」と振り返っている（「著者自らを語る」『全集第十七巻』）。

小野塚は学問的な視点から「労働問題は現今文明国に於《お》ける重要なる問題」であり、単なる経済問題ではなく政治の出番であると指摘していた。栄治郎は心ひそかに、日本の劣悪な労働事情を自分の手で造り替えたいとの野心を抱いた。

たとえ小野塚の誘いが明確であったとしても、「私は微動だにしなかったであろう。それほど私の官吏志望は決定的であった」と述べている。栄治郎を決意させたものとは、いったい何だったのか。

栄治郎は、大学の経済統計研究室で偶然、二冊の本を手にした。栄治郎は一読して、「涙なくして閉じることは出来ない」ほどの衝撃を受けた。農商務省が発行する官庁報告書『日本職工事情』である。

農商務省は労働者を保護する工場法を成立させるために、労働の現場に職員を送り込んで調査した。栄治郎が手にしたのは、報告書全五冊の「付録一」と「付録二」で、労働者の悲惨な実情を詳細に記録していた。

本編の統計数字と違って、付録には女工の虐待や蹂躙《じゅうりん》に関する地方への照会とその実例が生々しく描かれていた。女工たちは、仕事でミスすると裸で縛り付けられたうえで殴打された。中には、衰弱して盲目になってしまった職工たちの悲鳴までもが記録されていた。

紡績工場で働く女工の過酷な生活を記録した細井和喜蔵《ほそいわきぞう》の著名な『女工哀史』が改造社から出版されたのは、ずっと遅い大正十四年である。山本茂実《やまもとしげみ》が製糸工場の悲劇を描いたノンフィクション文学『あゝ野麦峠』は、さらに下って昭和四十三年であるから、栄治郎の問題意識がいかに早かったかが分かる。

『職工事情』と闘う決意

実は栄治郎が『日本職工事情』に出合う前後に、姉、喜久の義弟である石井健三郎からの書簡（大正三年三月）が、職工たちの過酷な労働環境に触れていた。石井はこの年三月に大阪の内外綿株式会社に就職しており、栄治郎に工場の様子を伝えていた。

「彼らは毎日毎夜わずかなる賃金にて犬のごとく労働している。実に憐《あわ》れである。自分が工場を見たときは、如何《いか》にして彼らを使役し、利益を挙げようという如《ごと》き考えは起こらずして、如何にして彼らを人らしき生活をなさせしめ、少しでも愉快にする事が出来るだろうか」「親兄弟を助けるために十四、五歳の少女が工場で綿だらけになって働いているのを見ると、自分は涙が出て、株主に多大の配当をなす事などは毛頭考え及ばない」（松井慎一郎『評伝 河合栄治郎』）

石井健三郎の苦悩がにじみ出ている書簡で、栄治郎でなくとも心が揺さぶられる。元来が涙もろく、江戸っ子の勇み肌のような気質をもつ栄治郎である。労働現場の非情な現実に、人道主義が何かに駆り立てられたであろう。

だから、小野塚の後継者としての勧誘が直接的であったとしても、栄治郎は微動だにしなかったということであろう。石井から書簡を受け取ったその年の夏、早々と高等文官試験に合格している。それも社会問題を扱う農商務省を希望し、工場法の施行にかかわりたいとの目的意識が明確であった。

さりとて、栄治郎は学問を捨てる気もない。役人をしながら大学院に籍を置き、「工場法と労働問題」をテーマに研究も続けた。そのときの指導教授が、のちに岳父となる金井延《かないのぶる》教授であった。

お見合い話

朝日社主への道を蹴る

河合栄治郎は東京帝国大学を大正四（一九一五）年五月に卒業すると、農商務省の工場監督官補に任命された。栄治郎二十四歳である。ちょうどそのころ、政治学の泰斗、小野塚喜平次教授夫人の孝から、見合い写真が親代わりの河合の姉、石井喜久に渡された。

小野塚の手元には、各界名士から娘に優秀な帝大生を求める見合い話がよく持ち込まれた。とくに河合は、府立三中から一高、東京帝大へと進み、銀時計組の農商務省エリート官僚である。銀時計組とは、帝大卒業式の際にとくに成績優秀な学生に懐中時計が下賜《かし》されたことにちなんだ呼称である。時計には「御賜」と刻まれ、これを所持する栄治郎が婿取りの標的にならないはずはなかった。

姉の喜久によると、「M家のお嬢さんでF子さんと、新渡戸稲造さんの養女の方で琴子さんのお話があったんです」と興味深い証言をしている。

「F子さん、当時はまだ十八歳ぐらいでしたか、きれいな写真でした。養子をもらいたいんでしょう」（「月報9」『全集』）

喜久がイニシャルで語るM家のF子さんとは、いったい誰を指しているのだろう。資料をつき合わせてみると、やがて、その実相が浮かんでくる。M家とは、大阪朝日新聞の社長、村山龍平《むらやまりようへい》家のことであり、その一人娘のF子とは藤子《ふじこ》（於藤）のことを指していた。姉の喜久によると、藤子はそれは美しい人であったという。

“破談”への条件を提示

村山家は才知あふれる栄治郎を養子として迎え入れ、朝日新聞を背負って立つ人物として将来に期待した。が、河合栄治郎は明治の男であった。養子に入ることを断固として拒否したうえ、村山家に次々と条件を突きつけた。

彼は村山家あての手紙に、もしも自分を望むなら、東京都内に家をもたせたうえで、藤子が伴侶として来るべし、と条件を書いた。喜久は「あの人のことですから、（手紙に）細かく書いたんでしょう。そしたら、お嬢さんにはそんな主婦がつとまらないから婆やをつけてやると書いて」と回想している。

実は、彼が出した条件の中に、村山家には決してのめない項目が含まれていた。河合栄治郎の研究者、松井《まつい》慎一郎《しんいちろう》は近年、軽井沢にある河合家の旧別荘にあった書簡の中から、興味深い資料を見つけ出した。

栄治郎は結婚まで「五年の猶予」を求める条件を提示していたのである。村山家がこれを拒んで破談になった様子が浮かび上がってくる。それもそのはずで、このときの彼は、農商務省の官僚として工場法の研究に没頭する日々を送っていた。

河合門下の江上照彦によれば、栄治郎は強烈な親和性の持ち主で、同時に女性に存外弱いところがあった。だが、彼の女性遍歴には一定の条件が垣間見える。弟子の江上は「知性を美とも魅力とも感じがちな半面には、美と魅力に知性がともなわないでは飽き足らないのだ」と、その性格を見抜いている。

それが事実なら、いくら名家の令嬢でも直接に会って、美と魅力と知性を感じなければ、彼の心は動きようがなかったのかもしれない。

さすがの村山家も堪忍袋の緒が切れた。結局、村山家は旧和泉岸和田藩主家である岡部子爵家から岡部《おかべ》長職《ながもと》の三男・長挙《ながたか》を婿養子に迎えた。

村山長挙は朝日入社後に取締役から社長になり、戦後も公職追放の解除後に社長に復帰している。ちなみに、妻の藤子は学校に通わずに自宅で京都帝大教授らから教育を受けて成長した。父の死後も朝日の社主家として大きな発言力をもち、下って昭和三十八年には俗にいう「朝日紛争」で経営陣と対立した。このとき、村山家を批判して朝日を辞めた論説委員の土屋《つちや》清《きよし》が、河合栄治郎の直弟子であったのも何かの因縁だろう。

戦時の右派、平時の左派

さて、栄治郎が村山長挙と同じように、朝日新聞の編集、経営、あるいは社主に赴くことになれば、戦前の朝日新聞は、あの進軍ラッパのような紙面づくりはしなかったのではないかと考えてしまう。戦後の朝日は、進歩的文化人を重用した左派路線が売りになったが、戦前は、日本軍をやたらとたたえる右派路線を徹底した。

とくに、昭和六年に満州事変が起こると、各社は現地に特派員を送って戦争報道を競った。東京朝日の主筆、緒方竹虎は国策化もやむなしと「事変容認、満蒙独立」に舵《かじ》を切った。大阪朝日も反革新派が処分されて容認へと傾斜していく（佐々木隆『日本の近代14』）。十二年十二月二十日付の「平和甦《よみがえ》る南京、皇軍を迎えて歓喜沸く」でみるように、南京陥落の賛辞を前提に報じる「演繹法《えんえきほう》」の典型だった。

だが、栄治郎が関与した新聞社なら、発禁処分を覚悟で軍部批判を展開したことは想像に難くない。少なくとも、制約が厳しければ、事実だけを報じて世界のメディア史に朝日の名をとどめたのではないか。

もちろん、栄治郎は軍部を公然と批判する自由主義知識人であった。昭和十三年秋には自著『ファッシズム批判』『時局と自由主義』などの四冊が、「世を乱すもの」として発禁処分を受け、三年にわたる裁判の結果、有罪判決を受けている。

その後の栄治郎が、自由のために闘い続けたことを考えると、戦後の朝日新聞の報道姿勢も変わっていた余地がある。敗戦後に右から一転して左傾化する朝日を、「自由主義リアリズム」に変える最大のチャンスを逸したというべきか。戦時の右派路線、平時の左派路線は朝日の特徴をなした。

東大河合門下からは、社会思想家の関嘉彦《せきよしひこ》、政治学者の猪木正道《いのきまさみち》、そして新聞人の土屋清らが輩出しており、いずれも産経新聞「正論」欄の執筆者になっていく。いまの朝日が河合精神を受け継ぎ、理想を抱きながらリアリズムを貫く新聞になっていたら——と考えるのは、そう無理とも思えぬ仮説なのである。

結婚

河合式「配偶者の選定法」

河合栄治郎が心より愛したのは、第一高等学校時代の恩師、新渡戸稲造の養女、琴子であった。栄治郎にとっては、人生で最初の恋愛であり、東京帝大が生んだ期待のホープとの理想のカップルと誰もが考えた。

村山龍平の一人娘、藤子（於藤）との見合いが実らずに終わると、恩師である小野塚喜平次の妻、孝から別の見合い写真が届けられた。河合門下の江上照彦によると、栄治郎は長野県・軽井沢にある新渡戸の別荘で彼女と出会い、栄治郎を尊敬するようになる琴子が、その気持ちを孝に書き送った。琴子の手紙を孝が栄治郎の姉、喜久に見せたことがきっかけだった。

二人の結婚には、琴子よりもむしろ養父の新渡戸の方が熱心だったかもしれない。「この伯楽は、栄治郎が千里の馬であることをつとに見抜いていた」（江上『河合栄治郎伝』）。ところが初恋はなかなかうまく運ばない。やさしさやいたわりを期待する琴子に対して、栄治郎は研究テーマの崇高性や気宇《きう》壮大な夢を語った。

二人は大正五年四月に婚約をかわした。親友の那須《なす》皓《ひろし》が、帝大卒業後、新婚生活のために栄治郎が用意した自宅を訪ねると、二階に通して「これは婚約者と2人で選んで買った」と楽しげに家具を披露した。いかにも栄治郎らしく、それは無邪気な喜びようだ（「月報9」『全集』）。

相思相愛から失恋へ

ところが、二人の関係はまもなく暗転する。相思相愛ではあったが、悲しいことに琴子は病弱であった。そのうえ、神道で卸酒屋という河合家と、キリスト教で外国人の義母である新渡戸家の家風が合わない。那須によると、挙式の方法一つとっても、米国育ちの新渡戸夫人、メアリーと栄治郎の間で意見が合わず、ともに頑固に自説を譲ることがなかった。やがて関係がぎくしゃくしていく。

二人のなれそめから別れまでを見つめていた姉の喜久は、こんなふうに表現していた。

「始終、心臓が弱い方で、今でもよく覚えておりますが、聖路加病院に入っていらっしゃって、とても私のような身体《からだ》では、河合さんのような、これから世の中に立ってゆく方に自分がそれに連れ添ってゆかれないというんですよ」(「月報9」『全集』)

東京・大森に新居の建築も進む中で、大正五年九月二十日、結婚の直前になって破局を迎えた。孝は「あたしがいけなかったのよ。あんまりすすめすぎたから両方とも夢中になっちゃって」と反省していた。

栄治郎の落胆ぶりは大きかった。一高の一年先輩で親友の川西実三《かわにしじつぞう》(のちの日本赤十字社長)が「見ていて気の毒で同情を禁じ得なかった」と言うほどだった(「月報4」『全集』)。

栄治郎が失恋を告白した数日後、川西は勤務先の内務省から下宿に帰ると、下宿屋のおばさんがあきれ顔でいった。

「あんたの荷物は河合さんがみんな大森へ運んでしまった。自分は川西さんと大森でいっしょに暮らす。こういってましたよ」

川西はあわてた。栄治郎は、思い詰めると自制が利かなくなるところがある。川西は後輩が悩み苦しみ、自分を頼りにしている以上、その願いに応えてやらなければならないと感じていた。まもなく川西は、栄治郎の新居になるはずだった大森の家に引っ越して、毎夜、栄治郎の失意の気持ちを聞くことになる。

内務省勤務の疲れからうとうとすると、「あなたは人の大事な問題を聞いてくれるんですか、寝ているんですか」と悲壮な声が飛んでくる。栄治郎が、「もう一度、プロポーズしようと思う」と漏らしたときには、さすがに自重するよう必死で止めた。

「恋愛なんか理詰めで問い詰められたりするものじゃない。断られたら醜態ではないか」

それにしても、ほれっぽいというのかウブなのか。間もなくして、憑《つ》きものが落ちたように琴子への恋慕の情が清算されていく。というよりも、別のところで栄治郎の心に再び火がついていた。

伴侶選定の法則みつけた

川西が琴子との行きがかりを断ち切るように忠告して、わずか二十日しかたっていなかった。その年の十二月、栄治郎は型どおりの見合いで相手の女性をすっかり気に入っていたのだ。

翌六年一月、栄治郎は川西に「ぼくとミス金井との話はたいへんうまくいっています」と報告にやってきた。彼は失恋の痛手から立ち直り、周囲がすすめた東京帝大教授、金井延の娘、国子と交際していた。

「国子の眼《め》がとってもいいんですよ」

川西は栄治郎の手放しの喜びように感嘆していた。というより、川西自身が、栄治郎の恋愛物語の聞き役から解放されることにホッとしたのではあるまいか。同時に、あの眼が栄治郎の失恋の煩悶《はんもん》を解かせたのかと思い、親友として自分の役割をなし終えることができたことに満足感を味わっていた（「月報4」『全集』）。

栄治郎の恋愛につきあったもう一人の先輩に、のちの厚生大臣、鶴見祐輔《つるみゆうすけ》がいる。鶴見は栄治郎の一高弁論部の先輩で、このときは内閣の拓殖局の官吏であった。国子との縁談が決まったころ、訪ねて来た栄治郎が理詰めの「配偶者選定法」を披露したことがある。

「私は結婚の相手方を決めるためには、その相手に関し、第一に材料を蒐集《しゆうしゆう》します。その次にこれを分類します。そしてその中から法則を発見します。そうして決めます」

事実を積み上げ、精緻に分析し、体系化せずにはおれない栄治郎らしい選定法であった。鶴見はすっかりあきれ、かつ、うなった。栄治郎が農商務省を辞し、軍部を批判し、大学から放逐され、裁判闘争を決意しても、国子は陰で夫を支えた。

かくして工場監督官補、河合栄治郎と国子は、東京駅のステーション・ホテルで華燭《かしよく》の典を挙げた。媒酌人は矢作栄蔵と小野塚喜平次の夫人、孝という変則的な組み合わせであった。

労働問題

官に就くに際して

農商務省に入省した河合栄治郎は、労働問題を単なる経済問題とはとらえず、道徳的、歴史的な経緯の中で考えた。それは大学卒業の直前に、第一高等学校の弁論部に招かれて語った講演に表れていた。

一高の弁論部には古き良き伝統があり、OBと弁論部委員が毎年懇親会を催すことになっていた。これを「縦の会」といい、文字通り先輩たちとのタテの結びつきを大切にした。栄治郎が弁論部委員のときは、内閣の拓殖局に就職したばかりのOB、鶴見祐輔を訪ねて講演の依頼をしたことがある。

栄治郎は講演で、労働問題への思いを「戦いの将来を懐《おも》う」という演題で思いの丈を語った（『全集第十六巻』では「官に就くに際して」）。労働問題は単なるマルクス主義のように経済問題として扱うべきではなく、道徳、人道の課題であり、歴史的な洞察が必要な分野であると自説を論じた。

「唯物史観と共に社会主義を知ったとは云っても、それは尚、遠い夢の如き問題であって現実の動いた問題とは迫って来ませんでした。（中略）それは最早学者の学説ではありません。机上の思索ではありません。生きて動いて居る現実の問題であります」

栄治郎には農商務省でなすべき課題や目標が決まっていた。栄治郎は講演で「改革の途に立つものは常に寂然として荒野に於ける孤客であります」と語り、すでにして「独立不羈《どくりつふき》」の意気込みである。どこに偏見や因習があろうとも、「われ行かん」とする気負いであった。

誰がための工場法

日本で最初の労働法である工場法は、明治四十四年に成立していたが、いまだ予算の裏打ちを欠いていた。実際に動き出すのは大正四年まで待たなければならない。勅令や省令の起案が必要であり、栄治郎は連日連夜、この仕事に没頭した。

勅令が枢密院で問題になったときは、連日午前三時、四時になり、電車のない街路を一人トボトボと家路についた。それでも、自分の仕事が「今夜夜業をして居る女工の身の上に多少の貢献を為し得ることを思って既に疲労は癒やされて余りあった」と考えた（『全集第十六巻』）。

栄治郎を支えていたのは、理想に燃えた官僚の使命感であった。だが、夏が過ぎ、やがて冬を迎えるようになるころ、その気負いの前に、疑問や懐疑が生じてくる。不思議なのは、工場法の熱心な支持者が軍当局と大日本衛生会という医師の団体であることだった。

軍は一朝有事のためか、軍役にあたる壮年男子の健康維持を願う。医師は文字通り国民の保健衛生の向上を期待した。そうなると、工場法は誰のためなのか、労働者自身のためではないのか。農商務省の中にさえ、貿易の国際競争という話になると、低賃金の労働条件が日本の強みと考え、労働者に犠牲を強いることになる。

栄治郎が部内の会議で、「なぜ労働者は国家のために犠牲にならなければならないのか」と訴えると、「また君の論法ですね」と笑われる。言外に、世間知らずの青二才というほどの侮蔑が込められていた。

国家主義的な官吏の世界に生きる栄治郎もまた、理においてはこれを認めはする。他方で、労働者は国家のために犠牲にならなければならないのか、と思う。頭の整理がつかぬまま、栄治郎は労働改革へと向かうための理論的な裏付けが欲しいと考えはじめていた。

「自由」の新しい響き

ある日、栄治郎は東京駅頭で法学部教授の松本烝治《まつもとじようじ》に出会った。松本は立ち話の途中で、挑発するように「河合君」と注意を喚起した。

「この大戦が終わったら世界はきっとがらりと変る。できたら出かけて行って、それを見て来たまえ」(『全集別巻』)

松本の忠告は栄治郎の心を揺さぶった。これをきっかけに英国へ旅立ちたいとの思いに駆られ、はやる気持ちを抑えながら役所に願い出た。「やむを得なければ自費であっても」とまで思い詰めた。そんなことを考えている折に、栄治郎は大正七(一九一八)年、農商務省から米国への出張を命じられる。

もっとも、栄治郎の目を海外に向けさせたのは、松本との遭遇ばかりではなかった。大正五年十二月、鶴見祐輔邸でもたれた一高弁論部の先輩や現役との「ウィルソン米大統領の再選を祝う会」が、米国への関心を高めるきっかけになった。鶴見らはウィルソンの理想主義に憧れ、再選を三十人ほどで祝った。その日が火曜日であるところから「火曜会」と名付けられ、毎月一回のペースで講師を招き、勉強会をこなした。

栄治郎は大学当時から、一高弁論部に顔を出して後輩を指導していた。したがって、弁論部そのものが栄治郎主導になっていたため「それが主として火曜会に流れ込んできた」のだという（鶴見「交友三十三年」『伝記と追想』）。

ある晩、栄治郎がすごい剣幕《けんまく》で鶴見の自宅へ飛び込んできた。上司から「高等官にするから、他の課に移れ」といわれたという。栄治郎は「約束が違う。労働問題をやりたいのであって高等官になんかなりたくない」と答えた。大学を出てわずか一年で高等官になる職員はいないから、破格の抜擢《ばってき》であった。それをあべこべに「辞める」と言い出した。鶴見があきれて慰留したのはいうまでもない。

この騒ぎに、農商務省は引き続き労働問題を栄治郎に担当させることになり、大正七年に、労働組合法をつくる調査のために彼に出張を命じたのだ。

折から欧州の地は、第一次大戦のさなかにあった。栄治郎は英米仏の自由主義と独墺《ドイツ》の専制主義の戦いとみていた。だが、大正七年三月に長女、純子が生まれて考え方を変えた。この子をどう育てようかと考えたとき、久しく忘れていた「自由」という言葉が新しい響きを伴ってよみがえってきたのである（『全集第十七巻』）。

大戦が終われば「自由」への憧れが澎湃《ほうはい》と世界中で起こるだろうと考えた。

米国出張

自由の国からの先制

河合栄治郎が乗船したコレア丸は、大正七（一九一八）年八月三十日に横浜を出港した。農商務省事務官、栄治郎二十八歳。前年の六月に結婚し、つい五カ月前に長女、純子が生まれたばかりだった。

目指す米国は「新自由主義」を掲げるウッドロー・ウィルソン大統領に率いられ、第一次大戦で疲弊する欧州に代わり、世界をリードしつつあった。

半月に及ぶ太平洋横断の航海は、栄治郎にとって読書三昧の日々だった。同じ船には、米国を経て欧州に向かう臨時産業調査局の上司、吉阪俊蔵《よしざかしゅんぞう》が乗船していた。栄治郎は当初、英国行きを熱望したが、欧州は先輩の吉阪に割り振られた。

しかし、栄治郎はのちに、この米国出張を過去三度の海外生活の中で、「もっとも収穫の多い九カ月の旅であった」と位置づけている。彼は「みなぎる専制主義、軍国主義への反対が私に自由主義をば、文字に於てでなしに、直接に胸に魂に鼓吹したに違いない」と振り返る（「著者自らを語る」『全集第十七巻』）。

吉阪は航海の間、多くのときを甲板で風に吹かれて過ごした。逆に栄治郎は、小さな丸窓だけの蒸し暑い船室で本ばかり読んでいた。彼は甲板に出てきたときに、「海に泳いでいって、自分の船を見たいものですね」とポツリという。吉阪は何気ないひと言から、栄治郎が自分を客観視できる「自己内心の観照をする」人物であることを鋭くみていた（『農商務省時代を想う」『河合栄治郎・伝記と追想』）。

コレア丸にはほかに、鋳物研究のため米国に向かう鮎川義介《あゆかわぎすけ》（のちの日産コンツェルン創始者）、財務書記としてニューヨークへ赴任する賀屋興宣《かやおきのり》（のちの東条内閣蔵相）ら計十一人の帝大卒業生が乗り合わせた。彼らは子午線を過ぎたころ、帝大ＯＢの学士会ティーパーティーを開いた。

吉阪は記念撮影する際に、栄治郎がいないことに気づいた。吉阪が船室に戻って声をかけても、「記念撮影なぞつまらぬ」と加わろうとしなかった。

栄治郎と吉阪は万事が正反対だったから、互いに窮屈この上ない。栄治郎が周到な計画に沿って、調査、面会、視察をこなしていくのに対し、吉阪は行き当たりばったりの臨機応変型だった。九月十五日にサンフランシスコに到着すると、別行動をとることになった。

ウィルソン演説で団結

栄治郎はそのままニューヨークを経て、目的地・ジョンズ・ホプキンス大学のあるボルティモアへ向かう。吉阪はサンフランシスコ市内の紡績工場を、シカゴでは衣服工場を視察した。さらにナイアガラの滝まで見物するとニューヨーク、ワシントンを経て欧州へと進路をとる。

栄治郎がニューヨークに到着して四日後の九月二十七日、鶴見祐輔らと語ったウィルソン大統領の演説を聞く機会に恵まれた。米国の紳士淑女が集うメトロポリタン・オペラ・ハウスが演説会場に選ばれたのは、それが自由公債募集のための演説会だったからであろう。

ウィルソンはこの音楽の殿堂で、一月の一般教書演説で訴えた国際平和機構の創設や民族自決など「十四カ条の宣言」に言及した。この平和原則は「大国と小国を問わず」に、「諸国家間での全般にわたる連合」の樹立を掲げた。ウィルソンが連合国の戦いの意義を一語ずつ訴えるたびに、米国人聴衆は総立ちになって応じた。

「それは僕にとって一個の事件であった。何千と云ふ老若男女が涙を浮べ、咽《むせ》び泣きをしながら聴いた此《こ》の場の光景は、僕にとって驚異であった」

ついさっきまで、個人主義でバラバラにみえた米国民が、大統領の下に団結力を示したのだ。それは「理念の共和国」である米国の特性なのかもしれない。

「彼等《かれら》を動かしたものは、領土の拡張でもなければ、国の光栄でもなかった。かゝる動機の下にかゝる指導者の下に、かゝる巨大の国民が戦に参加した事実は、それ丈でさへ大きな歴史的躍動である」（「在欧通信」『全集第十七巻』）

栄治郎は渡航して間もないニューヨークで、いきなり自由主義の先制パンチを浴びたのだ。全米にみなぎる軍事専制に対する反発と、自由擁護の空気に圧倒されていた。残念ながら日本は、ウィルソンのような「道徳的な指導者」をもたず、帝国主義的な「領土の拡張」それ自身が目的化してしまってはいまいか、と彼は考えた。

危機に直面したときの米国人の結束は、現代にも脈々と流れるDNAのようなものだろう。日本軍による真珠湾攻撃を受けた直後の巻き返し、ソ連が人工衛星打ち上げに成功したスプートニク・ショックに対抗したアポロ計画、最近では中東の湾岸戦争や「九・一一」後のアフガニスタン攻撃がそうであった。

ボルティモアで研究

栄治郎は一週間ほどニューヨークの刺激的な空気を吸った後、ワシントンに近い港町ボルティモアへ向かった。栄治郎が列車内で読んでいたのは、ミルナー卿の『アーノルド・トインビー伝』だった。ふと車窓を眺めると、沿線の森はすっかり秋色に染まっていた。

ジョンズ・ホプキンス大学は、あのウィルソン大統領やタフト大統領の出身校であり、日本人では栄治郎の恩師である新渡戸稲造や田尻《たじり》稲次郎《いなじろう》らが留学していた。

栄治郎は大学近くの下宿屋の一室を借り、毎日、本の虫のような生活を始めた。この大学で労働立法の指導を受けたうえで、大都会に移って実態を調査研究する計画である。

大学は第一次大戦のさなかとあって栄治郎がのぞいた教室に男子学生がいない。彼はその分、経済学のホランダー教授や労働組合研究のバーネット教授、哲学のスロニムスキー教授らから親しく指導が受けられた。

九カ月間の米国生活を通じて、栄治郎は労働問題に目を開かされただけでなく、彼の思想そのものに深みと広がりが出てきた。

米国生活

書を捨て街に出でよ

河合栄治郎は大正七（一九一八）年十一月、号外売りのけたたましい呼び声に「ドイツ降伏」のニュースを知った。

第一次大戦は、栄治郎が東京帝大を卒業した前年の大正三年に始まっていた。日本は欧州勢力の後退に乗じて対華二十一カ条要求を袁世凱政権に突きつけた。いま、その大戦が栄治郎の米国滞在中にようやく終結した。

米国のウィルソン大統領が提唱する国際連盟の創設へ、世界が動き出す瞬間に思えた。ジョンズ・ホプキンス大学内もまた、終戦を迎えて自由擁護の空気がみなぎっていた。

栄治郎はこの大学で、ダイシー教授の著書『十九世紀英国に於ける法律と世論との関係』に出合い、自由主義の研究へと導かれていく。彼は「一巻の書が之ほどに自分を動かした経験を未だ嘗《かつ》て味わったことがない」（「米国生活の思い出」『全集第二十巻』）と、感激のうちに読了している。

のちに栄治郎の思想の根幹をなす英国思想界の巨人、トーマス・ヒル・グリーンを知ったのも、哲学のスロムニスキー教授の教示がきっかけだった。研究室を訪ねると、教授は栄治郎が「何を求めているのか」を詳しく聞き出した。

教授は、栄治郎のそれが社会改革の理論的な裏付けであることを知ると、書棚から英国の思想家が書いた書物を一冊ずつ取り出しては、解説をしてくれた。ラッセル、ラスキなどの名前を挙げ、最後に「恐らく君の渇望しているのはこれだろう」とグリーンの著書『政治義務の原理』を手渡した。

「グリーンはカントに次いで十九世紀の最大の思想家だと思う、此の本は一頁を読むに一時間を要するが、然《しか》し読むに価する」(「著者自らを語る」『全集第十七巻』)

教授の推奨を受けて、さっそく本を買い求めた。栄治郎は後年、これを熟読のすえに、「個人の尊厳」を至上とする理想主義に傾倒することになる。

書生が「紳士」に豹変

ボルティモアからそう遠くないワシントンには、第一高等学校弁論部の先輩、鶴見祐輔が鉄道院から派遣されていた。鶴見と手紙で連絡を取り合っていた栄治郎は、ある日、鶴見を訪ねてその夜の夕食に誘った。すると、鶴見から米国の作法に関する一発を見舞われた。

「そんな出し抜けなことを言ったってダメだよ。アメリカの生活ではみんな前から約束して、殊に食事の約束は一週間も前から打ち合わせて定めるから、すぐと言ったって時間がありはしない」

さらに言葉を継いで、鶴見の小言は続いた。

「そんな泥靴を穿いて、二日も三日も同じカラーをして、何ですか」「米国くんだりまで出て来て、本を読むなら日本で読める。高い旅費を政府からもらって来ておりながら、本郷の書生のようなことをしていてはいけない。米国へ来たら出来るだけ米国人に会いなさい」

負けず嫌いの栄治郎は、悔しそうな顔をしたが、その日は反論もせずにそのまま帰った。鶴見の忠告は、栄治郎にとりさまざまな人物に会うきっかけとなり、多くの知識を吸収する適切なアドバイスとなった。

栄治郎にも転機が訪れていた。三カ月余のボルティモア生活を終え、クリスマス近くになって南部旅行を思い立った。ジョージア州サバンナのホテルで、偶然にも永井《ながい》柳太郎《りゅうたろう》（のちの逓信相、鉄道相）に出会った。彼は早稲田大学の教授ポストも雑誌『新日本』の主筆もやめ、悠々たる外遊の途次だった。

永井はオックスフォード留学の経験から、英国の労働事情を語り、唐突に「つまらない官僚生活を辞めて、大学教授になりたまえ」と思いがけないことをいう（「米国生活の思い出」『全集第二十巻』）。

栄治郎は年明けにニューヨークに移り、永井が住んでいたリバーサイド・ドライブのアパートを引き継いだ。実は、ここから栄治郎の鶴見に対する〝反撃〟が始まる。

労働組合の本部を訪問し、工場群を視察し、主だった人物をランチやディナーに招待した。農商務省の交際費やボルティモアで節約した資金を余さずに使った。彼は米国の労働組合主義に触れ、それまでの労働立法による視点ではなく、労働組合が社会問題を解決するに重要であることを認識した。

燕尾服にシルクハット

栄治郎のライフスタイルも、ボルティモア時代とはすっかり様変わりした。これはと思う人物を招待する際は超高級ホテルを使い、晩餐会《ばんさん》には燕尾服《えんび》にシルクハットを調えた。

現地の労使協調会の主事夫妻を招待した際には、二度も待ち合わせ場所で会うことができなかった。三度目の招待を申し込むと、「ご厚意は十分わかりましたから」と辞退されたが、栄治郎は気が済まない。三度目で晩餐への招待に成功すると、夫妻は「日露戦争で何故小さな日本が勝ったかが分かった」と述べ、計画を貫徹する栄治郎の一途さに妙な関心を示していた。

まもなく栄治郎は、マンハッタンにやってきた鶴見をホテルに訪ねた。鶴見の前には、書生から紳士に豹変《ひょうへん》した栄治郎がいた。気を許した鶴見がうっかり口を滑らせた。

「今夜、いっしょに飯を喰おう」

栄治郎はすぐに手帳を取り出すと、思案顔をつくった。

「そうですね、来週の木曜日の午餐《ごさん》までは、全部約束でふさがっていますから、木曜日の晩か、金曜日の夜なら、お約束しましょう」

栄治郎は会心の笑みを見せた。数年後、日本で再会したとき、栄治郎は「あの時は、愉快だった」と思い切り笑った。

「ワシントンであなたにやられたとき、わたくしは全く参った。口惜しかったけれどあなたの言う方が本当だったから参った。それでニューヨークで讐討をして、全く愉快だった。あの時、発奮しなければ、ニューヨークであれだけ活躍はできませんでした」（鶴見「交友三十三年」『伝記と追想』）

米国での交流
ハザノウィッチと出会う

ハリエット・ストウ夫人の著書『アンクルトムの小屋』は、米国南部の奴隷たちの悲惨な境遇を扱った小説である。小説が発行された一八五二年当時の米国は、奴隷問題で南北分裂の危機を抱えていたため大きな反響を呼び、南北戦争の引き金の一つになった。

河合栄治郎はストウ夫人の小説が奴隷廃止につながったように、工場労働者を描いた影響力のある書物を探していた。栄治郎がニューヨークの書店で、手にしたのはエリザベス・ハザノウィッチという女性が書いた『彼等の中の一人』であった。偶然とはいえ、最初のページをめくると、たちまち夢中にさせられた。

ある日、訪問先の「婦人衣服製造職工組合」でプライス博士と話しているうちに、話題が著者のハザノウィッチのことに及んだ。すると、博士が「彼女なら隣室で、工場監督係として勤務していますよ」といって、すぐに紹介してくれた。

ハザノウィッチは二十六、七歳だろうか。ウクライナ出身のユダヤ人である。人種的な迫害に苦しんで一人カナダに逃れ、まもなく米国にやってきた。高い教養をもちながら満足な仕事に就けず、「異国での貧困と病気の絶望的な日々」から組合の設立に奔走し、その体験を基にこの本を書いた。

彼女はすでに新人の女流作家の地位を獲得していた。栄治郎は彼女に会うと、本を読んで感銘を受けたこと、日本で労働立法するための研究をしていることなどをくまなく話した。二人はすぐに打ち解けた。

米国でも、劣悪な労働条件の中で、工場労働者が悲惨な事件に巻き込まれたことがあった。とくに悲惨な例としては、女工を外に出さないよう工場の入り口に鍵をかけていたため、火災が発生した際に、多くの犠牲者を出してしまった歴史がある。

栄治郎は彼女の自宅に招かれ夕食を振る舞われた。其後の彼の女は僕のためにあらゆる便宜を提供して呉れた。そして、「二人は長い間の知合いの様に御互いを理解した」と感傷的に書いている。

ハザノウィッチは彼を外国人が踏み込めない工場の内部を案内しただけでなく、映画や芝居、珍しいレストランにも連れて行ってくれた。著名な米国の女流作家から前駐ベルギー大使夫人に至るまで紹介され、栄治郎は彼女の聡明《そうめい》さに惹《ひ》かれていった（「帰朝の途に就く」『全集第十七巻』）。

心を寄せた米国人女性

あるとき、栄治郎はハザノウィッチを誘い、二頭立ての馬車を駆ってハドソン川を渡ってリバーサイド・ドライブを走らせた。栄治郎は彼女の喜ぶ顔に美酒に酔ったような幸福感に満たされていた。

まもなく栄治郎は、若い男女が馬車でリバーサイド・ドライブを走らせることが、婚約を公にする意味が込められていることを知って狼狽《ろうばい》する。彼はそのうかつさを彼女にわびた。すると、「わたしはそのしきたりを知っていました。その上であなたのお誘いをお受けしたのです」と答えた。

「親しんで狎《な》れず、寛容の中に威厳を忘れず、彼の女は己れを守り僕を守り、僕の妻子を守るが為に、あれだけ親しみながら人知れず心を払った苦心を僕は敬して措かなかったのである」（同）

河合門下の江上照彦は、東京帝大の河合ゼミ生で、リバーサイド・ドライブの甘いエピソードを聞いた学生は多かったに違いない、と述べている。二人は「凡そ男女の関係で考へられ得る最深の関係」（「米国生活の思い出」『全集第二十巻』）になったのである。

この間、栄治郎は計画に沿って精力的に労働関係の学者や指導者らと会っていた。渡米前から著書を読んでいた前シカゴ大学教授のヴェブレンから「十八世紀英国の産業革命」の連続講演を聴講することができた。

片山潜を助ける

労働問題で定評のある「ランド・スクール」では、日本の労働運動の先駆者、片山潜に食堂でバッタリ遭遇した。大日本帝国の少壮官吏とお尋ね者である共産主義者との出会いであった。

片山は苦労して米国のエール大学を卒業し、帰国後に普選運動を主張して幸徳秋水らの無政府主義者と対立した。一九一四年に再び海を渡り、米国に亡命の身となっていた。片山は鋭利な主義者としてのイメージとは違って、栄治郎には村夫子《そんぷうし》然とした朴訥《ぼくとつ》な人柄に映った。

片山はロシア革命の影響を受けて共産主義者となり、しきりと欧州への渡航を望んでいた。彼は領事館が査証を出さないことを批判し、「君、ひとつなんとかなりませんか」と、現職官僚の栄治郎にもちかけた。栄治郎はダメ元で総領事に話を通してみると、しばらくして片山に査証が発行された。

栄治郎の仲介が功を奏したかは定かでないが、片山はまもなく欧州へ渡る。モスクワ入りすると、コミンテルン常任執行委員にまでなった。まもなくしてモスクワで客死し、そのままクレムリンの一角にある墓石の下に眠っている。

マルクス主義批判者の栄治郎が、日本を代表する共産主義活動家の片山を支援してしまったのかもしれないとの思いが残る。人の出会いとは、不思議な縁《えにし》を宿しているものだ。片山は栄治郎の心に、小さな灯をつけて去っていったのである。

彼は片山から欧州願望を聞かされ、労働関係の学者と会見を重ねているうち、ますます英国の労働事情を視察する誘惑に駆られた。マンハッタンの埠頭《ふとう》に立つと、戦火の止《や》んだ欧州に向け、巨船が次々に出港していく。出船入り船を見つめる栄治郎の憧れは、もはや止められないほどに膨らんでいた。

彼はすぐに、農商務省の四条隆英課長宛てに出張の延期と欧州への渡航を電報で願い出た。そのうえで、「休職にして自費でもかまわない」と追い打ちをかけ、復信の督促電報まで打っている。

しかし、返信は「予定通り帰朝すべし」とそっけなかった。

米出張から帰国
〝実行家〟になる決意

農商務省の四条隆英課長は、ニューヨークから届いた河合栄治郎の電報に苦虫をかみ潰していた。栄治郎の電報は、米国から直接、欧州に飛んで、とりわけ英国の労働事情を調査したいとの懇請であった。

臨時産業調査局の上司、吉阪俊蔵によると、四条課長は「河合は真面目な男で、米国で勉強して居たことは疑わないが、出張中に一本の通信も寄こさないで、出張期限の終る時に突然電報を打って延期を求めてきた」と憮然《ぶぜん》としていた（吉阪「農商務省時代を想う」『伝記と追想』)。

煩瑣《はんさ》な手続きに重きを置く官僚世界にあって、栄治郎はただ仕事一筋であった。あいさつなし、根回しなし、前例無視の異色官僚である。ようするに栄治郎は吏道の定石をまったく眼中においてこなかったのである。

本省はこのとき、第一回国際労働会議の準備から、栄治郎の帰朝を「いまや遅し」と待っていた。さすがの栄治郎も、帰朝するしかないと観念していたようだ。

大正八(一九一九)年五月、栄治郎は一高の先輩、鶴見祐輔とセントラルパークを見渡すプラザホテルで別れのあいさつを交わした。彼はニューヨーク滞在中の鶴見をよく訪ねて談笑した。二人が会うのは、おおむね夜中になった。鶴見は栄治郎の所業に辟易《へきえき》していた。「当時の私は被害者であった。というのは河合君はなにしろ精力絶倫の人物で、相手の眠いなどはいっさい顧慮しない。一日の用が終っての帰りに、よく私のホテルへ立ち寄っては話していった。それが夜の約束の済んだ後であるから、早くて十一時、遅いときは十二時ごろで、それから二時間ぐらいその日の出来事を報告して帰っていった」(鶴見「交友三十三年」『伝記と追想』)

大衆のための闘う覇気

その栄治郎が、調査を終わって帰国することになった。それは、鶴見にとって「夜の訪問者」からの解放を意味した。プラザホテルの広いロビーで、鶴見は別れ際に餞別《せんべつ》の言葉を投げた。

「あなたは、ベンサムになるか、またはエドマンド・バークになる人だ。日本へ帰ったら、しっかりやって大成して下さい」

が、鶴見に励まされたはずの栄治郎は不服そうに答えた。

「いいえ、わたくしは実行家になるのです」

鶴見のいうバークは「保守するために改革する」として斬新的な改革を追求する英国保守主義の政論家である。それだけでも相当なほめ言葉だと思うが、いまの栄治郎はそれだけに満足しない。鶴見は彼の言葉の端々から、栄治郎がグラッドストーン英首相やウィルソン米大統領なみの政治家を志していると瞬時に判断した。

「それが河合君の心意気であったと思う。彼は帰朝の上は、日本最初の労働法制を作り、その実施を自分の手でやり、将来はそういう進歩的プログラムを持った政治家として、日本の大衆のために闘ってみせる。そうゆう冲天《ちゅうてん》の覇気に燃えていたと思う」

栄治郎は大陸を横断してシアトルから出港する際に、鶴見宛てに手紙を書いた。それには「日本がわたくしを待っている、という気がします」と烈々たる意思を吐露していた（鶴見「交友三十三年」『伝記と追想』）。このときの栄治郎は、頭の中で米国女性労働運動家、ハザノウィッチの言葉を反芻《はんすう》していた。

「私は日本へ往きたい、そして日本の婦人と労働者の為に尽くしたい。然し私は日本語も話せないし日本にも往けない。どうか私に代わって、日本の婦人と労働者の為に戦って下さい」(「帰朝の途に就く」『全集第十七巻』)

彼女の別離の言葉に押され、栄治郎は再び太平洋を渡って祖国に戻った。この在米生活を境として、栄治郎の思想傾向は、牢固《ろうこ》とした国家主義が根底から覆され、個人主義を基礎とした民主主義への道に目を開かされていった。

職を賭する覚悟をもつ

栄治郎を乗せた船は五月十三日、横浜港の桟橋に接岸した。このときの栄治郎は半年後に農商務省を辞することになるとは、夢にも思ってはいなかった。

事実、農商務省では栄治郎の帰国をいまかと待ち構えていた。栄治郎が官房文書課へ帰朝報告に出向くと、文書課長の三浦実生があいさつもそこそこに重大な相談をもちかけた。

一九一九年一月に第一次大戦のパリ講和会議が始まり、六月に締結したベルサイユ条約の中に国際労働機関(ILO)の設置と一般労働原則九カ条を挿入することが決定していた。その第一回国際労働会議がワシントンで開催されることになっていたのである。

三浦は栄治郎に対して、「日本の労働政策の根幹となる政府原案を起案してほしい」と指示を与えた。このときの農商務省内には、国際的な見地から労働者保護の考え方を策定できる官僚が他にいなかった。

三浦はこの仕事は、省内の局長や課長には手に余るので、ワシントン会議に代表として赴く犬塚勝太郎次官の直轄でやってもらいたいとのことであった。このとき栄治郎は、ニューヨークで出張の延期と、欧州渡航を願い出たことなど、夢のまた夢であることを思い知った。

二十八歳の農商務省事務官、河合栄治郎は参事官を拝命した。前例のない抜擢《ばってき》である。次官の特命要員として取り組む以上、局長や課長たちから官僚特有の嫉妬と反感を受けることは避けられない。参事官への昇任は、こうした任務の故であった。政党内閣の大臣や次官に重用されたところで、政局の流れ次第で彼らはいつ変わるかも分からない。

重大な任務を与えられたことは光栄ではあるが、ことは日本の労働思想が絡んでくる。いずれは、米国流に染まった栄治郎の個人主義と、日本官僚の伝統的な国家主義とが衝突しかねないという不安がぬぐえなかった（「教壇生活二十年」『全集第二十巻』）。

孤軍奮闘

官僚国家主義との闘い

河合栄治郎の行く手には、大きな壁が待ち受けていた。農商務省内の守旧的な前例主義と、内務省の頑迷固陋《がんめいころう》な権威主義である。これらを打ち破るのは、生半可な知識と堅固な意思だけでは歯が立たない。

徒手空拳の栄治郎は、「職を賭する覚悟を以て」この壁に突っ込むしかないと考えた。尊敬すべき上司や敬愛すべき同僚に対して、思想上の戦いを挑む決意をひそかに固めた（「教壇生活二十年」『全集第二十巻』)。

栄治郎はそれからの半年間、文字通り不眠不休でこの問題に取り組んだ。起案文書の骨格は、ベルサイユ条約の労働憲章に採択された九原則と、就労時間など五つの議題に関する説明と意見であった。とりわけ、労働者のストライキを禁ずる「治安警察法十七条」の扱いが後々まで尾を引くことになる。

かくして、栄治郎が心血を注いだ原案が、農商務省、内務省からなる政府「国際労働会議準備委員会」にかけられた。委員会は緊張のうちに幕を開けた。栄治郎にとっては、予想通りの障壁が待ち受けていた。

スト権を認めようとしない農商務省工務局長の四条隆英や内務省警保局保安課長の河原田稼吉らと、ことごとく意見が対立する。とりわけ、夜業禁止の時期や労働条件の向上をめぐるストライキなど罷業権の扱いで火花を散らした。

栄治郎は孤軍奮闘、上級の官僚たちから連日の激論で押さえ込まれながらも、そう簡単に諦めるわけにはいかない。折に触れて、米国の活動家E・ハザノウィッチの「日本の婦人と労働者の為に尽くして」との言葉が思い出された。

官選代表に異議あり

だが、栄治郎の背後に立つ指揮官の戦意が疑わしい。農商務相、山本達雄に原案を押し通す不退転の決意が感じられなかった。担当相として、原敬首相や床次竹二郎内相を説得して勝ち取ろうとする意思もない。

やがて、参謀格の犬塚勝太郎次官までが負け戦と悟ってか、途中で国際労働会議代表の地位を辞退してしまった。かくて、栄治郎の原案は失速状態のまま廃棄された。「河合案」が消滅すると流れは一変した。山本農商務相は四条局長に直接、別の政府方針を起案するよう命じた。ワシントン会議へ派遣する労働者側代表の選出でも、栄治郎は窮地に追い込まれていく。

ベルサイユ平和条約の国際労働規約により、総会に当たる国際労働会議には、政府から二人、使用者側代表一人、そして労働者側代表一人がそれぞれ参加することになっていた。問題は労働者代表をどうするか。

当時、労働界の最大勢力は鈴木文治《すずきぶんじ》会長が率いる友愛会で、独自に代表を送り込む手立てを考えていた。友愛会は大正元（一九一二）年八月、キリスト教徒の鈴木らが創設した人道主義に基づく修養的な組織で、労使協調を指導方針とした。やがて労働運動の高まりとともに全国組織に発展し、大正十年に日本労働総同盟に改称する。

大正八年は第一次大戦末期から台頭したデモクラシー運動が高まりをみせ、三月には普通選挙要求のデモが起き、七月には新聞印刷工のストライキ、さらに砲兵工廠《こうしょう》職、造船所職工などデモが相次いだ。

国際労働機関（ＩＬＯ）の精神から考えれば、労働者代表は鈴木であることは疑いない。ところが、政府は労働組合そのものを認めたがらず、他の候補者を模索しはじめていた。

政府は、全国各府県から労働者側代表を選出させ、それを農商務省に招集して、代表者を選出するという手の込んだやり方を考えた。政府の意向にそった人選のためである。第一候補は東京財政経済時報の主幹で財政学者の本多精一《ほんだせいいち》博士、第二候補が東大経済学部の高野岩三郎《たかのいわさぶろう》教授、さらに、鳥羽造船所技師長で工学博士の桝本卯平《ますもとうへい》であった。友愛会はこれら官選の三人に代表辞退を勧告した。これを受けて本多は辞退し、代わりに高野が浮上した。高野は友愛会の顧問でもある。

「ここらで見切れ」との声

栄治郎の立ち上がりは早い。この情報を得ると、素早く車を飛ばして高野を訪ね、受け入れを懇請した。東京帝大の同僚教授の矢作栄蔵《やはぎえいぞう》や吉野作造《よしのさくぞう》らも受け入れに賛成した。

高野は「助教授の森戸辰男《もりとたつお》を伴いたい。君も政府代表の随員として行くだろうから、現地で会おう」と乗り気だった。

「いや、私は辞職するかもしれません」

高野は「まさか」と本気で取り合おうとしない。

ところが事態は急展開する。高野に決まったはずの労働者側代表だったが、就任わずか一週間で流産してしまった。

友愛会が「労組内から出すべきだ」と徹底的に反対したためである。吉野は顧問の形で参加するよう高野に勧めたが、友愛会の支持が取り付けられなかった。同行させようと考えた弟子の森戸辰男からも辞退を勧奨される始末であった。

難産の末に代表は桝本に決まった。桝本は横浜を出航する際に、弔旗や位牌《いはい》を持って押しかけた労働者のデモで妨害され、小舟でひそかに乗船せざるをえなかった。ワシントンの会議でも、米国総同盟から労組を代表しているか否かで資格審査の要求まで出された。

高野はいったん受諾の意思表明をしながら一転、辞退したことから、責任をとって帝大経済学部教授も辞任した。高野はその後、大原孫三郎《おおはらまごさぶろう》の依頼に応えて大原社会問題研究所を主宰することになる。

栄治郎もまた、「ここらで見切れと云う声とすっかり往く所まで往こうと云う声と双方が聞こえる」（「日記Ⅰ」『全集第二十二巻』）と葛藤と闘っていた。

栄治郎は「半生の心血を賭したる問題」が退けられた以上、もはや、官職にとどまることはできないと考えた。国際労働会議の代表団がワシントンに向けて出発した数日後の十月二十九日、栄治郎はかねて覚悟の通り、辞表を出した。およそ四年あまりの官僚生活に自らケジメをつけたのである。

◆第三章◆

帝大経済学部の「白熱教室」

小野塚喜平次教授夫妻（前列中央）を囲む帝大教授ら＝大正10年ごろ

コラムの波紋

官を辞するに際して

河合栄治郎が農商務省に辞表を出すと、尊敬すべき上司や、敬愛すべき同僚が慰留につとめた。山本達雄《やまもとたつお》農商務相までが、若く有能な官僚の辞職を惜しんだ。一属僚のために大臣までが乗り出してきたことに、栄治郎は最後まで「分が過ぎた厚意である」と、まずは謝意の姿勢を示した。

だが「公人の進退」に関しては、「社会改革の根本原理に関する以上、まことにやむを得ないところ」と考えており、辞職を翻すことはありえなかった(木村健康「河合栄治郎の生涯と思想」『河合栄治郎・伝記と追想』)。

それどころか、タダでは転ばない。一般的に、辞表の書き出しは「私儀、一身上の都合により」とするところを、「私儀感ずるところあり辞任致度」と書き出して、さっそく一悶着《ひともんちやく》を起こした。

同僚の中には、何か含むところがあるような異例の辞表を心配して、書き直すよう勧める人もいた。退官に際しての「賜金の多寡」、つまり退職金に関わるからだという。では、栄治郎のいう「私儀感ずるところ」とは、いったい何を指しているのだろう。栄治郎はまもなく、その感ずるところを新聞紙上でつまびらかにする。

大臣を相手に啖呵

退官した栄治郎は、直後に筆をとって古巣への公開状を書き下ろした。大正八（一九一九）年十一月十七日から『東京朝日新聞』に「官を辞するに際して」との連載コラムを掲載し、その翌日から『大阪朝日新聞』にも連載を開始した。記事には副題があり、「農商務大臣山本達雄閣下に捧ぐ」と、大臣を相手に啖呵《たんか》を切ったのだ。

栄治郎の筆先は、大臣、次官、工務局長の無定見や不勉強を遠慮会釈なく痛罵《つうば》した。名前こそ明かさなかったが、とりわけ農商務省工務局長（四条隆英《しじょうたかふさ》）と内務省警保局保安課長（河原田稼吉《かわらだかきち》）の二人の官僚に対しては容赦しない。

「進歩した思想を持ち得ざる人が、唯漠然たる過去の伝統と因習を踏襲するにすぎない」

「官界の何処を眺むるも、姑息《こそく》と弥縫《びほう》、妥協と不徹底とに満ちていることを覚える。ここは血と涙がない、第一義に立って奮然として正しきを固持する意気と熱情とがないのである」

官には愛情がない、情熱がない、姑息な妥協ばかりだと、もうコテンパンに打ち据えた。

いやしくも、「自己の良心に疚《やま》しく感ずる事が起こったならば、断然躊躇《ちゅうちょ》することなく進退を決しなければならない」

十四回にわたった連載コラムの結びは、「此の一篇は、自分が官界を去るに臨みての告別の辞であると共に、又将来の戦いに対する一篇の宣言書である」と、まるで宣戦布告であった（「行政官としての始終」『全集第十六巻』）。

乾坤一擲《けんこんいってき》の宣言書は、栄治郎が後半生に挑んだ国家主義との戦いの前哨戦といえる。日本に個人主義や自由主義を根づかせようと思うなら、制度だけでなく心の内の根本的な改造が必要になることを強調した。

日本は外国から社会運動、制度と立法の導入は忘れなかったが、それらの「淵源《えんげん》の移植を求めなかったのである」と栄治郎は見抜いた。

「運動は進み制度と立法とは美しく飾られても、実際の生活と思想とは依然として旧態を墨守《しこう》しつつあるのである、而して今日再び労働問題に付いて之《これ》を反復しつつあるのではないか」

退官理由を新聞に公表し、役人根性を切って捨てるとは「官界未曽有の椿事《ちんじ》」（江上照彦）であった。江上は評論家の長谷川如是閑翁から、「役者が舞台から花道に六方を踏んで揚幕に消えるっていうぐあいなんだな」と妙なほめ言葉を聞いた（江上『河合栄治郎伝』全集別巻）。

捨て身の一撃で成就

栄治郎の「宣言書」に対する反響は予想以上だった。政官界は大いに肝を冷やし、世間はやんやの喝采であった。すでに大蔵省を退官して、東大経済学部助教授に転身していた大内《おおうち》兵衛《ひょうえ》は、皮肉を交えながら当時の空気を伝えている。

「ある日、農商務省参事官の河合栄治郎の〝退官の辞〟というのが朝日新聞に出た。これが世間をおどろかした。それは名文として彼の文名を一時に高めたのみでなく、官僚にも労働問題がわかる人があるという印象を世間に与えた。しかしまた、一部の人から、これは官吏道に反するともいわれた」（大内『経済学五十年』）

ターゲットの一人になった四条局長は、五摂家の一つ、二条公爵家から四条家を継いでいる。他方の栄治郎は、祖父が徳川家ゆかりの三河出身だから、東が西に反撃した構図であった。河原田保安課長はやがて、栄治郎から痛撃された治安警察法第十七条を、社会局労働部長として自ら廃止するめぐり合わせになった（吉阪俊蔵「農商務省時代を想う」『河合栄治郎・伝記と追想』）。

ストライキを制限する治安警察法第十七条は大正十五年に削除され、代わって「暴力行為等処罰ニ関スル法律」が制定された。やがては、国際労働会議に送る労働者側代表の選出方法もまた改められていく。労働組合からも代表が選出されるようになり、栄治郎の身を切る一撃が功を奏したのかもしれない。

栄治郎にとって新聞連載は、労働問題から転進するにあたり、相応の決着をつけなければならない区切りであった。

しかし、失職は早晩、暮らしが窮迫することを意味した。退職後の一時賜金が尽きるとたちまち壁に突き当たる。この急場を助けてくれたのが、在官中に書きためた論文集であった。これを『労働問題研究』として岩波書店から出した印税で一時をしのいだ。

だが、栄治郎が「花道に六方を踏む」ようなコラム執筆の力量を、当時の新聞界が捨て置くはずがなかった。栄治郎は現職官僚として新聞や雑誌への寄稿で編集者とのつきあいがあり、その斬新な発想と巧みな筆さばきには定評があった。

野に下った栄治郎に、たちまち、いくつかの新聞社から誘いが舞い込んだ。

再就職

在野ジャーナリズムを断念

農商務官僚を辞任した河合栄治郎は、一転してジャーナリズムへの道に踏み出そうとしていた。著名な在野ジャーナリストには、長谷川如是閑や馬場恒吾がいた。一方、言論活動をする大学人には、一高の恩師で東京帝大教授の新渡戸稲造や、栄治郎と同じ小野塚喜平次《おのづかきへいじ》門下の先輩、吉野作造《よしのさくぞう》もいる。

とくに吉野は、三年前の大正五（一九一六）年一月号の『中央公論』に発表した論文「憲政の本義を説いて其有終の美を済すの途を論ず」が、大正デモクラシーを代表する評論として名声を博した。つい平成二十八年一月が「デモクラシー論一〇〇年」ということになる。

吉野と栄治郎の師である小野塚は、欧州の近代化を分析してデモクラシーを「衆民主義」として紹介し、弟子の吉野は帝国憲法下におけるデモクラシーの可能性を「民本主義」と意訳した。小野塚から後継者と目された栄治郎が、彼らの流れをくむ「自由主義」の言論人になることは自然の流れであった。

民本主義を掲げた吉野の「憲政の本義」は、大正十一年の日本共産党創設に参画した山川《やまかわ》均《ひとし》らに、帝国憲法の枠内に留まり国民主権にまで高めていないとして批判される。しかし、明治の帝国憲法には臣民が改正を発議する権利がない以上、天皇主権を国民主権に移行させるには、左派が夢みる暴力革命しかなかった（苅部直論文『中央公論』二〇一六年一月号）。

帝国憲法を前提としているからこそ、吉野は民主主義でなく民本主義としたのである。

栄治郎は農商務省時代を通じて雑誌『改造』をはじめ、国民、東京朝日、読売など新聞各紙に執筆した珍しい存在だった。吉野を大学人の講壇ジャーナリストと呼ぶなら、栄治郎は官僚ジャーナリストであった。そこへ降ってわいた官僚辞任だから、世間は耳目をそばだてた。

新聞記者か学界か

栄治郎が心を動かしたのは大正日日新聞の好条件であった。この新聞は大阪朝日の元主筆、鳥居素川が創刊しており、栄治郎のために英国行きの船室予約キップまで用意して入社を誘った。栄治郎が英国への留学を熱望していることを察知した鳥居が、巧みに誘い込んだものであろう。

鳥居の提示した条件には、付加価値がついていた。帰朝後も栄治郎が大学などに職を求めたいならそれもよし、ただ、新聞雑誌の執筆に際しては大正日日を優先するという申し分のない提案だった。先輩の吉野作造や友人の森戸《もりと》辰男《たつお》はすぐに賛成した（「教壇生活二十年」『全集第二十巻』）。

ジャーナリズムの世界は、栄治郎が徳富蘇峰に傾倒していた幼少のころよりの関心領域であった。ところが、思いもかけないところから反対の声が上がった。それは恩師であり、仲人でもある矢作《やはぎ》栄蔵《えいぞう》博士であった。

栄治郎の大正日日入りを伝え聞いた矢作は、驚いて栄治郎を訪ねた。矢作は栄治郎が新聞で政府を攻撃したことから、これ以上、急進的になることを心配したのだ。むしろ大学に入ってじっくり研究し、自然な成長を図るべきであると説いた。

「それがあなたの母上の望みであろうし、また外国にいる小野塚先生の志でもあろう」

だが、栄治郎は即答しない。それをみた矢作も頑として席を立たない。すると、意外にも矢作は、涙声になって翻意を迫った。そこまで考えてくれる矢作に、栄治郎はこうべを垂れざるを得なかった。

「私の進退はお任せします」（「教壇生活二十年」『全集第二十巻』）。ついに、ジャーナリズムの世界に踏み込むことを断念したのである。

これよりさき、矢作と小野塚は栄治郎のため、ひそかに再就職の道を探っていた。このころ、東京帝大法科大学経済学科は分離独立して、大正八年四月に経済学部になっていた。経済学部長は栄治郎の岳父、金井延《かないのぶる》であり、金井はかえって栄治郎の帝大入りに積極介入することがはばかられた。

初の赤化教授事件へ

当時の大学は広く人材を外に求めていた。大学卒業後に官庁や民間企業に入り、のちに学界へ転身することは珍しくなかった。経済学部の大内兵衛《おおうちひょうえ》（大蔵省）、江原萬里《えばらまさと》（住友総本店）、法学部の田中耕太郎《たなかこうたろう》（内務省）、南原繁《なんばらしげる》（内務省）、高木八尺《たかぎやさか》（大蔵省）など、いずれも社会人からの転身組である。

矢作や小野塚の売り込みもあり、栄治郎を経済学部の助教授に推薦する案件は、矢内原忠雄《やないはらただお》とともに教授会ではかられ、二人の任命が可決された。

大学で栄治郎が希望する講座「社会政策」は、森戸辰男助教授が担当していた。その森戸が栄治郎を訪ねて、助教授の就任を依頼した。森戸は将来は交代で講義することもできるし、「この際、ぜひとも入ってくれ」と勧めた。栄治郎は森戸の好意が、身に染みてうれしかった。次いで森戸は、思いもかけないことを口にした。

「河合君、実はわたしの地位は危なくなっているんです。君が傍《そば》にいて呉《く》れると、去るにも心強いから」

森戸の告白は真に迫っていた。栄治郎には遠い未来の話のように思えたが、事件はそのわずか一カ月後にやってきた。森戸のいう「自分の地位が危ない」とは、決して杞憂《きゆう》でも先の話でもなかったのだ（「教壇生活二十年」『全集第二十巻』）。

森戸は大正九年一月、経済学部の機関誌『経済学研究』の創刊号に書いた論文「クロポトキンの社会思想の研究」で、危険思想と名指しされた。揚げ句に大学から休職処分を受け、そのまま電撃的に起訴された。

森戸が機関誌で紹介したクロポトキンの無政府思想が、「公共の秩序を乱した」と見なされ、執筆者として禁錮三月、罰金七十円の刑に処せられた。同時に、機関誌の編集発行人である大内兵衛助教授も朝憲紊乱《ちょうけんぶんらん》罪で起訴される。大内もまた禁錮一月、罰金二十円を科せられて同十月に失官した。

これが最初の赤化教授事件であり、世に言う「森戸事件」であった。

浪人生活

森戸事件とその余波

時代は大正デモクラシーのまっただ中にあった。大正八（一九一九）年四月に、東京帝大法科大学経済学科が分離独立して経済学部になる前から、若手研究者の間で「大学若返り論」が盛んに語られていた。教授団の中で、中心的な役割を果たしたのが高野《たかの》岩三郎《いわさぶろう》であり、その右腕が森戸辰男であった。

とくに、森戸ら若手助教授は、独立を果たした経済学部のあり方について、「守旧の府にしてはならない」と考え、伝統をあえて破る方向へ導いた。彼らは「同人会」というグループをつくり、大蔵省にいた大内兵衛や農商務省の河合栄治郎を招こうと運動してきた経緯がある。新学部の機関誌『経済学研究』の創刊も、その改革の一環であった（森戸『遍歴八十年』）。

大蔵省からいち早く転進した大内兵衛は、助教授に就任すると新しい機関誌の編集者になった。森戸が創刊号に書いた論文「クロポトキンの社会思想の研究」は、まさに新風を吹き込む意欲的な論文であった。

森戸はクロポトキンを紹介するにあたって、「理念としての無政府主義」と、「実行方針としての無政府主義」を峻別《しゅんべつ》し、実行方針としてのそれを「自由なる人格」を究極の目的とする立場から明確に否定した。したがって森戸自身は、論文が検察や文部当局に問題視されるとは考えもしなかった。

しかし当局側は、政治的自由を実現するためには国家主義が改廃されなければならず、それが権力の改廃につながり、無政府共産主義を導かざるを得なくなる、と受け取った。

実は十年前の大逆事件で、幸徳秋水らに死刑を求刑した主任検事と、今回の森戸事件を処理した検事総長は同一人物という不運なめぐり合わせがあった。この人物こそ、のちに首相になる平沼騏一郎である。文部省は大正八年十二月二十七日、東京帝大総長の山川健次郎に対して、内務省が『経済学研究』の発売禁止を内議したと伝えた（高橋彦博「『森戸事件』前後」『法政大学学術機関リポジトリ』）。

失った人材

森戸は栄治郎にとって第一高等学校弁論部の二年先輩にあたる。経済学部の独立に貢献のあった前教授、高野岩三郎の秘蔵っ子である。栄治郎はその森戸がたった一本の論文によって大学を休職処分にされ、三カ月間も刑務所に入らなければならない境遇に心から同情した。栄治郎にとって森戸は、生涯最初の本になる『労働問題研究』の出版に尽力してくれた人物であった。この処女作は、栄治郎が四年数カ月の役人生活の間に、新聞や雑誌に書きためた労働にかかわる論文を編んだものだ。それが浪人生活を支えた生活の糧にもなっていく。「辞職後の私の生活はその印税で保たれたが、四月からは食糧も途絶えて苦しかった」

栄治郎は浪人生活のつらさから、やがて、弟子たちに対しても万が一の失業に備えて、準備を怠らぬよう説くのが習いとなった。

栄治郎は森戸事件の痛手は、「大学から追われた森戸氏の為には、恰好《かっこう》の舞台を失ったことであり、大学にとっては得がたい人材を失ったことであった。爾来《じらい》、経済学部は次々に多くの人を失ったが、森戸氏を失ったことは最大の損失の一つであると思う」（「教壇生活二十年」『全集第二十巻』）と述べている。

「危険人物」に映る

東京帝大総長の山川健次郎は、栄治郎を助教授として採用するのは危険すぎると考えていた。大学が森戸事件だけで手に余っていたのに、栄治郎という厄介な自由主義急進派が加われば、大学も自らも苦境に立つ。

なにしろ栄治郎は、農商務省を辞するにあたり、大臣閣下を相手に「将来の戦いに対する宣言」と啖呵《たんか》を切ったとんでもない男である。山川から見れば、森戸と違わぬ危険人物に映ったに違いない。

大正九年三月に矢内原忠雄の助教授任用が発令されたが、いっしょに教授会で承認された栄治郎の発令は見送られたままだった。栄治郎は恩師の矢作栄蔵に電話をいれると、やはり山川総長が説得に耳を貸さないのだという。山川は栄治郎の思想と行動が「矯激」「急進的」にすぎると繰り返すばかりであった。それどころか、教授会もまた森戸事件の後遺症におびえ、栄治郎の大学入りを好まなかった。

この間に矢内原は、助教授になると共通の恩師、新渡戸稲造の講座「植民政策」の後任としてさっさと海外留学に旅立っていった。栄治郎の焦燥感が募るはずである（『全集第二十巻』）。

そんな栄治郎のもとに、もう一つの厄介な問題が舞い込んだ。森戸を擁護する高野岩三郎門下の大内兵衛らが、森戸の辞職反対だけでなく、別件で辞めたはずの高野の復職を掲げ始めた。大内らは栄治郎に、「高野の復職が解決するまで大学入りしないでほしい」と申し入れをしてきたのである。

高野は一度決定した国際労働会議の政府委員を辞退した責任をとり、すでに大学を辞任していた。主に「同人会」メンバーの教授、上野道輔《うえのみちすけ》はじめ、助教授の大内兵衛と糸井靖之《いといやすゆき》、講師の櫛田民蔵《くしだたみぞう》らのほか助手までもが、森戸の休職処分に反対して一斉に辞表を提出した。だが、弟子たちは、いつの間にか運動の名目を森戸の休職反対から高野の復職要求に変えていく。

高野門下の人々は、栄治郎の大学入りが森戸の後任であると考え、彼らの復職が実現するまで助教授に就任しないよう働きかけてきたのだ（江上『河合栄治郎伝』全集別巻）。栄治郎にとっては、大学当局と学内派閥とから挟撃される形になった。

ちなみに、上野と大内が取りまとめた高野門下の辞表は、経済学部長、大学総長へとたらい回しにされているうちに、辞表提出組の間で意見が割れてウヤムヤになる。激情にかられて結束を固めるが、いつの間にか己の保身が頭をもたげる。エリート社会にありがちな、いつものパターンであった。

帝大経済学部

教壇へ…波乱の幕開け

妻子を抱えた河合栄治郎にとって、決まりかけた東京帝大入りの辞退は難題であった。高野岩三郎門下の大内兵衛らが、辞任している高野や、解任された森戸辰男の「復職運動が成功するまで待て」と要求した理由も合点がいかない。

森戸自身は大学の休職処分を覚悟して、事前に栄治郎に大学入りを勧めていたほどであった。栄治郎は森戸が「暗に後事を託する気持ちがあった」と考えていた。しかも、高野門下生の運動の名目が森戸の休職反対から高野岩三郎の復職要求に変わった以上、高野派の運動に加担するいわれはない。

大内兵衛らによる助教授就任見送りの依頼に対し、栄治郎は高野がいったん自分から申し出て退職した以上、「早々に復職するのは公人として進退を潔くするゆえんでない」との持論ではねつけた。これが後々、思想的な違いとともに、大内ら労農派グループを敵に回す遠因になる。大内の見方はこうだ。

「森戸君が大学をやめて社会政策の講座の人が欠け、その後任が入用になったとき、矢作先生がちょうど遊んでいた河合君をその後任に推薦した。これについては多少問題があった。というのは、河合君は森戸事件については森戸君擁護派には加わらず、傍観的であったからだ」(大内『経済学五十年』)

こうして振り返ると、自伝や回想録がいかに自己に都合よく書かれ、他人の弱点が誇張して書かれるものかがよく分かる。当の大内はまもなく、森戸と同じ休職処分を受けて大学を去ることになる。

自由主義を恐れる

大内兵衛は敗戦後もマルクス経済学の大御所として学界に隠然たる勢力をもち、在野の山川均と労農派の総帥として労働界に君臨することになる。労農派とは昭和二(一九二七)年創刊の雑誌『労農』を中心に集まった社会主義陣営の学者、社会運動家たちの総称である。共産党系の講座派との間に日本資本主義論争を展開して激しく競った。労農派は明治維新をブルジョア革命と規定し、講座派は封建制の残存性を強調した。

評論家の粕谷一希にいわせると、大内は『経済学五十年』という対談形式の回想録を残したものの、学問的業績といわれる著書が少なく、帝大の経済学部を「つまらなかった」という程度でしか見ていなかった。

その大内が回想録で、河合栄治郎をして「政治家であった」「マルクスを恐れていた」と断定するのも、栄治郎の思想を理解しようとしない誤認であろう。逆に大内の方が、政治的根回しが上手であったし、マルクス主義批判者としての栄治郎の自由主義を恐れていたのではないか。

実は、栄治郎がいかにマルクス主義を研究していたかを示す足跡を、東京大学駒場図書館に「河合文庫」として保管される膨大な蔵書の中で確認することができる。河合文庫に寄贈されたのは、和書千九百四十五点、洋書三千百二十八点に及ぶが、これらは河合蔵書の一部にすぎない。

東大名誉教授の城塚登《しろつかのぼる》は昭和三十三年のある日、河合文庫からマルクスの原書『経済学・哲学草稿』を手に取り、栄治郎の深い読みを目の当たりにしたことを『河合栄治郎全集』の「月報10」に書き残している。

城塚は何げなくその一冊を取り出し、ページを開いてびっくりさせられた。いたるところに赤インクで線が引いてあり、マルクスの人間観をよく示していると思われるところには、必ずラインがあった。難解な「疎外された労働」や「ヘーゲル弁証法と哲学一般との批判」でも、核心をなす部分は的確に指示されていた。

マルクス研究の痕跡

城塚は栄治郎がいかに『経済学・哲学草稿』の内容を理解していたかに舌を巻いた。しかも、原書には栄治郎が読了した日付が四度にわたって付され、彼が「再読三読」していたことが分かった。城塚はこの『草稿』を理解してのみ「マルクスの経済学上の業績を正しく把握できる」と、栄治郎の取り組み方を次のように述べる。

「戦前の日本人としては例外的に、マルクスの学説を理解するに当たっても、人間としてのマルクスの思想的基礎を確実につかみ、その価値原点から立体的な思想・学説の有機的聯関を解明しようとされたのである」（「月報10」『全集』）

城塚は岩波文庫のために自身が『経済学・哲学草稿』を訳出した際、この栄治郎の蔵書を使用している。その理由を彼は、「それは先生の思想把握の仕方、社会思想への視角を私なりに受けとめたかったからにほかならない」と、栄治郎にほとんど私淑している。

城塚の証言は、大内兵衛の栄治郎評がいかに怪しげな臆測に満ちているかへの反証であろう。自由主義思想を研究してきた栄治郎は、マルクスやエンゲルスの著作を徹底研究したうえで、その教条性や不毛性を批判していた。評論家の粕谷は、マルクス主義者の大内を、栄治郎の姿勢と対比して厳しく論評している。

「大内のような資質は、実際的即物的であり、思想や哲学に向いていない。したがって、マルクスが最終地点であることを確信してしまうと、マルクスに隠された形而上学を、改めて他の諸思想、諸哲学との対話のなかで検証し、自らの思想体系を構築してゆこうとする発想が抜け落ちてしまうのである」

これを粕谷は「怠惰の美徳」だと言い捨てた。

栄治郎は六月になってようやく助教授の辞令を受け取った。晴れて母校の経済学部の教壇に立つことになったのだ。恩師、矢作栄蔵博士らの度重なる説得に、栄治郎を恐れていた総長の山川もついに折れた。

農商務省を辞めてから、すでに八カ月が経過していた。栄治郎が一度は決意していた大正日日新聞に入社していたら、そこには別の試練が待ち受けていた。大正日日はまもなく廃刊になってしまったのだ。彼は「測り難いのは人間の運命である」と回顧している（『全集第二十巻』）。

官職を離れて
うるわしき日々があった

河合栄治郎は大正九（一九二〇）年六月、東京帝大の辞令を受け取る二カ月前から、東京女子大学の講師として教壇に立った。官職を離れていた浪人、栄治郎が、十分とはいえないがこの女子大で糊口《ここう》をしのいだ。

東京女子大での講義

東京女子大学は大正七年四月に開学して学長の新渡戸稲造、学監の安井てつの指導のもと、教員十二人、学生七十六人、仮入学生八人という小所帯でスタートした。新宿角筈の粗末な木造の仮校舎で、キリスト教に基づく人格教育が行われた。豊多摩郡井荻村（現在の杉並区善福寺）への移転は、大正十三年まで待たなければならない。

建物は粗末でも、講師陣には片山哲（戦後社会党の首相）、大内兵衛、森戸辰男、鈴木義男という顔ぶれである。これに気鋭の栄治郎が加わった。

第一高等学校の恩師、新渡戸学長は東京帝大助教授ポストが宙に浮いたままの栄治郎を見かねて招いたのであろう。若き栄治郎も齢《よわい》三十である。いまの社会学科にあたる「実務科二部」で、経済原論と経済学史の講義を担当した。

彼の教え方は当時の学生、南波シゲ（のちの東京女子大理事）が残したノートからうかがい知れる。そこには「経済学史、河合栄治郎先生、1921年4月」と記されていた。ノートには、栄治郎の講義内容がそのまま忠実に描かれていた。

「講義は学者の学説に重きをおかずして、学説の根底に流れる基調におかんとす。スミス以後の経済学の基調は個人主義と団体主義とに分かつをもってこの二つの主義の消長を辿《たど》らんとす。これはスミス以後の特定の時代に表れたる偶然の対立思想に非《あら》ずして如何《いか》なる時代、如何なる場所に於《お》いても人間生活のあるところ、二つは常に対立するものとす、而《しか》してこの二つの思想の比較研究は単に歴史上の死せる問題に非ず。今、現に我等《われら》の胸奥に動きつつある生きたる問題なり」（「月報19」『全集』）

南波がいうように、栄治郎の経済学史は経済思想史であった。とくにアダム・スミス、J・ベンサム、J・S・ミルなどの伝記や学説を集中的に論じた。ノートには「求むるところなき者は強し」や「屍《しかばね》を越えて雄々しく進め」という格言もあった。南波はこの二句を思い出すと、「淀《よど》みなく語られた演説口調のお声が聞こえて来るよう」と振り返る。

栄治郎の熱意は並々ならぬものがあり、演習から遠足に至るまでその熱心さは他の講師をはるかにしのぐ。南波がある日、友人と大森の栄治郎宅を訪ね、夕方になると国子夫人が書斎に夕食を運んできた。

「食後には再びお話しが続いて時間のことなどすっかり忘れてしまった。どこかで鶏が鳴き出した」（「月報19」『全集』）

夜が明けたのである。栄治郎宅の徹夜談義は、男女に関わりなく頻繁にあった。門下生の江上照彦《えがみてるひこ》によれば、終電が近くなって学生が腰を浮かすと、栄治郎はとたんに機嫌が悪くなった。思想、哲学はもちろん、人物論から恋愛論に及び、弟子どもはただ相づちを打ちながら払暁《ふつぎょう》にいたる。

「女性面会日」に説いたこと

栄治郎は昭和十四年十二月から、月一回の女性面会日を設けて、自宅に秀麗な栄治郎ファンを迎えた。参加者は主として女子高等師範学校、日本女子大、明治大学女子部の女学生たちだった。女高師の土井道子と秋山清子によれば、栄治郎は女性が独身で通す場合の三条件を指摘した。（一）経済的独立（二）生涯を託しうる仕事（三）男性がいなくても寂しくないという性格――である。そのうえで「外国の様に他人の御主人を誘って芝居に行くというような事は、まだ日本では出来ませんから」（「月報17」『全集』）と付け加えた。

栄治郎は女性に対して常に人格的な独立を求めた。秋山が散歩のお供をした際にお茶を勧めると、「お茶をつぐときは女性ですね」といった。秋山が「ほかのときはなんでしょうか」と問うと、「人間です」と答えた。秋山はこの一言を「最大の名誉だと思って忘れない」と回顧する。女性にはいまだ良妻賢母が求められていた時代のことである。

栄治郎の日記には、大正十年六月からたびたび「Ａ」という女子学生が登場する。『河合栄治郎伝』を書いた江上照彦は、Ａの結婚話が出ると栄治郎が「Ａという掌中《しょうちゅう》の珠《たま》を失いたくない。だから彼女の結婚を阻止したい欲求がひそんでいた」と、そこに恋愛感情をみた。

しかし、『河合栄治郎』の著者、松井慎一郎は「Ａ」を京橋区月島の実業家の娘、安生鞠子であると明かしながら「本当に恋心を抱いていたのかはきわめて微妙」と江上の解釈に疑問を投げる。松井は日記を読んだ同門の土屋清が「江上の才筆のもたらした罪であろうか」と述べた例を引き、栄治郎が安生に、結婚よりも就職を勧めた事情を強調する。

むしろ松井は、芹沢光治良の自伝的小説『人間の運命』に登場の高場加寿子が安生のモデルであり、江上がそのストーリーに引きずられていると考える。主人公の森次郎は加寿子にぞっこんなのだが、そこに障害が立ちはだかる。女子大の恩師「Ｋ教授」が、二人の恋路を邪魔する悪人として登場する。

ところが芹沢の『愛の影は長く』という別の小説では、やはり恋路を邪魔する「理想主義者の河合帝大教授」と、実名で登場させている。芹沢の話は事実なのか、思い込みなのか、よほど栄治郎に恨みを抱いていたに違いない。栄治郎は学問以外でも、男女の別なく恋愛から人生に至るまで何くれと世話を焼く性癖があることは確かだ。女高師の秋山清子が日記に残した栄治郎の言葉は、彼の女性観を知ることができる。

「師弟の間というものは、それが異性であると非常に違ったものがあり、私はどうしても恋に似たものになってゆくんじゃないかと思います。けれども私はそれでいいと思います。それをうまくコントロールしてゆくとき、始めて本当の教育が出来るのではないかと思います」（「月報17」『全集』）
秋山相手の栄治郎には、少しも悪びれる様子がない。

講義開始

河合助教授の〝白熱教室〟

長野県・軽井沢の旧三笠ホテルを過ぎてしばらく進み、竜返しの滝で右に曲がると小瀬温泉がある。河合栄治郎は大正九（一九二〇）年六月に東京帝大助教授の就任が決まると、翌月半ばから、小瀬温泉にこもって講義案を練り始めた。

栄治郎が経済学部で依頼されたのは、海外留学中の舞出《まいで》長五郎《ちょうごろう》助教授が担当していた「経済学史」の講座を引き継ぐことだった。栄治郎にはもっけの幸いだった。農商務省時代に労働立法に関わってきたことから、社会政策の基礎となる経済思想を研究したいと考えていた。

経済学史には、経済思想史と経済学説史という二つのアプローチがある。栄治郎は学説の根底を流れる思想史を軸に、講義の草案をつくり始めた。

栄治郎は経済学の重要性は認めながらも、それを「陰鬱な科学」ととらえていた。むしろ、その経済学説を生み出した時代思潮を探り、官僚時代の「正面の敵」国家主義に対する個人主義を位置づけることに情熱を注いだ（木村「生涯と思想」『伝記と追想』）。

第一高等学校以来、栄治郎は夏休みを赤城山で読書三昧の日々を送っていた。だが、忙しい農商務官僚の間は、そんな贅沢《ぜいたく》なマネはできなかった。大学に戻ることによって栄治郎の楽しみが再びめぐってきたのである。

その農商務省からの派遣で米国出張した際、アルバート・ダイシー教授の名著『十九世紀英国に於ける法律と世論との関係』を熟読したことがあった。ジェレミー・ベンサムを中心とした英国自由主義に目を開かされ、栄治郎は「私と自由主義との関係は、ここに始まったと云ってよい」と位置づける。ベンサムの体系を克服する哲学を確立するよう「私のなすべき任務を指示してくれた」と謝意を表している（「著者自らを語る」『全集第十七巻』）。

よどみない弁舌に酔う

小瀬温泉では、木々が揺れる音、小川のせせらぎの音に身を委ねながら、農商務省時代の戦いの日々を思い返していた。

この間、洋書の丸善に予約しておいた米国の経済学者ソースティン・ヴェブレンの新刊英書『近代文明に於ける科学の地位』が当地に届いた。講座の準備に「決定的な見方を与えてくれた」と栄治郎は喜んだ。同書で正統派の経済思想をたどれば、国家主義に対する鋭利な批判者としてアダム・スミス、ベンサム、そしてJ・S・ミルまで丹念に渉猟できる。

二カ月半の準備を終えて、栄治郎は大正九年九月から三年生を対象に講義を開始した。

河合門下の山田文雄《やまだふみお》（のちの東大教授）は、この年、胸を膨らませて河合助教授の経済学史を聴講した一人だった。高等学校卒業時に、東京帝大か京都帝大に進むかで迷ったが、河合助教授の教えに接したいと東大を選んだほどである。

「最初の時間から私はその講義の囚《とりこ》となった」

河合助教授は一高弁論部で鍛えたよく通る弁舌で、十八世紀から十九世紀にかけての自由主義が、どう発展していったかの熱弁をふるった。受講生の反応から、今風に表現すれば、ハーバード大学のサンデル教授を上回る「白熱教室」である。

山田文雄は隣の席にいた蝋山政道《ろうやままさみち》助教授の弟、山田勝次郎《やまだかつじろう》と、講義の後はいつも感激を語り合った。栄治郎から人格の実現から自由主義を主唱したトーマス・ヒル・グリーンの名前を聞いたのは、その講義が最初であった。

山田文雄は白熱教室で、栄治郎がグリーンの著作や関連文献を取り上げると、その足で日本橋の丸善に駆け込んだ。注文できないものは、栄治郎を研究室に訪ねて、グリーン本を借りるほどだった（「月報10」『全集』）。

同じように河合助教授の経済学史をとった猪間驥一《いのまきいち》（のちの駒澤大学教授）は、第一回の講義では、功利主義の代表者であるベンサム論がもっとも輝かしく感じられた。学生たちは、栄治郎のよどみない弁舌に酔っていた。

米国人教授らも注目

教室の学生たちは、栄治郎の語る講義内容を懸命に書き写した。古典派経済学の始祖スミスの講義からは、印刷された講義録が配布され、猪間は後年、保存していた印刷物を製本して大切に保管している（「月報7」『全集』）。栄治郎自身は聴講者に配った講義録をまとめ、次年度から『経済学史講義案』を編んで配布した。

この未定稿をベースに、『社会思想研究史第一巻』を出版することになる。前者の講義案にある「人口論」のマルサスと「労働価値説」のリカードが、後者の研究史では省かれている。栄治郎が、国家主義に代わる社会問題解決の原理に絞り込んだ結果であろう。

こうして、学者となってからの処女作『研究史第一巻』は、英国留学直後の大正十二年十二月に、岩波書店から出版された。後事を託した親友の蝋山政道助教授が、引き継いで労をとってくれたのである。当時の東アジアで、英国の自由主義思想を論じたものは珍しく、米国ハーバード大学の教授たちが栄治郎の研究を伝え聞いて、とくにベンサムに注目していたことに驚いていた（「教壇生活二十年」『全集第二十巻』）。

栄治郎は一高で一年後輩の助教授、本位《ほんい》田祥男《でんよしお》、それに教授の上野《うえの》道輔《みちすけ》を加え、助手たちも参加して読書会をつくった。その中には、マルクス主義に染まる前の向坂逸郎《さきさかいつろう》や大森義太《おおもりよした》郎《ろう》、有沢広巳《ありさわひろみ》、猪間驥一、山田《やまだ》盛太《もりた》郎《ろう》らがいた。いずれも後年、大学教授や評論家になって世間に名をなす人々だった。

栄治郎は向坂に対する九州帝大の話が学部長から持ち込まれた際に相談に乗った。大森が助手になる際にも、彼が力を貸している。栄治郎は「向坂、大森、山田の三君は後年何《いず》れもマルキシズム論壇の闘将となり、それが偶然にも皆私と親しい関係にはあったが、そのころはまだ誰もマルキストではなかった」と淡々と述べている（「教壇生活二十年」『全集第二十巻』）。

帝大助教授

「思想の自由」への葛藤

東京帝大助教授、河合栄治郎は英国留学までの間に、三つの演習（ゼミナール）を受けもった。ゼミは教師と学生が少人数で向き合う貴重な討議の場である。教師と学生が親密にもなるが、栄治郎は決して安易な妥協を許さなかった。

河合ゼミでは六、七カ月の間に、二十冊近い洋書を読破するよう学生に課した。厳しさで知られる米国の大学院の上をいく。門下の木村健康《きむらたけやす》は、社会運動に身を投じたゼミ生が、官憲の拷問には耐えたが、河合助教授の演習指導には悲鳴を上げた、と象徴的に書いている（木村「生涯と思想」『伝記と追想』）。

栄治郎とゼミ生との交わりは濃密だった。大正十（一九二一）年十一月、七、八人の学生とともに、箱根・仙石原にある俵石閣《ひょうせきかく》に泊まった。深い木立の中に建つ大正六年創業の旅館で、学生たちには過ぎた数寄屋造りの建物である。一行はその夜、学問から恋愛に至るまで尽きることなく語り合った。午後十一時過ぎに夜食として鳥そばに舌鼓を打ち、そのまま明け方近くまで語り明かしている。

長尾《ながお》春雄《はるお》（のちに日本生命）によると、栄治郎はこの旅館がいたく気に入り、後半生の長い期間を家族、友人とも離れ、誰に妨げられることなく研究、思索、執筆に励んだ。よく散歩に出かけ、戻ると大涌谷から引いた白濁泉の湯につかった。

栄治郎は学生たちに積極的に接し、彼らから頼られ、深いかかわりをもつよう欲した。弟子の猪木《いのき》正道《まさみち》（のちに京大教授）は「何か相談はないか」と問われ、「ありません」と答えると、師は不機嫌であったという。

俵石閣は栄治郎が晩年、名著『学生に与う』を書き上げた宿として知られ、平成二十四（二〇一二）年に、常連客に惜しまれながら、その歴史を閉じた。リニューアルして再建されたのは、四年後の平成二十八年である。

共産主義の浸透に苦慮

猪間驥一（のちの駒澤大学教授）も一高時代から栄治郎に憧れ、帝大では経済学史もゼミにも参加した。猪間は、『国富論』のアダム・スミスや功利主義のジェレミー・ベンサムの思想が、どういうふうに世を動かしたかを語る河合助教授の講義に目を見張った。

栄治郎が英国思想家の思想を講義する中に、猪間は「終局的に社会の改革を目指しておられることは、この講義でも依然たるものがある」と感じていた（「月報7」『全集』）。だが、猪間は必ずしも栄治郎の忠実な弟子ではなかった。大学二年で受けた糸井靖之助教授の演習から客観的な物の見方を教え込まれ、栄治郎の理想主義が「あまく見えてしようがない」との思いにとらわれた。この時代、社会問題に関心をもつ人ほど、急進的になるのは避けられなかった。

大正七年に最初の政党内閣を組織した原敬は、その足元で、前年に起きたロシア革命の衝撃を受け、日本社会への共産主義思想の浸透に苦慮していた。官立高校はマルクス主義の〝培養器〟となり、明治十二年生まれの河上肇までがマルクス主義に傾斜していく。

他方で原敬は、組閣から三年後にその権力志向と政治リアリズムが反感を買い、テロリストの手にかかる。自由主義は古い日本と、新しい社会勢力の挟み撃ちにあっていたのだ。

だが栄治郎は、反抗的な弟子に対しても、その包容力をもって育てようとした。猪間が卒業する間際のこと。彼は大学の運動場横の崖下を、何十回となく往復して河合助教授から大学に残るよう説得された。成績は必ずしも良くない。師に逆らってばかりいた。それは猪間といっしょに助手になったマルキシスト、大森義太郎もそうだった（『社会思想史研究』第十九巻第五号）。

栄治郎は好みを抑えてでも、無理に「正しいこと」をしようと努力する。猪間も大森も、そうした師の心の機微を感じて、かえって反発してしまう。門下の江上照彦は栄治郎の心理を「自然な欲求とそれを拒否する意志とが、不断に葛藤を演じていたとは、その生涯を通じて言えることのようである」とみている（江上『河合栄治郎伝』）。栄治郎は「反対者も受け入れなければならない」と思想の自由を尊重し、マルクスの研究を許容する立場を貫いている。

大内復権に道を譲る

東京帝大経済学部では、新しい助教授が加わると続々と海外留学に出ていった。舞出長五郎が先行し、矢内原忠雄、糸井靖之が後を追った。糸井はその後にドイツのハイデルベルクで客死している。大正十年度の助教授留学枠が経済学部に割り当てられたとき、森戸事件で有罪判決を受けた大内兵衛の名があがった。判決に「執行猶予」がついたことから、助教授に復権させてこの年の留学生にする案が浮上したのである。

このときすでに、大内はドイツにいた。高野岩三郎が所長をしている大原社会問題研究所の研究嘱託になり、禁錮三月を解かれた森戸辰男研究員と欧州留学の途次にあったのだ。もっとも、教授会の多くは大内の復権を歓迎してはいなかった。山崎覚次郎《やまざきかくじろう》学部長は、栄治郎に十年度の留学生になるようもちかけた。栄治郎は感謝の意を伝えつつも、「留学のための準備にもう一年が欲しい」との理由を挙げて辞退した。

何事も用意周到な栄治郎にウソ偽りはなかった。同時に、このタイミングで大内が復権しなければ、その機会を永久にふさいでしまうことを好まなかった。栄治郎はやがて宿敵になる大内の復権に、「思想の自由」の立場から手を差し伸べていたのである。

かくして大内は、ハイデルベルク留学中の十月に休職が解かれ、助教授に再任用された。欧州の地には、大内をはじめ、舞出、矢内原があり、のちに栄治郎はかの地が「後年の一党派をなすことの素因となったのではないか」（「教壇生活二十年」『全集第二十巻』）と振り返っている。「思想の自由」を擁護すればするほど、栄治郎の葛藤は深まっていく。

◆第四章◆

二年八カ月の欧州留学

英国留学前、国子夫人や娘、母の曽代と写る河合栄治郎＝大正 11 年

旅立ち

うるわしの英国留学

大正十一（一九二二）年十一月、河合栄治郎は在外研究のため妻の国子を伴って憧れの英国留学に旅立った。多くの日本の学者がドイツに心をひかれるこの時代に、栄治郎は早くから英国の政治思想を高く評価する日本の数少ない研究者であった。

東京駅からは鉄道省の運輸局総務課長をしていた一高、東京帝大の先輩、鶴見《つるみ》祐輔《ゆうすけ》が、汽車に同乗して横浜駅まで送ってくれた。神戸に向かう夜行列車ということもあって、栄治郎はしんみりとした気分で鶴見に語りかけた。

「鶴見さん、人生というものは、努力の集積ですよ。間断ない努力の結果ですよ。急には物事は成りません。永い努力です」（鶴見「交友三十三年」『河合栄治郎・伝記と追想』）

まるで子供にさとすようであった。鶴見はときおり、どちらが年上なのか分からなくなるときがあると思う。その言葉のうちにあたたかい友情を感じるし、栄治郎自身の自戒のようにも聞こえた。

見送る人々

東京駅にやってきた多くの見送りの人々の中に、栄治郎が目をかけた助手の大森義太郎《おおもりよしたろう》、有沢広巳《ありさわひろみ》、山田盛太郎《やまだもりたろう》らがいた。列車が走り出すと、彼らはホームを走りながら「先生、先生」と叫びながら帽子を振った。

いまだマルクス主義は萌芽《ほうが》の時代であり、弟子の大森は新カント派の哲学に没頭し、山田はカントの道徳哲学を研究していた。その大森、山田が助手になるにあたっては、栄治郎の推挙が功を奏していた。

神戸を出航の「三国丸」には、門司から九州大学の助教授になっていた向坂逸郎《さきさかいつろう》が合流した。向坂が九大に行くにあたっても、栄治郎が親身になって助言した。今回の留学でも向坂の「いっしょに伴いたい」との希望を受け入れたものだ。

栄治郎と彼ら三人が、やがて袂《たもと》を分かつことになろうとは誰一人、考えも及ばなかった。このときの日本はまだ、イデオロギーの分化も対立もなかった。栄治郎はのちに「日本の学界にマルキシズムが台頭したのは、之《これ》から数年後であるが、その風潮と共に此《こ》の三人の思想も亦《また》明瞭な色彩を現《あら》わすに至ったのであろう」と述懐している。

栄治郎が日本を留守にしていた二年半あまりの間に、彼らは経済哲学の真摯《しんし》な研究者から

「戦闘的なマルキシスト」に変貌していく。大森らは経済学部に招聘《しょうへい》したオーストリアの経済学者、エミール・レーデラーからマルクス主義を学び、栄治郎より一足先に帰国した大内兵衛《ひょうえ》のもとで、有沢、山田らとともにマルクス主義の研究にのめり込んだ。

やがて、大森と九大の向坂は労農派マルクス主義の代表的論客となった。山田の方は、その労農派と対立する共産党系の講座派マルクス主義者になっていく。しかし、栄治郎は離反していく者に対しても寛容な姿勢をとった。直弟子の木村健康《きむらたけやす》によれば、J・S・ミルのように「自由主義者の園には、それぞれの個性に基づくそれぞれの思想が百花繚乱《りょうらん》と咲き乱れるべきであった」と考えていたからである（木村『河合栄治郎の生涯と思想』『伝記と追想』）。

のちに栄治郎は、英国に向けて出発するとき、三人が列車を追って栄治郎の名を連呼する光景が「今でもありありと眼の前に浮かんでくる」と、無念の思いを書き残している（「教壇生活二十年」『全集第二十巻』）。

五十日に及ぶ三国丸の航海は、米国行きと違って労働問題という課題もなく、ゆるりとした船旅であった。やがてドイツ行きの向坂と別れ、栄治郎は大正十二（一九二三）年一月十二日、憧れの英国に入った。日記には「此の日、多年憧れたりし英国に入る」と感慨深げであった。

栄治郎は二年半の留学期間を二つに割って、一年半を英国に、残る一年をドイツで送る計画を立てた。英国生活の前半はできるだけ英国人研究者と会談を重ね、のちに静かな大学町に引きこもって自由主義思想家トーマス・ヒル・グリーン以後の思想を研究しようと考えた。

栄治郎の留学中の生活は相変わらず貪欲で、一流の学者に会って教えを請い、議論を重ねて書物で深みを増していく。見聞の中から、英国労働党の社会主義は自由主義と対立せず、むしろ自由主義を発展させていることに気づかされる。自由主義にも磨きをかけるべく、コール、ラスキ、ラッセル、ホッブハウスら碩学《せきがく》の著作に挑んだ。

対照的な二人

ある日、ドイツにいるはずの大内兵衛が訪ねてきた。ハイデルベルク大学でマルクス経済学を勉強していたところに、東大復帰がかなったとのことであった。留学先で大原社会問題研究所派遣の留学から文部省留学生に早変わりして、そのまま英国にやってきたのだという。

大内は前月二十日にロンドンにきても、大学にはゆかずに新聞を読み、本屋をぶらついた。芝居や博物館をめぐり、夜はマルクスの資本論を読んでばかりいると語った。栄治郎は黙って聞きながら、大内の散漫で貧弱な留学体験に嫌気がさした。この男は「いったい何のために自分を訪ねてきたのか」と、不快な気分になった。

他方の栄治郎は、「昨夜ベンサムにあった夢を見た」と日記に書いたほどの打ち込みようだから、大内のいいかげんさが許せなかった。栄治郎が自らの留学計画や勉強方法を語っても、大内はときおり微笑を浮かべては、「偉い、偉い」とちゃかすようなことをいう。大内には学問の師を欧米に見いだして、その思想と学問を習得しようとの気概もみられない。

大内自身が『経済学五十年』で勉強はしなかったと回想し、「遊んだのだ。何しろ、お金がある。景色はいい」といった揚げ句に「こんないい身分はない」と偽悪的に述べている。栄治郎は大内とは同じロンドンに暮らしながら、これきりというすげなさであった。門下の江上照彦《えがみてるひこ》は「しょせん、二人はもともと相性が悪かったのである」と、『全集別巻』の伝記に書いている。

英国「討論会」
日韓併合は不法なのか

ロンドン生活が三カ月を過ぎた大正十二（一九二三）年四月、河合栄治郎、国子夫妻は、バーミンガム郊外のウッドブルック・セツルメントに移った。栄治郎が教えを受けていたロンドン大学の講師の勧めで、クエーカー教が主宰するこの学校に二カ月半ほど寄宿したのである。

栄治郎は宿舎の二階の一室に荷物を置いて庭に出ると、空気は澄み、芝生は美しく広がり、人生最良の日々であることを実感した。栄治郎はクエーカー教の教えに困惑しながら、欧米各国から集まった六十人あまりと交流をもつことができた。

やがて定例的な「国際問題討論会」報告の役割が、栄治郎にもめぐってきた。日本と東アジアをテーマに、二回にわたって講演することになったのだ。栄治郎はこれまで関心を寄せたこともない日本の朝鮮統治論で、いや応なく渦中の人になっていく。

この寄宿舎には朝鮮独立運動家の尹潽善《ユンポソン》がいた。彼はやがて、独立後にソウル市長から韓国大統領に就任することになる人物である。

日本は明治四十三（一九一〇）年八月に日韓併合条約を結び、朝鮮総督府を置いて半島を支配した。第一次大戦勃発の翌大正四年には対華二十一カ条の要求を突き付けるなど、着実に帝国主義の道を走っていた。

尹は周囲に反日感情を漏らしていたところから、討論会でも日朝激突が予想された。栄治郎は朝鮮人青年の心を傷つけないよう気を配りつつも、日本の立場を欧米人に理解してもらうことに腐心した。その日、栄治郎は日本の近代化を明治維新から説き起こし、日清日露戦争を経て、日本がいかに帝国主義的になってきたかを語った。

「一面に於て日本の外交の難ずべきを難ずると共《とも》に、他面において東亜の此の小国を駆って、かくの如《ごと》き方面に趣《おもむ》けしめたるは、欧米人の政策も亦《また》一半の責任を負わねばならぬ」

彼は日本を擁護しつつ、欧米の植民地主義的な動きもやり玉に挙げていた。果たして尹潽善が立ち上がった。顔は青ざめ、震える声で反論した。

「先程日清戦争は朝鮮を支那より救うが為に起こったと説かれたが、果たして朝鮮は救われたのかどうか。支那より救われた朝鮮は、日本の支配の下に落ちた」

尹は日本の蛮行について具体例を挙げて批判し、実情を知らない栄治郎を戸惑わせた。彼の憤激に聴衆は圧倒され、話し終わると拍手が起きた。栄治郎はその様子を「国際平和を以て立つクエーカーの学校だけに、学生の眉宇の間には弱国朝鮮の為に同情の念が動き、強国日本に対する反感は明らかに読まれた」と述べている（「朝鮮のこと」『全集第十五巻』）。

弱い隣国もつ不幸

その一週間後、栄治郎は二回目の討論を前に慎重に検討した。彼にとって朝鮮統治論は未知の分野であった。先輩の吉野《よしの》作造《さくぞう》が大正五年春に、朝鮮と満州を旅してまとめた「満韓を視察して」（『中央公論』一九一六年六月号）など有名な論文を思い返していたであろう。吉野もまた、帝国主義的な進出が国家としての日本が、生きのびる道だと考えていた。他方で彼は、制約下ではあってもどの程度、民主化すべきかを考える。視察後の吉野は、「異民族の統治は威圧だけで成功するものではない」とそのやり方を批判していた。

栄治郎はそれらの議論を念頭に「日本から見た極東の動向」と題する英文を二十一枚にまとめてタイプした。彼はまず、半島情勢を十分に知りえないが「間違った韓国観を修正する用意はある」と前置きした。尹潽善との論争の延長上にこう語った。

「自力を以て自国を防ぎえない国を隣に持つことは、日本にとって大きな不幸であった。此の不幸が日本をしてあなたの云われるような非暴の誘惑に陥れたのである。此の誘惑に打ち勝ちえない所に、国民としての日本の水準の低さがある。之《これ》を吾々《われわれ》は恥じなければならない。此《こ》の意味で朝鮮人も亦責任を負わねばならない」

さらに栄治郎は、日本の失政の原因には「政治家の愛情の欠如」があり、「政治家だけでなく国民もまたこれを尊重する配慮が欠けていたことをすまなく思う」と結んだ（安井琢磨「解説」『全集第十五巻』）。

栄治郎の話が終わると、聴衆は一斉に手をうち、足を踏み鳴らした。同じく植民地をもつ英国人は「朝鮮人に対する答えとしてあれ以上の答えはありえまい」と彼にささやいた。

異なる意見を戦わす

栄治郎は昭和二年六月号の『経済往来』に、「朝鮮のこと」としてこのときのことを「形勢はむしろY氏に気の毒であった」と回顧している。Y氏こと尹潽善は討論会の翌日、栄治郎を訪ねてきた。二人は校庭に椅子を並べて、ゆっくりと話し合った。二人はともに心通い合うものを感じていた。尹は栄治郎のことを信頼はするが、「それでも、まだ日本を信じることはできない」というジレンマを語った。

韓国内には、いまも「日韓併合は不法」であるとの主張が根強い。二〇〇一年十一月、韓国の学者たちは米国のハーバード大学で開催された国際学術会議で、この不法論を確定しようともくろんだことがあった。

ところが、英国ケンブリッジ大学のJ・クロフォード教授が合法論を展開した。教授は「自分で生きていけない国について周辺の国が国際秩序の観点から、その国を取り込むということは当時よくあったことであって、日韓併合条約は国際法上、不法なものではなかった」と主張した。日本に強制されたとの反論にも、教授は「強制されたから不法という議論は第一次大戦以降のもので、当時としては問題になるものではない」と、これを退けた（『産経新聞』二〇〇一年十一月二十七日付）。

クロフォードの所説は、かつて栄治郎が尹潽善を相手に戦った議論と共通項があるように思う。栄治郎はくしくも、半島統治論争を通じて、異なる意見を自由に戦わせる英国社会の寛容の幅と奥深さを感じていた。

英国自由主義への確信

学者たち

英国バーミンガム郊外のウッドブルック・セツルメントに滞在していた河合栄治郎は、学者たちに会うためにめまぐるしく動いていた。英国滞在中に彼が会った学者たちは、おおむね百人を超える。

英国でもロシア革命直後は共産主義を理想化して、これを支持する人々も少なくなかった。しかし、労働党が大正九（一九二〇）年、ソ連に派遣した調査団のバートランド・ラッセルが報告書『ボルシェヴィズムの実践と理論』で実情を伝えると、党は共産主義に反対する姿勢を明らかにしていた。

栄治郎はスコットランド旅行を経てロンドンに戻ると、ロンドン大学にH・ラスキ教授を訪ねた。ラスキといえば、三十歳そこそこで花形教授になった気鋭の学者である。彼は「国家の判断が至高であるとする主張は正当なものとはいえない」とヘーゲルの主権的国家論を批判し、国家も教会、学校と同様に社会団体の一つであるとする「多元的国家論」を提唱していた。

栄治郎はこのほかE・バーカー、L・ホブハウス、G・D・H・コールらに接した。栄治郎にとってラスキは、くみしやすそうではあるが、人物が無愛想で不快な印象を抱いた（「日記I」『全集第二十二巻』）。ホブハウス教授には一九二三年三月に、やはりロンドン大学で会っている。栄治郎は訪問するにあたって、わざわざタキシードに着替えて敬意を表した。

多元的国家論の洗礼

ホブハウスは研究室内にある籐《とう》の安楽椅子に座って、大きなパイプで煙をくゆらせていた。いかにも英国の碩学《せきがく》らしい雰囲気を漂わせている。栄治郎は丁重にあいさつすると、自らの研究歴を披瀝《ひれき》した。これまでのアダム・スミスからロック、カント、ヘーゲル、グリーンに至る読書遍歴を伝えると、彼は「正しい方法だ」と口を開いた。

栄治郎が英独思想家の書物をほぼ渉猟していることを知ると、ホブハウスは「君は何でも知ってるね」と感心し、ようやく心を開いた。一時間半ほどして退出するころになると、彼の方からコートを肩にかけてくれた。初めは取っ付きにくかった教授も、途中からは愉快な交流になった。栄治郎は「本当に嬉しい。収穫の多かった日でもあった」と、喜びを日記に記した（同『全集第二十二巻』）。

ホブハウスは自由放任の自由主義に代わり、国家の干渉によるニューリベラリズムを説いていた。だが、栄治郎が彼を評価したのは、福祉政策などで国家の地位が増大する中で、英国の自由主義の伝統を再強調したことであった。

ホブハウスは主著の『自由主義』で、機械的社会主義と官僚的社会主義との違いを批判的に述べた。前者の「機械的」とは、マルクス主義にみられる階級闘争史観であり、後者の「官僚的」は、シドニー・ウェッブが主宰したフェビアン協会の緩やかな集団のことを指した。そのうえで、ホブハウス自身は、自由主義的社会進歩の理論を掲げたのである（清滝仁志「教養と社会改革」『駒澤法学』第10巻第4号）。

栄治郎は夏を迎え、英国社会主義の牙城を自負するフェビアン協会の夏季学校に参加した。この協会は、ウェッブ夫妻やバーナード・ショーらが指導する団体で、政治システムの民主化、漸進的な社会主義化を目指した。

ウッドブルックで善意の人々を見てきた栄治郎には、フェビアン協会に集まる人々が何となく粗野で「人のために尽くす奉仕の念に欠けてゐるやう」な態度が気に入らなかった（「在欧通信」『全集第十七巻』）。

ウェッブその人も「哲学の研究は無用なり」と語っており、人柄はともかく、栄治郎はどこか物足りなさを感じた。ただ、ウェッブと会話をしているうちに、社会哲学の第一段階としてマルクス主義を批判的に学ばなければならないと思ったのだ。

ちょうど、河合門下の山際正道《やまぎわまさみち》（のちの日銀総裁）から届いた手紙で、東京帝大で招請した外国人講師の「レーデラー氏等がマルクスを切に研究している」と言及があったことに、刺激を受けていたのかもしれない（「日記Ⅰ」『全集第二十二巻』）。

関東大震災へのお悔やみ

栄治郎はフェビアン協会の夏季学校で四週間を過ごし、南部プリマスで開催された労働組合総会を傍聴した。彼はその労働組合総会二日目に、日本の関東大震災に対する緊急動議が出されたことに驚かされた。日本時間の大正十二（一九二三）年九月一日、大災害が発生した。栄治郎は四日の日記に、大震災のことを次のように記していた。
「8時半に起きて急いで新聞を買って日本の地震の事を読んだ。稍《ようや》く細かい消息が分かりかけて来た。大変な惨事であるらしい」（同『全集第二十二巻』）
プリマスの総会は、かつての同盟国である日本国民に同情を寄せ、ことにダメージの大きい人々のためにお悔やみを表明した。彼らは見舞いの電報を日本に送り、三分間の黙祷《もくとう》をささげてくれた。
「満場一斉に起立して、黙祷をした時には、列席したる自分は、衷心其《そ》の同情に感謝したのであった」（同『全集第二十二巻』）
栄治郎ははるかな極東の国に心を配る英国人がいることに感謝した。だが、このときの栄治郎には、日本の思想界で大転換が起きていることを知るよしもなかった。関東大震災を契機に革命思想、マルクス主義が開花していたのである。

このときの栄治郎は、ロンドンとケンブリッジの間にあるホッデスドンで独立労働党の夏季学校に参加していた。フェビアン協会は英国労働党の「頭」であり、独立労働党は「心」であるといわれていた。その独立労働党について栄治郎は、フェビアン協会に比べて全体が統一され、「新たな戦士の集団」と好印象をもった(「在欧通信」『全集第十七巻』)。

英国労働党は社会運動を別々に進めていた独立労働党、社会民主同盟、フェビアン協会が糾合して労働委員会をつくり、マルクス主義路線の社会民主同盟が抜け、一九〇六年に労働党と改称したことに始まる。

世紀の事件

労働党が政権を握った

大正十二(一九二三)年十二月、河合栄治郎が滞在する英国で、学窓の静けさを破る世紀の政治事件が起きた。労働者の代表が、選挙を通じてはじめて政権を握るという歴史的転換点に遭遇することになったのだ。

英国労働党の社会主義は、マルクス主義の革命理論とは異なって漸進的な社会改革を目指している。栄治郎は「自由主義と反撥《はんぱつ》するものでなく、寧《むし》ろ自由主義の発展したものである」と彼らの社会主義を解釈している（「著者自らを語る」『全集第十七巻』）。

労働党の基本政策は基幹産業の国有化、最低生活の保障を確保する。暴力革命を否定し、議会を通じて「ゆりかごから墓場まで」の福祉国家を目指す。労働党は十二月の総選挙で第二党になり、翌年一月には党首マクドナルドが首相に就任した。

栄治郎は選挙期間中、ロンドンを離れて激戦区のレスター市に足を運んだ。この選挙区では、ウィンストン・チャーチルとペシック・ローレンスが競っていた。栄治郎はのちの首相チャーチルについて、「単騎敵の牙城に肉薄する戦闘の気力に就いても決して不足はない」と評価しながらも、「彼に欠けたるものは人の信頼を維《つな》ぐに足る徳操である」と手厳しい（「在欧通信」『全集第十七巻』）。

政治家に徳を求めるのはほどほどにすべきであろうが、いかにも栄治郎らしい発想である。確かにチャーチルは保守党の下院議員になるが、自由党に転じて内相、植民地相を歴任する。やがて保守党に復帰してしまう。が、このときの栄治郎の関心は、英国初の労働党内閣が誕生するかもしれないとの期待にあった。

第二次大戦下で、「危機の宰相」チャーチルの政治手腕を知るのちの世代とは、モノサシが異なるのは仕方のないことであろう。もし、栄治郎が政治の世界に首を突っ込むことがあれば、彼こそが「単騎敵の牙城に肉薄する戦闘の気力」をみなぎらせるのではないかと思うのだ。

マクドナルド内閣の誕生

栄治郎は総選挙で労働党が躍進した開票日にはロンドンにいた。車が警笛を鳴らして走る霧の中をクイーンズ・ホールへ向かった。人々の熱狂の中、開票のたびに拍手が湧き起こった。大きな拍手が湧いたのは、あの「チャーチル敗北、ローレンス勝利」の瞬間である。彼はチャーチルの敗北を小気味よく感じ、「その夜の印象は一生忘れられない」と日記に書いた。

五年前の九月二十七日、米国のニューヨークではじめてウッドロー・ウィルソン大統領の演説を聴いたときと重なるものがあった。栄治郎は「新しい時代を作る機運が此《こ》の中に躍動しつつあるのを感じざるをえない」と興奮を抑え切れない。クイーンズ・ホールを出たのは、暁の午前二時半であった。

保守党は約百人を失って二百五十議席となり、労働党百九十人余、自由党百六十人である。第三党になった自由党大会で、アスキス総裁は「次の内閣は反対党中の多数党の負うべきものなり」と発言した。その瞬間に、労働党連立内閣の成立が決まった。英国の社会主義勢力が、暴力的手段をへずに合法的に政権を獲得した事実は、新しい社会主義の到来を予感させたのである。栄治郎はいつの日か、労働党の歴史を書きたいとの衝動に駆られていた。それはのちの著書『労働党のイデオロギー』として結実する。

マクドナルド内閣誕生の大正十三（一九二四）年一月二十三日、栄治郎は「今日はマクドーナルドが内閣を作った。そしてレーニンが死んだ。労働運動にとって記憶すべき日である」と日記に刻んだ。ロシア革命を主導したレーニン死去の日が、労働党政権誕生の日と重なったことは、歴史的転換を象徴していた。

オックスフォードの哲人

栄治郎はロシア革命と英国自由主義を考えるために、忘れがたい二人にもう一度会うことにした。一人は法律学のポール・ヴィノグラドフであり、もう一人がオックスフォードの哲人、トーマス・ヒル・グリーンの未亡人であった。

ロシア生まれのヴィノグラドフは、モスクワ大学で学問の自由を擁護する立場から、次第に政府と対立した経歴をもつ。英国に渡ってオックスフォード大学に身を寄せ、再びモスクワ大学で教鞭《きょうべん》をとった。だが、またも教室に警察のスパイが潜入していることに気づき、憤慨して講義を放棄したこともある。

再びオックスフォードに復帰し、一九一七年のロシア革命に衝撃を受け、翌年には英国市民権を得てロシアと決別をする。栄治郎がオックスフォードに滞在したころは、そんな過酷な時代を垣間見られた。栄治郎はこの老碩学《せきがく》から、個人主義や団体主義を行きつ戻りつしながらの半生を聞くのが好きだった。

栄治郎自身が官僚時代を通じて「正面の敵」である国家主義と闘い、スミスやベンサムを通じて国家主義の徹底的な批判者になる自らを、ヴィノグラドフの半生に映した。だが、いまの栄治郎は、古い形態の個人主義に物足りなさを感じ、新たな模索の中からT・H・グリーンに行き着いた。

オックスフォード滞在も最後になった三月十五日、グリーンの館を訪ねた。夫人に案内されて、書棚が並ぶグリーンの書斎へ通された。すでに夫が亡くなって四十年あまりがたっていた。栄治郎は『政治義務の原理』を熟読し、すっかりグリーンの理想主義に心を奪われていた。

夫人は思いのほか元気で、妻の国子がいっしょでないことを残念がった。夫の研究に対する真摯《しんし》な態度や日常の細々とした様子をうかがうことができた。

わずか一時間半ほどの邂逅《かいこう》だったが、楽しく感慨深い会談であった。彼は「若《も》しああして若く逝かなかったら、どう発展したか」と四十五歳で死去したグリーンの死を惜しんだ（「日記I」『全集第二十二巻』）。

欧州大陸へ
マルクス学に決着つける

大正十三（一九二四）年三月十五日午後、河合栄治郎はオックスフォード大学に別れを告げた。思い返せば、栄治郎は今回の英国留学で、労働党の勝利とその党を支える穏健な英国社会主義に感銘を受け、理論と実践を習得することができた。同時に、大学での学究生活では、なすべきことを遂げた満足感があった。

栄治郎は「オックスフォードが一番自分に実力を付けた所になろう」と日記に書いた。これだけ精力的に勉学に励み、学者たちと討議を重ねた日本人研究者はいただろうか。評論家の粕谷《かすや》一希《かずき》は「鷗外の留学と比肩できる豊かな成果といえる」と結論づけている。

河合夫妻は一年半の英国留学を終えると、残り一年をマルキシズム研究のため欧州大陸へと向かった。彼は「英国で得た暗示に内容を盛って、深い洗練を与えて呉《く》れるのが独逸《ドイツ》である」と考えていた。

彼は途中、スイスのチューリヒの湖畔で夏の二カ月を送った。真夏のベルリンは汗が噴き出るほど暑く、友人の帝大助教授、本位田《ほんいでん》祥男《よしお》の勧めもあって涼しい欧州アルプスの山麓で過ごすことになった。大正十三年七月十七日、駅には本位田が出迎えてくれた。チューリヒ湖畔のホテルからは、はるか中空に雪の峰々が迫ってくる。

栄治郎はここでマルクス、エンゲルスの著作を読み始めた。学生時代に早くから唯物史観に接したが、「魅惑する半面と私を反撥《はんぱつ》させる半面」とを感じていた。仮に「魅惑する半面」があるものならば、マルキシズム研究は将来に残された夢であろうと考えていた（「在欧通信」『全集第十七巻』）。

第一次大戦末期に起こったロシア革命と、その思想をなすマルクス主義は資本主義の矛盾と欠陥を暴露し、貧乏な人々を解放するとの正義があった。資本主義は企業間の競争が不可避になり、資本と労働の階級間には闘争が起きると予言する。

しかし、マルクス主義は個人の自由、言論の自由を徹底的に阻害した。栄治郎の思想追求の旅は、これらマルクス主義に代わる自由擁護の思想体系を探り出すことであった。栄治郎が哲人、トーマス・ヒル・グリーンの理想主義から学んだ社会思想の意義は、もはや揺るぎないものになった。経済的な富は人格の成長のための条件であって目的ではない。経済的な富はあくまでも有限であるが、人格の成長には限界がないと考えた。

ドイツ語原書を読破する

栄治郎は大陸で何らかの決着をつけなければならなかった。さっそく、本屋に入り浸ってマルキシズム文献の物色を開始した。『共産党宣言』『ヘーゲル法哲学批判の序文』『神聖家族』『哲学の貧困』『経済学批判』『フォイエルバッハ論』を次々に読み進めた。

彼はその論旨に魂を動かされ、その筆致に感激をもってページを閉じている。読むことに疲れると、妻の国子とよく整備されたコートでテニスに興じた。二人の技量が近いところから、日記からはのびのびと楽しむ様子が伝わってくる。

彼らは二カ月余のスイス生活を終え、ベルリンに向かったのは、秋の気配が漂い始めた九月半ばである。南ドイツを走る夜行列車の中で、この地は「昔の憧憬の国であった」と感慨にふけった。第一高等学校時代は自由にドイツ語が読めないことから、英語で書かれたもので代用していた。やがて、英語では満足できずに大学に進学してからはドイツ語に取り組んだ。

ベルリンでは、第一にマルクス研究の現状をさぐる。第二にドイツの最近の社会学の発達を学ぶこと。そして第三に新カント派運動が社会哲学にどれだけの業績を上げているかを探ること。すべてをこなすには、あまりに時間が足りない（「在欧通信」『全集第十七巻』）。

九月十六日の朝、アンハルト駅には九州帝大の向坂逸郎、中西寅雄《なかにしとらお》（のちの東大教授）が出迎えた。下宿が決まると、先にベルリン入りしていた本位田、荒木《あらき》光太郎《みつたろう》（のちの東大教授）らと研究会を始めた。

栄治郎と同じ船で欧州入りした向坂は、マルキシズムの本場でいち早く研究してきただけあって、他を圧する知識であった。唯物史観に取り組んだばかりの栄治郎とは蓄積が違う。向坂にやり込められることがあると、負けず嫌いの利かん気がムクムクとわき上がってきた。彼は原書にして一日百五十ページ前後の読書を自らに課した。

栄治郎はマルキシズムの中に貴重な含蓄があるとは思う。しかし、その栄養素をどのぐらい摂取できるかは、受け手の程度によると考えた。そのうえで、「私の英国思想の研究は直ちにマルキシズムの研究に入った人とは異なるものを把握せしめた」と考え、研究を急ぐ必要はないと結論づけている。

「かくして私がマルクス、エンゲルスに再び接したのは七年の後であった」（「著者自らを語る」『全集第十七巻』）。

カントを開く

栄治郎の英国思想研究は、大正九年から昭和六年までの十一年に及んだ。栄治郎の三十代の年月をほぼ費やしたことになる。この時期の日本は、マルクス主義に席巻され、「ロシア革命は労働者の天国」という幻想に抱かれていた。

ベルリン入りしてしばらくすると、マルクスを閉じてカントを読み出した。『純粋理性批判』『プロレゴーメナ』『実践理性批判』『道徳哲学原論』などを次々に読破した。しかし、これ以上、新カント派に深入りすることはなかった。

「要するに瑞西《スイス》、独逸《ドイツ》でえたものは、カントを除いては帰朝後直ちに役立ったものではなくて、最近に於《お》いて始めて当時の事共が私に生きつつある」(「著者自らを語る」『全集第十七巻』)

この間、栄治郎のもとには、グッドニュースとバッドニュースが届いた。悪い方では、大学に申し入れた留学延期願が拒否され、経費不足が重くのしかかっていた。良い方は、山田文雄から京城帝大の助教授職が決まりそうだとの連絡があり、先輩の鶴見祐輔から思わぬ多額の送金があったことであった。

外国人講師探し

シュンペーター招聘逃す

　ドイツ留学も終わりに近づいたころ、河合栄治郎は東京帝大経済学部からオーストリアの招聘《しょうへい》学者、エミール・レーデラーの後任探しを依頼された。これはと思う外国人講師の候補者と面談して、訪日の約束を取り付けるのがその使命である。

　ドイツ社会民主党の頭脳といわれた現職のレーデラーは、大正十二（一九二三）年にハイデルベルク大学教授から東京帝大経済学部に招かれている。任期は一九二五年三月までの二年間であった。レーデラー招請は栄治郎の恩師、矢作栄蔵《やはぎえいぞう》の交渉によるものであった。

　ハイデルベルク大学に留学した助教授の大内兵衛が自著『経済学五十年』で、「ドイツで周旋をしたのはぼくである」と述べているところから見ると、矢作の指示で大内が具体化させたものだろう。レーデラーの帝大赴任が二月で、大内の帰国は関東大震災後の十月だった。

　今度は栄治郎が、レーデラーの後任探しと大震災後の書籍購入による帝大図書館再建の任務を帯びることになった。プラハでアルフレート・アモン教授、ウィーンでルートヴィッヒ・ミーゼス教授と会った。レーデラーがマルクス主義色が強かったところから、後任選びはどこまで左派色を薄められるかにかかってくる。

　アモンはオーストリア学派の理論経済学者で、ウィーン大学卒。チェルノヴィッツ大学ではシュンペーターの後任になる。自由主義経済学者の一人で、著書の『財政学の諸原理』では、戦費の調達など緊急時の起債原則論を展開している。

ミーゼスもシュンペーターと同窓で、自由主義者としてのちに米国に渡る。ウィーン大学の教え子が、主著『貨幣理論と景気理論』のフリードリッヒ・ハイエクである。門弟のハイエクも彼の保守自由主義の思想を受け継いでいる。

大正十三年十二月十二日の日記には、「午後アモン氏を訪《おとな》う。……快い人である。必ずしも絶望ではないらしいので却《かえ》って面食った。四週間の時を与えて呉《く》れと云ってくれた。年恰《とし》好《かっ》が四十位で丁度よい人である。質問した事に対する答えもよく出来ている」と好意的に書いている。

翌十三日には「一人旅をしていると漂浪という気が泌々《しみじみ》する。……ミーゼスの私宅を訪う。氏も乗気がして話を聞いてくれて一寸驚いた。人柄は少し軽い所があって、アモン氏の方がよいと思う」と観察している。

初対面の印象は「武士」

次いで十五日は、やはりオーストリアの経済学者、ジョセフ・シュンペーター教授に会った。栄治郎は初対面の印象を「色の黒い日本の武士という姿、いかにも鋭い頭の人だという気がした」と、日記に書いた。

栄治郎は翌日もシュンペーターを訪ねると、この碩学《せきがく》が「現在の境遇を変えることが出来る」と喜び、十日間ほど待ってくれるように求めた。このころのシュンペーターは、九月にビーダーマン銀行の頭取を辞任、すべての役職を離れてウィーンのアパートで暮らしていた。孤独なシュンペーターに、東洋の若い日本人経済学者が予想外の話を持ち込んできたのだ。シュンペーターはいまだ四十一歳、栄治郎三十三歳であった。

シュンペーターは銀行の信用を借りて利潤を得るという『経済発展の理論』を一九一二年に発表して評価され、ウィーン大学講師からグラーツ大学教授を経て、オーストリアの蔵相、銀行経営まで赴いた。経済人の頂点を極めていたといえるが、巨額の借金を出してしまったところをみると、銀行経営の才はさほどではなかったのだろう。

令名は世界にとどろいていたが、このときは一介の浪人である。主著『資本主義・社会主義・民主主義』が誕生するのは、まだ先である。栄治郎はウィーンを離れ、その日のうちにハイデルベルクに向かわねばならなかった。当地に留学中の助教授、糸井靖之《いといやすゆき》が病死したからである。

栄治郎が中西寅雄といっしょに下宿で花を手向け、遺品を整理していると、糸井宛ての大内兵衛からの便りが目についた。それには「日本に帰って大学の反動的気分の強いのに驚いた……何れ逐《お》い出されるであろうが一泡吹かせてやってから」とあった（江上『河合栄治郎伝』全集別巻）。栄治郎が留守の間に、日本にマルクス主義が浸透している様を垣間見ることになる。

栄治郎がベルリンに戻ると、シュンペーターから「東京行きを承諾する」との返事がきて、関係者を喜ばせた。栄治郎の外国人講師探しの旅は、理論経済学者から始まって急進的自由主義者を経て、独自の経済理論を構築したシュンペーターに至って終わった。

日記に「不快」な気分

ところが、あれほど喜んでいたシュンペーター招聘の話が、栄治郎が帰朝してまもなく、突然消える憂き目に遭う。大正十四年十月二十一日の日記に「今日の教授会はシュンペーター氏に関する公使の報告で不快な心持」とあり、意に沿わぬ障害があったことを示す。日記には「不快」な気分が三回も記述されていた。

駐日ドイツ公使が教授会に出席して、シュンペーターが東京帝大への赴任を辞退し、翌年からボン大学の教授に迎えられることを明らかにした。結局、外国人講師は栄治郎も好意をもったアモン教授に決まった。

さて、ドイツの栄治郎は翌年三月にパリで後輩の蠟山政道《ろうやままさみち》と再会し、雑誌『改造』に留学顛末記《てんまつき》「在欧通信」を書くよう勧められた。このとき、法学部助教授の蠟山は、このまま学究生活を続けるべきか否かを悩んでいた。蠟山はこのパリで、栄治郎の助言により「ようやく学問への情熱みたいなものが湧いてきました」との言葉を残す。

栄治郎は蠟山に対して、「自分は自信をもって今日本に戻る。七年前官吏を辞した時の僕には、まだ蹉跌《さてつ》の可能性がないではなかった。然しもう今日の自分は外からの力では如何ともすることは出来ない」と力強く語った（「日記Ⅰ」『全集第二十二巻』）。河合夫妻は米国を経由し、大正十四年八月六日に「コレア丸」で横浜港に入った。二年八カ月に及ぶ欧州留学であった。

◆第五章◆

「左の全体主義」との対決

東京帝大で講義する河合栄治郎＝昭和３年

留学から帰国

マルキシズムが開花する

河合栄治郎が欧州で在外研究をしている間に、日本の思想界は「マルクス主義の開花期」を迎えていた。

すでに日本共産党は、栄治郎が英国留学に出発する前の大正十一（一九二二）年夏に非合法で結成され、機関誌の『階級戦』を発行していた。翌年九月の関東大震災の混乱に乗じた大杉栄《おおすぎさかえ》の暗殺（甘粕事件）で無政府主義が後退し、マルクス主義が社会主義の主流に躍り出た。

『階級戦』が大震災をきっかけに廃刊に追い込まれ、大正十三年五月から『マルクス主義』が創刊された。これらの雑誌を舞台に山川均《やまかわひとし》、堺利彦《さかいとしひこ》、福本和夫《ふくもとかずお》らが華々しく論陣を張った。

イデオロギーの嵐は、大学をも巻き込み、留学を志す者はマルクス学の本場ドイツを目指した。招聘《しょうへい》学者のE・レーデラーが求めに応じてマルクス経済学を教え、栄治郎より先に帰国した大内兵衛《おおうちひょうえ》、舞出《まいで》長五郎《ちょうごろう》も、相次いで本場のマルクス経済学を持ち帰った。

栄治郎の弟子であった大森義太郎《おおもりよしたろう》、有沢広巳《ありさわひろみ》、山田盛太郎《やまだもりたろう》ら助手たちは、そのレーデラーの薫陶を受けていた。マルクス主義は、天下の知識人があっという間に魅せられてしまう強力な磁場を広げていた。彼らはかつての「経済哲学の助手」から、「戦闘的マルキシストの助教授」に変身していたのだ。

マルクス用語の乱発

栄治郎は帰国直後に、長野県軽井沢で静養中の恩師、小野塚喜平次《おのづかきへいじ》を訪ねたり、実家へのあいさつに出向いたりと、身の回りの雑事に追われていた。帰国一カ月後には母、曽代の死に直面した。彼は「帰朝の日までよく生きていてくれた」と神に感謝した。

大学の日常の中で、大森、有沢、山田らと何度か食事をするうちに、次第に違和感をもつ様子が日記から読み取れる。

有沢からは、栄治郎の中に「マテリアリスト（唯物論者）のものがあり、それが強さを与えている」といわれたと、日記に書いた。弟子たちがいつの間にか、物事をマルクス用語で表現しようとしていたからであろう。有沢はのちに、「言わなくてもいいことを言ったなとおもいました」との反省を語っている（有沢広巳、土屋清『回想の河合栄治郎先生』）。

栄治郎が大森とお茶を飲んだ折の印象も「英国労働党、唯物史観のことを論じた。後者に付いては大した研究をしているのでもないらしい」（「日記Ⅰ」『全集第二十二巻』）。

古参教授たちは、関東大震災のドサクサで、マルクス主義が拡散していくことを恐れた。助手たちを助教授に昇進させる際にも、彼らは慎重に選別せざるを得なかった。

助手時代の大森は、そうした空気を察知した。大正十一年の『経済学論集』（第1巻第3号）の掲載論文では、マルクス主義の直接的な研究には触れず、巧みに経済哲学へと迂回《うかい》させていた。京都大学名誉教授の竹内洋によれば、マルクス経済学に知識のある栄治郎が留学中であったことも、大森の助教授承認には幸いしたとみている。

大森自身が唯物論的弁証法やマルクスに直接的に言及するようになるのは、論集第5巻第1号で「デボーリンのカント批評」を発表してからであった。彼が助教授になって二年目の大正十五年、その本性を現すことになる（竹内洋『大学という病』）。

帰国後の栄治郎は反マルクス主義の急先鋒《きゅうせんぽう》だった経済学部教授、土方成美《ひじかたせいび》との交際が深まっていった。土方は下って昭和二年に『マルクス価値論の排撃』という本を上梓《じょうし》しており、慶應義塾大学教授の小泉信三とともに、〝マルクス主義討伐〟の寵児《ちょうじ》となる人物である。

慶應の小泉は大正五年に、栄治郎より早く英国留学を終えて帰国すると、雑誌『中央公論』『改造』などを舞台に、河上肇《かわかみはじめ》、山川均、櫛田民蔵《くしだたみぞう》らと華々しく論戦を展開していた。

小泉はマルキシズムのいう資本主義の没落について、ただの景気循環の問題にすぎず、資本主義の本質的な没落を招くような欠陥ではないと反論した。

山川との論争では、大正十二年七月号の『改造』に「思想界、学問界に一人偉大な人物が現われると、必ずこれを本尊として奉ずる亜流なるものが現われる」と痛烈に批判している（今村武雄『小泉信三伝』）。

師弟による対論

この当時、多くの学生たちがマルクス主義の魅惑に誘引されていた。財政学の大内兵衛は、「財政学というのはブルジョアの利益のために作られた公平論である」と演壇から説いた。植民政策を講義する矢内原忠雄《やないはらただお》は、ローザ・ルクセンブルクの「資本蓄積論」やレーニンの「帝国主義論」へと導いている。

栄治郎が欧州から帰国してまもなく、法学部生の美作太郎《みまさかたろう》は、河合ゼミが学部を問わずに募集していると知って応募した。だが、マルクス主義にひかれていた美作は、河合ゼミでの研究テーマを、河上肇の『唯物史観研究』から取り組もうと考えた。しかし、栄治郎からは「マルクス主義を勉強するのもよいが、一つの思想体系としてみると、そこには大きな矛盾がある。私たちが大切に考える理想主義は、マルクスの唯物論からは導き出されないのだ」と戒められた。

「なぜそうなるのですか」

「唯物史観は必然論であり決定論である。人間は、歴史的必然のワクの中に生きてゆくだけで、自由な意思決定による理想の追求は認められなくなる」

美作は栄治郎から英国の自由主義思想家、レオナルド・ホブハウスの原書『社会の発展』

を読むよう指示された。美作は辞書を片手に読み進め、栄治郎が唯物史観に前のめりになる美作の関心を誘導しようとしたことを理解した（美作太郎「編集者として」『Editor』一九七六年三月号）。

それは「マルクス主義の開花期」を象徴する師弟の対論であった。ちなみに美作は、大学卒業と同時に、栄治郎の口添えで日本評論社入りして編集者の道を歩み始める。

帝大教授

学部分裂の暗雲広がる

河合栄治郎が東京帝大教授に昇格して一カ月ほどした大正十五（一九二六）年三月二日のことだった。経済学部の教授会を終えると、マルクス主義批判の急先鋒《きゅうせんぽう》、土方成美と話しながらいっしょに安田講堂をめぐり、そのまま池之端に下りて上野の森まで足を延ばした。

「頭に残るのは助教授の中に大したものがいないこと、グルッペが大失敗をやったこと、之から主なる潮流を作って置かなくてはならないこと、それに僕を推したことなどであった。……ともかく今日の話でグルッペの気勢は挫《くじ》かれた。之からは我々の方がどう結束するかということである」（「日記Ｉ」『全集第二十二巻』）

これらの会話から判断すると、国家主義的な土方が、中間派に位置する栄治郎を抱き込もうとしていたのではないかと思えてくる。

日記にたびたび出てくる「グルッペ」とは、ドイツ語で集団を意味しており、ここではマルクス陣営の学内派閥を指していよう。大原社会問題研究所に転身していた高野《たかの》岩三郎《いわさぶろう》の門下に連なる大内兵衛、舞出長五郎、矢内原忠雄、上野《うえの》道輔《みちすけ》の四教授らを指していた。

第一次大戦末期に起きたロシア革命とその基礎となるマルキシズムは、明治以来の富国強兵と資本主義社会の矛盾が表面化して、日本社会に深く浸透していた。その急進的な世界観は、知的な魅力があふれていたし、貧困層の味方になるとの正義感を満足させるものだった。関東大震災の混乱や不安が、マルクス主義をさらに引きつけた。

彼らはマルキストであるか、もしくは矢内原、上野のようにそのシンパであるとみられる。グルッペを形成するには、思想傾向のほかに、いかに気心が知れているかどうかが重要な要素であろう。また、「助教授の中に大したものがいない」というのは、大森、有沢、山田らマルクス主義の影響を受けた弟子たちを指している。

グルッペの学内クーデター

栄治郎が教授会に参加するようになると、いつの間にか学部行政の渦の中に巻き込まれていた。グルッペは経済学部の中ではいまだ少数派ではあるが、論壇ジャーナリズムの趨勢《すうせい》はむしろ、マルクス主義の方が圧倒的に上げ潮ムードであった。

派閥的な行動を仕掛けたのは、大内らの少数派であった。大内はじめ舞出、上野の三教授が、学部長の矢作栄蔵《やはぎえいぞう》宅を訪問し、次期学部長選をめぐっては「次の学部長再選を受諾しないでほしい」と申し入れた。

大内は「私たちはこれから教授の入れ替えをやろうとおもっているので、先生が学部長にとどまると苦しい立場になる」と通告した。まるで〝学部内クーデター〟のような最後通告であった。

矢作の動きは早かった。危機感を抱いた彼は、少数派を除く教授陣を中華料理店に招集してすかさず反撃にでた。矢作は大内らグルッペの申し入れを明らかにして、「防衛しないととんでもないことになる」と呼びかけた。こうしてグルッペからの防衛として、多数派が形成されていくことになる。

東京帝大経済学部に分裂の暗雲が広がってきた。グルッペに対する教授会主流派による反撃は、人事権のすべてを握り、カネを締め上げることであった。主流派は、任期半ばの大内兵衛から「研究室主任」のポストを剥奪し、渡辺銕蔵《わたなべてつぞう》を据える人事で先手を打った。

助手の採用は、おおむね研究室主任の権限とされていた。主任はグルッペと呼ばれていた上野道輔から大内に引き継がれ、もっぱらマルクス主義に傾倒している人材が採用されていたのである。そこで主流派は、助教授や助手に自らの弟子たちを就任させた。これ以降、重要な議題があると多数派の会合があり、「河合、本位田両氏も教授になって以後、この会合に加わるようになった」（土方『事件は遠くなりにけり』）。

主流派が人事とカネ握る

少数派にくみしていたと考えられた美濃部亮吉（のちの東京都知事）や高橋正雄（のちの九州大学教授）らは、希望していた助教授への道が閉ざされていく。とくに不安に駆られた美濃部は、教授会の直前に軽井沢にいた河合教授を訪ねて、お伺いを立てようとした。

しかし、栄治郎は二階に通しはしたが、「その態度は文字通りけんもほろろ」であった。美濃部は「とうとう、助教授にすいせんしていただきたいということもいい出せず、ほうほうのていで逃げ帰った」との顚末《てんまつ》を書いている（「或る自由主義者の悲劇」『文藝春秋』昭和三十三年十二月号）。

栄治郎はさほど多数派に乗り気ではなかった。だが恩師の矢作との関係から、勢力争いの渦中に巻き込まれていく。書斎で英国の政治学者や思想家の本に取り組んでいる折にも、ふと、教授会のことが思い出されるほど精力がそがれていた。

若手の大森義太郎や山田盛太郎らとは、研究会「自由討論会」などを通じて交流はあったが、時とともに疑念は広がるばかりであった。はっきりとした不信感は昭和二年六月八日の日記に、大森の談話会に参加した印象を綴《つづ》っていた。

「話はラジカルで様子がよくないのと、一体に大雑把でよくないと思った。後の質問の時に、僕の質問に対して大森の答え方に少し不快を感じ、自分も少し慌てた気味もあったが、どうも大森の混乱の方が明白に出ていたようである」

実は、東京帝大経済学部の中に生じた三つどもえの対立構図は、日本人の精神史的な流れのモデルを提示していた。

それは右翼全体主義的な土方成美、左翼全体主義的な大内兵衛、そして自由主義・個人主義的な河合栄治郎が、それぞれを代表していた。経済学部にはファシスト、マルキスト、リベラリストの三つの勢力が鼎立《ていりつ》していたのである。それは日本の思想的な背骨を探る恰好《かっこう》の舞台を提供してくれた（渡部昇一「河合栄治郎の意味」『文化会議』第127号）。

東大アカデミズム「左の全体主義」との闘い

河合栄治郎は英国留学から帰国して以来、経済学部の若手ホープに位置づけられていた。農商務省を去ったときの顛末《てんまつ》「官を辞するに際して」を新聞に書いて以来、論壇ジャーナリズムで知らぬ者はいなかった。留学中の大正十二（一九二三）年に、東京帝大助教授として『社会思想史研究』を上梓《じょうし》しており、出版界はアカデミズムの旗手の帰国を待ちわびていた。

とくに、大正十五年三月に『経済往来』を創刊した日本評論社の鈴木利貞は、三十五歳で教授に昇進した栄治郎に接近した。鈴木は前年に日本評論社の経営を引き継いだばかりで、岩波茂雄の「岩波書店」や山本実彦の「改造社」と並ぶ権威ある出版社にする野心をもっていた。

権威を問うならこの時代、執筆陣のターゲットは東大アカデミズムであった。栄治郎の著作は『社会思想史研究』が岩波書店、大正十五年五月に出版した『在欧通信』が改造社からだった。鈴木は意地でも、栄治郎の本を自社からだす決意を固めた（美作太郎『戦前戦中を歩む』）。

なるほど鈴木の獲得工作は、『中央公論』の名編集者、滝田樗陰《たきたちょいん》が吉野作造《よしのさくぞう》を担ぎ出す様に似ていた（松井慎一郎『河合栄治郎』）。滝田は元来が徳富蘇峰《とくとみろほう》や三宅雪嶺《みやけせつれい》と近く、国家主義的な思想傾向があった。だが、吉野作造《よしのさくぞう》、大山郁夫《おおやまいくお》らとの交流によって立場を変えていく。とくに、民本主義を掲げた吉野を意識的に『中央公論』に登場させ、大正デモクラシーの端緒をつくった。

栄治郎も鈴木の熱心さに動かされる。自らの出版構想を日本評論社と結びつけて考えるようになった。やがて、栄治郎の編集による『社会経済体系』（全二十四巻）の第一巻が、日本評論社から十月に刊行されることになった。

「体系」対「講座」

『体系』は一冊が四百ページを超える大作である。刊行開始は、新潮社刊の『社会問題講座』に遅れること八カ月、改造社の『現代日本文学全集』の配本に遅れること一カ月であり、冒頭の「発刊の趣旨」が演説口調の自由主義的な文章から、栄治郎の筆になるものとみられている。

先行した新潮社の『講座』執筆者は、野呂栄太郎《のろえいたろう》、野坂鉄《のさかてつ》（参三《さんぞう》）、高畠素之《たかばたけもとゆき》、赤松克麿《あかまつかつまろ》という陣容で、この時代の社会主義の潮流を示している。「一種の統一戦線の観を呈しているような趣がある」との、美作の指摘はその通りだろう。

このシリーズの編集に携わっていたのが、ジャーナリズムの本流に出る前の大宅壮一《おおやそういち》であるというから、人は分からない。大宅壮一の駆け出しのころは「バリバリの左翼」で、自宅を日本共産党の秘密集会に提供していたほどだった。戦後はイデオロギー的な表現を避け、ちゃっかり「無思想人」を自称した。

『講座』の徹底した左派路線に対して、日本評論社の『体系』はウイングを広げ、あえて左右を問わない。当時の社会思想を網羅した栄治郎独自の自由な発想の編集であった。

『体系』の論文は、栄治郎の「自由主義」をはじめとして、藤井悌《ふじいてい》「ファッシズム」、三木清《みききよし》「歴史哲学」、向坂逸郎《さきさかいつろう》「マルクス経済学」、大森義太郎「弁証法的唯物論および唯物史観」、本位田祥男《ほんいでんよしお》「欧洲資本主義の発展」、長谷川如是閑《はせがわにょぜかん》「民族意識」、吉野作造「明治外交史の一節」というラインアップである。

『体系』の成功は、栄治郎と日本評論社との絆を強固なものにした。これ以降、昭和五（一九三〇）年の『トーマス・ヒル・グリーンの思想体系』をはじめとして、栄治郎の単著はすべて日本評論社から出版されることになる。

栄治郎は日本評論社の雑誌『経済往来』にも参画した。「人物評論」欄に、「ＸＹＺ」のペンネームで栄治郎、土方成美、本位田祥男の三人が交代で執筆を始めた。

自ら論争を買う

栄治郎がマルクス主義を正面から批判し始めたのも、『経済往来』誌上であった。昭和三年一月号に掲載の論文「一学徒の手記」により、英国留学の経験に即して自由な議論、論争の重要性を説いた。

「異なる立場にある他人の思想との対決である。之によって始めて吾々は独断の微睡より覚まされる。又他人との討論は、他人に理解せしめんが為に、自己のみが呑《の》み込んでいた思想を、明晰《めいせき》なる表現方法で発表することが必要になって来る。……討論の吾々を成長せしむる力は、偉大なものと云わねばならない」（『全集第十五巻』）

英国仕込みの「自由な討論」の効用を高らかにうたい上げている。しかし、近年の論争の中には勝敗に拘泥し、論争に対する観衆の評価ばかりを気にして、ついには「論争の堕落をもたらした」と問題点を突いた。さらに、悪貨が良貨を駆逐するように「低級なる論争のみが残って、愈々《いよいよ》学界の品位を低下せしめる」と嘆いている。

低劣な論争を仕掛けていたのは、「有為の学徒」であった大森義太郎らマルクス主義者たちである。栄治郎は名指しを避けてはいたが、大内兵衛ら「グルッペ」を批判していたことは明らかだった。

とくに大森は、昭和二年発行の『労農』の創刊に参画し、労農派マルキストとして論敵を容赦なく批判した。十二月号の『改造』に掲載した「まてりありすむす・みりたんす」で、反マルクス主義の土方成美教授を標的に「みすぼらしく」「その場かぎりの」「たは語」と罵《ば》詈《り》雑言《ぞうごん》をたたきつけた。

栄治郎は大森の言葉が必ずしも自分に向けられているとは考えなかった。しかし、彼らの「アンフェアな罵倒」に、栄治郎は自ら論争を買っていくのだ。

栄治郎のマルクス主義批判の開始は、日本評論社との関係を深めていった時期に重なる。マルクス主義の独善的で排他的な姿勢が、大学や論壇の研究・思想の自由が脅かされるとの危機感につながった。かくて自由主義は、「左の全体主義」との闘いを始める。

二つの事件

「言論の自由」への闘い

昭和二(一九二七)年二月、文部省の在外研究員に決まっていた東京帝大助教授、平野《ひらの》義《よし》太《た》郎《ろう》の留学に待ったがかかった。文部省が平野の著書『法律における階級闘争』の記述の一部に異議をとなえたのだ。

河合栄治郎は平野が学部の違う法学部であっても、「リベラリズムの為に起たねばならない」と日記に書いた。彼は「言論の自由」を守ることに対しては、驚くほど自己の思想や知的確信に忠実であった。

帝大弁論部の部長である栄治郎は、学内弁論大会に登壇し、「学園に於ける自由主義の使命を論ず」と平野論文への政府介入を批判した（「日記Ⅰ」『全集第二十二巻』）。講演では不十分と考えたか、雑誌『改造』の昭和三年六月号に、同じように自由主義の使命を論じた。マルクス主義との対決姿勢を強めてはいたが、大学は「自由な言論と思想の場であるべきだ」という彼の確信は揺るがない。

栄治郎は「共産主義の根底に横たわる唯物史観を採る限り、自由主義とは結局に於て相容れない」と考える。マルクス主義は「自由の敵」ではあるが、「之を為す所に自由主義の使命があり、ここに自由主義の負わされた課題がある」と譲らない。まもなく、平野の留学は、当初の予定通り決まって、栄治郎はひとまず安堵《あんど》した。

「七生社」の暴力叱る

翌三年一月には、東京帝大内で開催された弁論大会で左翼系「新人会」の学生が、右翼系「七生社」の学生から暴行を受けるという事件が起きた。

新人会は大正七年に東京帝大法科学生の有志を中心に結成され、人類解放という風呂敷を広げる綱領を掲げた。会員は百人を数え、中には武装共産党を指揮する空手三段の猛者、田《た》中清玄《なかきよはる》（奥山久太）、のちに作家になる武田麟太郎、評論家の亀井勝一郎らの名もあった（竹内洋『大学という病』）。

一方の七生社は、右翼の思想的支柱、上杉慎吉《うえすぎしんきち》教授を盟主とする国粋団体であった。

ことの発端は、七生社の学生が演説しているところに、新人会が組織的なヤジで妨害したことに始まる。これに憤慨した七生社の学生が、演壇から駆け下りて殴り倒した。混乱の中で、七生社の学生が煉瓦《れんが》で殴りかかって流血の事態になった。

そのさなかに、弁論部長の河合教授は勇躍、登壇して「諸君！」と呼びかけ、暴力行為に出た七生社を糾弾した（木村健康「河合栄治郎の生涯と思想」『河合栄治郎・伝記と追想』）。

講演を目撃した大河内一男《おおこうちかずお》によると、栄治郎が「理論に対しては理論をもって、思想に対しては思想をもって、討議し説得することが学徒のなすべきことであり、いやしくも暴力をもってことに臨もうとすることは学問の府に身をおくものの最も恥ずべき行為である」と七生社を激しく批判したという。

「河合先生はJ・S・ミルの自由論を引き合いに出しながら、思想と言論の自由を、そして対立する立場に対する寛容を説いて、三十番教室を感動の渦に巻き込みました。まことに河合教授万歳であり、『新人会』も『七生社』も寂として声なしでありました」とうたい上げている（大河内『暗い谷間の自伝』）。

騒ぎの後、栄治郎は弁論部長として七生社に陳謝を求めるが無視された。業を煮やした栄治郎は単身、七生社の寄宿寮に乗り込んで、ことの理非を説いた。彼の真剣さに敬服した学生はついに陳謝に同意した。

現代の「言論の自由」は当然の権利として以外は考えられない。だが、この時代の自由と自由主義は、左右両翼の全体主義から挟撃され、彼らとの闘いの末に獲得するものであった。

事件を引き金に学問の府に対する風当たりはますます強くなっていく。むしろこの潮に乗じて「マルクス主義者を抑えよ」との声が澎湃《ほうはい》と起こっていく。

三・一五事件から左傾処分

昭和三年三月には、日本共産党、労働農民党、日本労働組合評議会など計千六百人以上が、全国で一斉に検挙された。世に言う「三・一五事件」である。これに連動して文部省は、大学の「左傾教授」を処分する決定を下している。

京都帝大の河上肇教授、九州帝大では向坂逸郎、石浜知行《いしはまともゆき》、佐々弘雄《さっさひろお》の三教授、それに東京帝大の大森義太郎助教授らが該当者として名があがった。ほかにも、大内兵衛、平野義太郎、山田盛太郎らの名も入っていたとの説がある。佐々弘雄は初代内閣安全保障室長、佐々《さっさ》淳行《あつゆき》の父である（詳細は佐々淳行『私を通りすぎたスパイたち』）。

栄治郎は事件から三日目の三月十八日の日記に、「夕食のとき中西（寅雄）君が来て、九州（向坂逸郎）のこと、大森（義太郎）君のこと、助手のこと等を話したが、大森のことに付いては大いに立たねばならぬ気を起こした」と書いた。

帝大総長の小野塚喜平次もまた、言論について政府の束縛を受ける筋合いはないと明快だった。四月十二日の文部大臣との会談後の記者会見でも、マルキシズムの研究だけで左傾教授として処分することはないとの考えを明らかにしている。

栄治郎もまた、大学の自由を守るために大森を擁護する決意を固めていた。大森問題を扱う臨時評議会も、辞職勧告しないとの結論を出した。

大森は評議会の二日ほど前の十五日、栄治郎の自宅を訪ねている。栄治郎は彼が助手になれるよう推薦したからである。栄治郎は「決して自ら辞職等をすべきではない」と力説していた。だが、大森は十七日になって小野塚総長、河津暹学部長らに辞表を提出した。翌日、意表を突かれた栄治郎は、茫然《ぼうぜん》自失となって長い嘆息をついた（「身辺雑記」『全集第十五巻』）。

もとより大森は、学内少数派のマルクス主義者を栄治郎が体を張って擁護してくれるとは考えていなかった。栄治郎が学内で少数派を非難してきたことから大森擁護は疑わしいと考えた。むしろ彼は、学内の他のマルクス主義教授たちに累が及ぶことを懸念して、自発的に辞表を提出した。

一騎打ち

森戸との「大学顛落」論争

その論争は、マルクス主義と階級闘争史観に対する自由主義の闘いであった。

ことの発端は昭和四（一九二九）年六月に、大原社会問題研究所の森戸《もりと》辰男《たつお》が京都帝大で行った講演にある。森戸はマルクス主義の立場から、資本主義社会における大学の転落は歴史的必然であると説いた。

森戸は講演の余勢を駆って、雑誌『改造』同年八月号に「大学の顚落《てんらく》」と題して論文を発表した。河合栄治郎は森戸論文を読むなり、自由主義に対する挑戦であるとみて、受けて立つ覚悟を固めた。

森戸論文は、新しい思想であるマルクス主義のブルジョア社会科学に対する優越は絶対であり、ブルジョアのそれは「誤れる社会意識であり、文化阻止的」であると決めつけた。さらに、名指しを避けながら「自由主義教授の信頼するに足る人格と卓絶せる学説と不撓《ふとう》の闘争力を以てするも」、大学の転落は必然であると突き放した。

比喩が巧みな森戸は、歴史的宿命の前には自由主義的な闘いは「いわば竜車に向う蟷螂《とうろう》である」と、その無力さを当てこすった。カマキリが自らの微力を省みず、強敵に歯向かう様に似せている。

栄治郎が大学の危機に際し、必死で守ろうとしていた自由と自由主義に対する揶揄《やゆ》である。栄治郎はこれまで、思想の自由を擁護しつつも、マルクス主義者の「闘争的」「軽率なる言動」を戒めてきた。

しかし、彼は旧友、森戸が歴史的必然論で自由主義を一笑に付す乱暴な議論に、もはやマルクス主義批判への自制が無駄であると悟った。

彼らが大学を「イデオロギー闘争の場」と考えるなら、断固としてこれを阻止しなければならない。栄治郎は直ちに『帝国大学新聞』で、徹底批判に打って出た。

マルキシズム対反マルキシズムという両陣営の「侍大将同士の一騎打ち」であり、丁々発止で切り結んでいく。しかも、お互いに「武士らしいたしなみを忘れない」というふうだった。論争は翌年三月までの一年に及び、学内はもとより論壇インテリの血を沸かせたのである（江上照彦『河合栄治郎伝』全集別巻）。

「伏線」があった

彼らが思想史に残る大論争を展開するには、その伏線があった。労農派マルキスト、大森義太郎が雑誌で吠《ほ》えた論敵への罵詈《ばり》雑言《ぞうごん》と、これに対する大学当局の反発、そして大森助教授の辞任へとつながる一件に絡んでいた。

大森は東京帝大を辞職するとすぐ、雑誌『改造』に森戸論文と似て非なる「大学の没落」を書き、大学が自己の発意という形をとって文部省指名の教授を処分したと攻撃した。大学とは所詮《しょせん》、有産者階級のためのシステムであり、「理論的研究は大学ではなく、労働者階級の間でのみ行われる」として「没落」を主張した。

大森のいう理論研究が「労働者階級の間でのみ」であるとは、どうみても身勝手な論理である。のちに栄治郎が指摘するように、モスクワが指導するコミンテルン（第三インターナショナル）からの指令で、天皇廃止を掲げて労働者の反感を買ったのは皮肉なことであった。

大森が辞職した直後、栄治郎は昭和三年四月二十三日付の『帝国大学新聞』に、「今は起って反動と戦ふの時」という論文を書いた。さらに、『改造』六月号にも「大学に於ける自由主義の使命」を発表し、思想の自由を擁護しつつも、マルクス主義者の「闘争的」「軽率なる言動」を批判していたのだ。

反抗の修羅場

したがって森戸の論文「大学の顛落」は、その栄治郎が展開してきた自由主義に突きつけた刃であった。受けて立つ栄治郎の筆先は、徐々に鋭さを増していく。彼は『改造』十月号に「嫌悪すべき学界の一傾向」を書き、マルクス主義への敵対的な姿勢を強く押し出した。

栄治郎はこの論文で、マルクス主義者の同僚に対する悪宣伝や揚げ足取りは、「第三インターナショナルの戦術が、臆面もなく神聖なる学園に跳梁《ちょうりょう》しつつある」と断罪した。もしもマルクス主義者が思想の自由がないと嘆くのならば、なぜ、立って「学園の自由を高調しないのか」と弱点を突いた。

「吾々の大学に関するかぎり、研究の自由と発表の自由とは充分に確保されている。今日失われているのは、学徒としての自由ではない。学徒にあるまじき行動の自由である」

河合門下の一人、安井琢磨《やすいたくま》によれば、森戸の「大学の顛落」と栄治郎の「嫌悪すべき学界の一傾向」は、大学論争の〝前奏曲〟にすぎないと、長い論争の幕開けをみていた。

マルクス主義は経済を下部構造とするが、自由主義は人格主義に立った人間観を下部構造としていると考える。栄治郎はマルクス主義が思想の自由はもとより人格に関わる人間の本質的な自由を認めない以上、決して認めることはできなかった。

上智大学名誉教授の渡部昇一は、栄治郎について「右翼的な情念の言葉によらず、西欧的な知性の言葉で論陣を張りうる数少ない知識人の一人であった」と、その思想と行動を評価する（渡部「河合栄治郎の意味」『文化会議』第127号）。

さて、森戸は栄治郎の論文「一傾向」に対して、『帝国大学新聞』十月十四日付に「大学の運命と使命」として、「私はマルクス主義者であり、マルクスの公式を正しとする」と宣言して大学顛落論を繰り返した。

森戸論文に対する栄治郎の反論は、『帝国大学新聞』に、あえて森戸と同じ標題で「大学の運命と使命――森戸辰男氏に答う」とした。両者の論争はおおむね自説の開陳に終始してとどまることをしらない。栄治郎が昭和五年三月十七日付に書いた論文をもって、長い森戸＝河合論争に終止符が打たれた。

栄治郎は、マルクス主義が学問を階級闘争の道具と見なすようになり、大学を「憎悪と反抗の修羅場」に変えてしまったと、その罪深さを批判している（『中央公論』昭和五年十一月号）。

論争後

「リベラリスト・ミリタント」

日本の思想界は、マルキシズムの嵐が吹き荒れていた。大正デモクラシーの高揚の中から、自由主義がその正統派を歩むはずが、ロシア革命の衝撃から共産主義に差し替わっていた。

マルキシズムが戦闘的である分だけ、河合栄治郎は思想闘争に闘志を燃やした。河合門下の猪木《いのき》正道《まさみち》（のちの京大教授）は、栄治郎のそれを「リベラリスト・ミリタント」（戦闘的自由主義）と形容した。

栄治郎がその闘志を燃やしたのが、昭和五年三月まで一年余り続いた森戸辰男との「大学の自由」をめぐる論争だった。

それは、どういう結末だったのであろう。

少なくとも森戸＝河合論争の間は、森戸のいう「大学の顚落《てんらく》」を防ぐことはかろうじてできた。門下の木村健康《きむらたけやす》は「生涯と思想」（『伝記と追想』）に、徐々に大学に対する圧力が強まる様子をこう描く。

「このときの論争で何れが正しかったかを判定することは容易でないが、数年ののち右翼勢力の大学に対する攻撃が激しさを加え、河合教授独り大学の自由を守って悪戦苦闘する」

その後の大学は、昭和八年の滝川事件はじめ、昭和十年の天皇機関説事件、そして昭和十三年の労農派教授グループ検挙など、共産党とその同調者に対する弾圧が厳しくなっていく。

共産党もソ連主導のコミンテルンの指令と資金援助によって、党内に軍事委員会をもち、レーニンのような武装蜂起を企てたのもこのころであった。時代は「革命は銃口から生まれる」(毛沢東)ように、暴力革命の危険性がじわじわと広がっていた。日本国内でも、国家権力と共産党の死闘が始まっていた。

やがては、当の栄治郎までが大学を追われることになり、「大学の顚落」論争は森戸の立論に軍配が上がったようにみえる。森戸自身も栄治郎が帝大を追われたことをもって、自らの勝利であると結論づけている(森戸『遍歴八十年』)。

しかし、戦後史を知る読者には、違ってみえるはずである。この論争に対する評価は、河合門下の安井琢磨が『全集第十五巻』に書いた解説が、妥当な見解であるように思える。

森戸の「転向」表明

安井はあの論争から四十年を経過してなお、栄治郎が存命であるなら、多少の修正はあったとしても本質的には変わらぬ態度を堅持したであろうと考える。逆に森戸の論理は、「大学の顚落」に名を借りたマルクス主義の擁護であるだけに、たちまち論理矛盾を引き起こしてしまう、と安井は考えた。

「資本主義が没落しなければ大学の真の復興はありえず、マルクス主義の優越は『絶対的』

であるという森戸氏の主張は、おそらく本質的に修正されざるをえないであろう、ということである」

その森戸は戦後、立ち位置を大きく変えている。マルクス主義が否定した議会制民主主義の手続きにしたがって、衆院選に出馬しているのである。しかも、当選三回を重ねて、片山内閣と芦田内閣の文部大臣にまで上り詰めた。文部省の中央教育審議会長としても、「国家主義的」と批判された『期待される人間像』（昭和四十一年）を答申し、その矛盾を指摘された。

当の森戸自身が、下って昭和四十三年一月に「大学の運命と使命について」として、栄治郎との論争を振り返って心境の変化を吐露している。

「その後四十年、私は多年の研究と経験ののちに、当時の社会主義観を改め、マルクスの階級的・革命的社会主義が、ソ連や中共のような遅れた社会に妥当する、いわば『遅れた社会主義』であるのに対して、民主化された先進国に妥当する『現代的な社会主義』は、国民的立場に立つ民主社会主義である、と考えるようになった」（「月報5」『全集』）

森戸のいわば河合路線への転向表明である。

『社会政策原理』の衝撃

さて、栄治郎は英国留学中に育んでいた自由主義に関する成果として、昭和五年に『トーマス・ヒル・グリーンの思想体系』二巻を出版した。

労働問題をその先進国である英国に思想モデルを求め、アダム・スミス、ジェレミー・ベンサム、J・S・ミルを経由しながら、グリーン研究にたどり着いて、一つの区切りをつけるのに十年の歳月をかけていた。

栄治郎はグリーンの新自由主義こそ、マルクス主義に代わる思想体系であると意識していた。自由とは、社会のすべての人々の人格成長に欠かせず、グリーンの社会改良主義に至る。さらに、この理想主義的な社会主義としての英国労働党のイデオロギーに進展すると栄治郎は考えた。

その翌年に上梓《じょうし》した『社会政策原理』は、栄治郎が教授として担当した講座と同名であった。社会問題に取り組む研究者ほどラジカルになるテーマを、自由主義の立場から分析した画期的な書物であった。

こちらは、栄治郎によるマルクス主義批判の啓蒙《けいもう》書であり、慶應義塾大学教授、小泉信三の『共産主義批判の常識』とならぶ自由主義者からの批判であった。これらの著書を読んで、考え方を変えるマルクス・ボーイズの中に、村田為五郎《むらたためごろう》(のちの時事通信主筆)や内海洋一《うつみよういち》(のちの大阪大学教授)がいた。

東京帝大で河合ゼミの洗礼を受けた関嘉彦《せきよしひこ》も、郷里・福岡の高等学校で、この『社会政策原理』に出合っている。マルクス主義に傾斜する関を案じた親友が、「この本を読め」と差し出したのが同書である。

関は「僕がマルクス主義に傾いていたのに対して中和剤というか、そういう意味でその本をくれたんだと思う」（都立大学関ゼミ同窓会『七十七年を振り返って』）と親友への感謝の気持ちを綴っている。

関嘉彦は河合栄治郎亡き後の正統な後継者として、戦後に台頭する容共的な進歩的文化人と対決する理論的な分野の中心人物となる。

講演依頼

マルキシズムとは何か

河合栄治郎は伯爵、陸奥廣吉が主宰する経済人の集まり「雨潤会」の求めに応じ、「マルキシズムとは何か」を三回にわたって講演した。

彼はマルクス主義の欠陥を指摘し、それに代わる自由主義思想の重要性を指摘した。この講演録をベースに昭和七年十二月、『マルキシズムとは何か』がタイムズ社から出版された。

昭和六年当時の政府や経済界は、大学生の間で浸透するマルクス主義に頭を悩ませていた。栄治郎はそのマルクス主義理論を読み込んだうえで社会思想を縦横に語り、理論的に批判できる数少ない学者であった。

彼の著書は、世間の高い評価を受け、講演依頼が多くなっていく。海軍大学の教頭がこの本を読んで激賞し、栄治郎に講演を依頼したことがきっかけになった。この海軍大学をはじめ、陸軍、司法省、検察庁に出向いて講演をした。彼らが、いかにマルクス主義の浸透を警戒し、侮りがたい思想であると考えていたかが分かる。

聴講者の中には思想係の検察官らがいた。彼らは大学、メディアで影響力をもつ左翼言論人の取り締まりを職務としており、栄治郎のマルクス主義批判を聞いて理論武装をしていた。ところが三年後には、その検事たちが自由主義者の河合教授を起訴することになるとは、皮肉なめぐりあわせであった。

この間に、政友会の田中義一内閣は、日本共産党員らを一斉検挙した「三・一五事件」を含む思想の取り締まり政策を推進した。しかし、田中内閣を継いだ首相、浜口雄幸は栄治郎の恩師、小野塚喜平次の帝大時代の学友であり、小野塚の東京帝大総長就任でも浜口の後押しがあったといわれている。

その浜口内閣の文部省が、マルクス主義の台頭に対して「学生思想問題調査委員会」を設置し、栄治郎にも委員への就任を委嘱した。この昭和六年九月に、あの満州事変が起きている。だが、共産党に対する弾圧があっても、日本国内のマルクス主義勢力の動向はなお、侮りがたいものがあった。

思想善導役人

大学キャンパスはすでに、左傾文化に席巻されていた。思慮深い学生が、共産主義に疑問を抱いても、時流に抗するには相応の勇気がいる。左傾ムードの中では、多くの学生らは

「時代遅れ」「勉強不足」という嘲笑を恐れて、口をつぐんでしまった。

昭和初年に高校生だった作家の杉森久英《すぎもりひさひで》によると、「資本主義の没落」を否定でもすれば仲間から罵倒のターゲットになったという。実際には、マルクス本を読んだ者はほとんどなく、大半は「そこいらにごろごろしている入門書を何冊か読んだにすぎないといったところだった」（杉森『昭和史見たまま』）と告白している。

栄治郎が学生思想問題調査委員としてマルクス主義批判の講演を開始すると、左派から「反動の正体みたり」との攻撃が激しさを増した。それまで、共産党系の講座派と非共産党系の労農派が、互いに非難の応酬をしていたが、自由主義者への非難で両者はみごとに合流した。

『経済往来』『改造』などの雑誌ジャーナリズムを通じて、「文部省の思想善導役人」「無知と無学」「ダボはぜ」と罵詈雑言《ばりぞうごん》が続く。東京帝大のトイレに「善導役人」と落書きが散見されたのもこのころである。

とくに、東京帝大を去った大森義太郎は、昭和七年の『改造』九月号に、かつての恩師、栄治郎に対して「支離滅裂」「愚鈍」「馬鹿さ加減」と罵声を浴びせた。もっとも、容共の帝大教授、矢内原忠雄にまで、キリスト教を守るため「サタンの誘惑を却《しりぞ》けるための思想善導」であり、支配階級の擁護と同じだと批判した（大森「思想善導の哲学」『まてりありすむす・みりたんす』）。

無視と悪口と罵倒と

キャンパスあげて左翼的な空気の中で、学生思想問題調査委員になれば非難の的になるのは当然であった。栄治郎の講義は、人気が急落したうえに「御用学者」との非難が繰り返される。

しかし、栄治郎は自らの自由主義に対する確信に満ちており、文部省が「私を誘うならば、これ文部省の私への妥協である」と、少しも揺らぐことがなかった（「大学の運命と使命」『全集第十五巻』）。

栄治郎は同じく調査委員に就任していた親友の蝋山政道《ろうやままさみち》とともに、委員会の中では少数派であった。多数派はマルクス主義の横行をもっぱら「国体思想の涵養《かんよう》の不十分」に求めた。しかし、栄治郎らはマルクス主義の文献を禁書にせず、むしろ学生に研究の機会を与えるべきであると断固、自由主義の原則を説いた。

彼は同時に、社会問題が解決されることこそがマルクス主義の存在理由をなくすことであると主張している。栄治郎らは学内外で「思想善導教授」「権力主義者」とのレッテルを貼られながら、調査委員会では主流派の紀平正美《きひらただよし》や安岡正篤《やすおかまさひろ》らと真っ向から対立した。

栄治郎は彼ら多数派の主導で調査委員会報告書が出ることが我慢ならず、蝋山と連名で自らの考え方を公にした。それが共著の『学生思想問題』である。すでにこのころから、栄治郎らは文教当局の大勢とは、見解を異にしていたのである。

栄治郎はこのころ、日本の言論界を覆っていた空気を昭和十一年十一月号の雑誌『理想』

に次のように書いた。

「此の期間の後半に、日本の思想界はマルキシズムに支配されていた。それは一つの潮流であった。あらゆるものを捲き込むような誘惑であった。私は此の潮流から超然として屹々《きつきつ》として、以上の仕事を続けていた、否、此の流れに抗して来た。私は無視と悪口と罵倒の中に数年を暮らした」（「著者自らを語る」『全集第十七巻』）

昭和六年初秋、このころまで社会の背後でひそかに動いていた軍人たちが、大陸でついに歴史の表舞台に登場してきた。満州事変の勃発である。

◆第六章◆
ファシズムに命がけの応戦

昭和6年に初来日したシュンペーター博士（右から3人目）と河合栄治郎（同4人目）ら帝大教授

講演旅行

満州事変のリアリズム

河合栄治郎は昭和三（一九二八）年八月末から一カ月あまり、南満州鉄道（略称、満鉄）の招きで満州、朝鮮への講演旅行を敢行した。脇目もふらずに仕事をこなしてきた栄治郎にとっては格好の休養になった。

それでも、栄治郎は「一度あの平原に足を停めたものは、あの大陸の一角の運命に就いて、いくたびか色々の思いで悩まされずにはいられないと思う」と考えた。

彼は毎夏に訪れる軽井沢生活を綴ったエッセー「高原の生活」（『経済往来』昭和四年十月号）の中で、ふと、昭和三年の夏に「いつもと違う生活をした」と、軽井沢を発《た》って満州への旅立ちを回顧している。

彼は大連、旅順、奉天、撫順、長春をめぐって、わずかな間をハルビンに滞在し、安東から朝鮮を経て九月末に帰国した。そして栄治郎は、「あの満州の平原を越えてきた不快さは何だろうか」と考えるのだ。

何度かの欧州旅行で、ライン川を渡ったときの感慨に似たものを感じる。彼はフランスとドイツがこの川を挟んで百年以上も一進一退を繰り返してきた呪われた運命を、満州の平原とダブらせていた。

「自分は満蒙を考えるときに、恰《あたか》もそれが日支両国のライン州だという感じがする」

欧州事情に通じた栄治郎らしい観察である。それにしても、満州事変が起きる二年前のこの時期に、妙な胸騒ぎのする文章を書いていたものである。

当時の満州は、田中政友会内閣の対外強硬策の下で、栄治郎が視察したその昭和三年五月には、日中両軍が山東省で衝突した「済南事件」が起きていた。次いで六月には奉天軍閥、張作霖が北京から奉天への帰途に、関東軍の謀略によるとみられる張作霖爆殺事件が発生していた。

日支両国のライン州

エッセー「高原の生活」は、爆殺事件に続く事変を予感させるかのようでもある。満蒙の問題点を指摘しながら、彼は多くの疑問を投げかけている。栄治郎の満州関与への評価は、批判と是認が入り交じる。

「日本はあらゆることを賭しても満蒙に執着しなければならないほど、日本の産業の為に満蒙は必要なのか。あらゆることを犠牲にするに値するほど、満蒙に対する日本人の感情は、抜き差しのならないものなのか。之を日本人はしっかりと考えて置かねばならない」(「高原の生活」『全集第十五巻』)

実際に満州事変が勃発するのは昭和六年九月のことである。奉天近郊の柳条湖で満鉄路線が爆破されると、関東軍は奉天、吉林を占領した。

聖学院大学准教授の松井《まつい》慎一郎《しんいちろう》は、このエッセーをもって栄治郎が満州事変を否定的にとらえていたと考える。これに対して近代史家の大杉一雄《おおすぎかずお》は、日中全面戦争勃発後に栄治郎が『中央公論』昭和十二年十一月号に書いた「日支問題論」を根拠に、満州事変肯定論を指摘している。

この「日支問題論」は、栄治郎が日中戦争の正当性を承認した問題作であった。栄治郎はこの論稿で彼の対中戦争への認識を次のように書いた。

「満州事変を如何に批判するかは、支那事変を批判するに際しての決定的の関鍵である。私は満州事変を以て止むをえざる事件として、それに承認を与えるものである、之が私の事変に対する態度の前提とならねばならない」(「日支問題論」『全集第十九巻』)

したがって松井は、栄治郎が「日中戦争勃発後はともかくとして、満州事変の勃発時に中国侵略に疑念を抱いていたことは間違いない」と解釈している(松井『戦闘的自由主義者河合栄治郎』)。

対外政策では国論統一

明治人の栄治郎は熱烈な愛国論者であり、帝国主義戦争は否定しても戦争否定論者ではなかった。彼がこのエッセー「高原の生活」で語っているのは、戦争の正邪ではなく、むしろ、満州進出が国益につながるか否かを吟味するいわば戦略論を語っていたのではあるまいか。

もう一度、栄治郎をもっともよく知る門下の木村健康《きむらたけやす》の「河合栄治郎の生涯と思想」（『河合栄治郎・伝記と追想』）のページを開いてみる。すると、対外政策における栄治郎の意外なリアリズムに突き当たる。木村は事変勃発の瞬間に、栄治郎に少年の日の情熱がよみがえったかに思われたが、しかしそれはつかの間で、すぐに理性が回復したと指摘する。そして、栄治郎は文部省主催の講演会で満州事変への見解を明らかにしている。

「日本が満州を必要とするのは日本が他の国と戦争状態に入ったときであるが、しかも日本が満州を占拠することそれ自身が日本をして他国との戦争に立ち入らしめる原因である、それ故に日本の満州占拠が起こらなければ、戦争の起こる可能性もなく、従って、満州占領の必要もないのである」

栄治郎は日本社会の右傾化に拍車がかかることを予想し、やがて第一次大戦を上回る大規模戦争に突入することを憂慮せざるをえなくなった。彼は「この戦争を回避するために自由主義者は必死の努力をなすべきであると考えた」のである。

しかし、後年の「迫りつつある戦争」（『日本評論』昭和十二年七月号）や「日支問題論」では、第一次大戦末期に米国で聞いたW・ウィルソン米大統領演説のように、戦争遂行のための国民統合と、そのための理念の重要性を説いた。

彼がとくに「日支問題論」で持ち出した大義名分は、日本の自由独立と国家としての品位の尊重である、という駒澤大学の清滝仁志《きよたきひとし》の指摘はその通りであろう（清滝「思想史研究者としての河合栄治郎」『駒澤法学』第8巻第1号）。

栄治郎は思想にあっては理想主義を追求していたが、対外政策では国論の統一を求め、国益のリアリズムに徹していたというべきだろう。彼の好きな言葉であるパスツールの「学問に国境なく、学者に祖国あり」が、栄治郎の本質を象徴しているように思えてならない。

ドイツ再留学
「前門の虎」を退治する

河合栄治郎は、マルキシズムという「前門の虎」と対峙《たいじ》していたが、ファシズムという「後門の狼《おおかみ》」が近づく足音に無頓着だった。ファシズムの台頭があっても、思想的な根拠も価値も薄弱であるとし、彼の鋭利な論法をもってすれば簡単に撃破できるとの考えであった。

だがファシズムは、マルキシズムのような強固な思想体系がなくとも、圧倒的な破壊力をもっていた。親友の政治学者、蝋山政道《ろうやままさみち》は、思想に特化しがちな栄治郎の時代認識に不安を覚えていた。栄治郎が強敵マルクスを研究するためドイツに再留学する直前、二人は東京・

日比谷の松本楼で会食をした。

彼は栄治郎と日比谷公園内を歩きながら、日本ファシズムの行く末について自らの考えを話した。蝋山はこれまでの十年、満州問題の調査にあたってきて、栄治郎の満州観とはかなり開きがあった。上州の田舎育ちの蝋山は、江戸っ子の栄治郎に日本の農村状況や農民の心理から説き、満州事変を契機とする軍部台頭の容易ならざるを語った。

「このファシズムの傾向は二十年続きますよ。日本国内にはこれを打倒する力は存在しない。それは行くところまで行かないと止まりません」

栄治郎が軍を軽視しているところから、蝋山は考えている以上にファシズムの危険性を強調した。さすがの栄治郎も、「そうですか、そんなだったら大いに闘いますよ」との答えを返した。蝋山は「河合さんの何かしら沈痛味を帯びた言葉が、今日でも私の耳朶《じだ》に残っているような気がする」と書き残した（蝋山「人間として同僚としての河合さん」『伝記と追想』）。

それは栄治郎がドイツから帰朝後に、軍部を相手の「自由主義擁護」の闘いによって現実となる。栄治郎のそれは、軍部や右翼の牙城に迫る正攻法であり、蝋山の「はなはだ危険」という忠言も耳に入らないほど戦闘的になった。

しかし、出発前のこのときはまだ、さほど深刻にとらえてはいない。まずはドイツに再留学し、「前門の虎」であるマルキシズムを退治するための研究に没頭する。マルクス主義を学問的に克服しなければならないとの気持ちが強かったのだ。

マルキシズム拡大の条件

栄治郎は昭和七（一九三二）年春、「靖国丸」で神戸を出港した。ドイツに到着してまもない五月十七日、新聞で犬養毅首相が暗殺されたことを知る。あのとき、蝋山が警戒感を示したファシズムの暴力が、「五・一五事件」として、祖国日本で起きていたのだ。

栄治郎は手にした現地紙がいう「どんな執念深い敵でも、この恐るべき行為をあえてした徒党以上に、日本の名誉と栄光を傷つけることはできなかっただろう」との論評に、同意せざるをえなかった。

彼がドイツで遭遇したのは、まさしく「前門の虎」ソ連の幻想であり、やがてくる「後門の狼」ナチスの台頭だった。このときの栄治郎の脳裏には、左右の全体主義国家の欺瞞《ぎまん》と嫌悪が刻み込まれていくのである。

そんな政治の現実を前に、栄治郎は『マルクス・エンゲルス全集』の第一巻から丹念に読み始めた。研究に没頭しながら、マルキシズムは著者たちが思想を体系化した一八四〇年代のドイツを背景としてこそ、合理的根拠をもちうると考えた。

ドイツと共通性をもつ国にのみ伝播《でんぱ》力をもち、その先を行く英米には定着しなかった。このころ、「ドイツと共通性をもつ国」とは、欧州の東に広がる荒涼たるロシア帝国であり、後継国家のソ連であった。

ベルリンで彼がマルクス研究の個人教授を依頼したのは、ドイツ共産党のかつての理論的指導者、カール・コルシュであった。ソ連が主導権を握るコミンテルンを批判して、共産党を除名された人物である。
レーニンやロシア共産党に懐疑的だったコルシュを通じて、マルクス主義と実際のロシア革命との落差に目を開かれていく。もとより、栄治郎のマルクス主義に対する懐疑は微動だにしない。だが、これまで気づかなかった疑問がさらに明らかになってきたのである。

大衆の尻馬に乗る革命

まもなく栄治郎は、アルトゥーア・ローゼンベルクの書いた『ボルシェヴィズムの歴史』を読んだ。それは、ちょうど米国でダイシーの著作に出会ったときのような衝撃であった。感受性の強い栄治郎は、この本の読後感として「実に感激し興奮して涙が流れた」と書いている。

「レーニンとトロツキーは、一二時には無秩序な大暴動が起こることを察知したからこそ、一二時五分前にボルシェヴィキの蜂起を宣言して、一二時の巨大なできごとが彼らの指令によって生起したかのような、印象を呼び起こしたのである」

著者のローゼンベルクは、ロシア革命の引き金が革命理論などにあるのではなく、ロシア大衆の無秩序な暴動にあることを指摘した。栄治郎はこの書物によって、日本のマルクス主義者たちが描くロシア革命やソ連国家への憧れが幻想であったことを確信する。

しかも、レーニンとスターリンの共産党を批判したのが、かつてドイツ共産党で指導的な役割をはたしてきたローゼンベルクその人であるだけに一層、栄治郎をこの本の虜《とりこ》にしたのだ。

栄治郎は七月末に、先輩の鶴見祐輔《つるみゆうすけ》がドイツ入りしていると聞いて、矢も盾もたまらず滞在先のホテルに押し掛けた。鶴見に会うと、これまで勉強してきた知識の多くが栄治郎の口からほとばしり出た。マルクス主義の克服はゆるぎないものになり、信頼する鶴見にぶつけたかったのかもしれない。

「社会問題に関する学問を教えると言い張って、毎日出教授に押しかけてきて、とうとうあの『社会政策原理』に出ている知識を、すっかりわたくしに講演してくれた」

鶴見は気力体力旺盛な後輩の積極性に辟易《へきえき》しながら、それを楽しんでいるようでもあった。鶴見は大学一年間の講義を、わずか一週間で教えてくれたと苦笑しながら喜んでいる（鶴見「交友三十三年」『伝記と追想』）。

ソ連とドイツ

「後門の狼」がやってきた

昭和七（一九三二）年十二月、河合栄治郎にマルクス主義者の憧れの地、ソ連を訪問する機会がめぐってきた。ベルリンで組織された「ソビエト・ロシア観光団」に参加したのである。この時代、実際に革命後のソ連に入ったことのある人は限られていた。十日間のモスクワ、レニングラード（現サンクトペテルブルク）への旅である。

そこで栄治郎が目撃したのは、いまでいえば金正恩《キムジョンウン》体制の北朝鮮のような外国人向けに見せる劇場型の模範施設ばかりであった。彼は「特別警察の監視の目が鋭くて、とても自分で露西亜《ロシア》人の生活の中に混じって何か独自の観察をする訳にいかない」と述懐している。

だが、日本で農商務省の工場監督官を経験した栄治郎には、ソ連の模範工場といえども「格別珍しいものではない」と映った。工場の設備、労働者の食堂も娯楽施設も、日本と比べて格段に落ちるものであった。

共産主義を賛美する現地通訳の説明は、欧州主要国との比較なのではなく、もっぱら帝政ロシアとの比較であった。栄治郎は「社会主義とは関係のない仕事も、社会主義からの賜物《たまもの》と感謝されている」とみた。

ロシア人が誇る生活の向上とは、帝政ロシアの崩壊によってもたらされた恵みであり、ソ連の体制がよいというわけではないと観察した（「露西亜の旅」『全集第六巻』）。

栄治郎はアルトゥーア・ローゼンベルクの書いた『ボルシェヴィズムの歴史』が、現実のソ連事情を的確に言い当てていることを確信した。戦後日本の左翼、進歩的文化人がソ連を訪問し、共産主義体制を賛美していたことを考えると、栄治郎の着眼点の鋭さと冷静さが分かる。

彼らはソ連をユートピアとあがめ、絶対正義の無謬《むびゅう》性を信じて疑わない。たとえば、柳田《やなぎだ》謙十郎《けんじゅうろう》は雑誌『改造』の一九五二年四月号に「西欧文化に対決するソ同盟」を寄稿し、「世界史はじまって以来はじめて無階級社会というものを作りあげようとしているのがソ同盟を中心とする社会主義経済であり」と持ち上げる。だが、「無階級性を実現しているか否かについては、資本主義国家側からあらゆるデマがとばされており」という具合で、事実に対して聞く耳を持たない。

この一文を引用した稲垣武によると、柳田はその後、念願のソ連招待旅行を果たし、「金ピカ仕立てのオペラを見て、随喜の涙を流しただけのていたらくだった」という。戦時中の柳田は日本神国思想を鼓吹し、戦後は信仰の対象を天皇からスターリンに乗り換えている（稲垣『悪魔祓いの戦後史』）。

ワイマール体制の崩壊

栄治郎がソ連からドイツに戻ると、ベルリンには暗雲が低く垂れこめていた。ヒトラー率いる国家社会主義ドイツ労働者党（ナチ党）が、力をもちつつあった。このころのドイツ政治は、ヒンデンブルク大統領が「ワイマール憲法第四十八条」の規定を乱用していた。この条項は、直接選挙の大統領に対し、議会の承認なしで緊急命令を出せる特別権限を与えていた。首相は大統領が指名し、議会は首相を不信任することができた。

内閣が議会の多数を獲得する見込みのないとき、首相はもっぱら大統領の緊急命令権に頼った。緊急事態でもないのにこの規定を乱用すれば、ワイマール憲法体制の信用そのものが急落することになる（「独逸国民主義の解剖」『全集第十三巻』）。

ドイツ景気が次第に恐慌の様相を呈し、中産階級や農民をナチスに走らせた。社会不安もまた、資本家や大地主階級をナチス支持に向かわせていく。他方で、社会民主党（SPD）を支持してきた労働者階級は、陸続として共産党（KPD）にくら替えする。ワイマール共和体制の崩壊である。

封建主義の残存するドイツには、共産主義が浸透する基盤は確かにあった。しかし、それがロシアのような革命が起きず、社会民主主義と並立して抗争を繰り返しているうちに、ヒトラーの国家社会主義に漁夫の利を奪われていった。

ナチズムとは「ナチオナルゾチアリスムス」、つまり国民的社会主義の略語であり、国民主義と社会主義を結びつけたところに特徴がある。ヒトラーの「国民主義」は、下からの民衆の叫び声を国民全体の声としてくみ上げ、社会改革志向の「社会主義」で巧みに化粧を施した。

留学前に赤松克麿《あかまつかつまろ》らの国家社会主義を批判していた栄治郎は、ヒトラーの危険性をいち早く見抜いていた。赤松は東京帝大で吉野作造《よしのさくぞう》の影響を受け、卒業後は東洋経済新報記者を経て、日本共産党の創設に参加するが、転向して国家社会主義を提唱した。

国家社会主義の台頭

栄治郎はヒトラーの演説を聞き、ナチス興隆の原因を研究し、活動の実情を目の当たりにした。彼はヒトラーの社会主義が民衆のためではなく、ドイツという国家を強大にするためのものであり、その社会改良主義もまた「国民主義の許しうる限度内に於いて行はれるのである」と、鋭く見抜いた。そして、戦争勃発の脅威をひしひしと感じていた。「独逸政局の中心が、左翼より右翼へと移行したことを知る。ここに右翼化とは平和主義より闘争主義へ、自由主義より独裁主義へ、社会改革主義より現社会組織維持主義への傾向を指示するのである」(『ヒットラーの国民社会主義運動』『全集第六巻』)

昭和八年一月、ついにヒトラー内閣が合法的に出現した。栄治郎がドイツを発《た》って四日後のことである。ヒトラーは大統領を動かして全権委任法を制定し、ワイマール憲法を停止状態に追い込んだ。

栄治郎の二度目のドイツ留学は、マルキシズムに劣らぬほどファシズムに対する警戒心を呼び起こした。河合門下の猪木《いのき》正道《まさみち》は、彼がこの留学によってナチス・ドイツの「ダイナミックな破壊力を目の辺りに見て、ようやくファシズムの危険性に目覚めた」とみている。

日独でファシズムの台頭

一年ぶりの祖国

河合栄治郎の乗った船が神戸に入港したのは昭和八年三月二十四日であった。一年ぶりの祖国の土である。ドイツ留学とほぼ並行して起きた事変や事件の数々を考えると、時代が猛烈な勢いで転回していることを思わないではいられなかった。

留学したドイツのナチス運動と、日本の軍部台頭が、同時進行で動いているように見えた。彼はその二つを思い合わせ、祖国の前途に横たわる運命を予期して慄然《りつぜん》とした。

栄治郎が日本を発《た》つ前年の昭和六年九月に満州事変が勃発した。関東軍参謀の板垣征四郎、石原莞爾らの謀略計画といわれていた。奉天近郊の柳条湖で満鉄線路を爆破して中国人の仕業と偽り、関東軍が攻撃を開始したとされている。

栄治郎がベルリンに到着して間もない昭和七年五月十七日、今度は海軍の青年将校らが犬養毅首相を暗殺した「五・一五事件」が発生したことを現地紙で知った。

この事件を引き金に、日本の政党内閣制に終止符が打たれるとは彼は考えなかった。事件後の齊藤実内閣から挙国一致内閣になり、思えばこれが日本ファシズム台頭の契機となった。

そして、留学が終わる昭和八年には、リットン調査団による「日本の軍事行動による満州国の成立は承認できない」とする報告書が、国際連盟総会で審議された。栄治郎はベルリンからの帰途に立ち寄ったロンドンで、国際連盟の手続きが日本非難の勧告案になりつつあることを知ったのだ。

懐かしいオックスフォードを再訪してすぐ、買い求めた新聞を開いて衝撃を受けた。栄治郎はそのときの驚きを「満州問題で到頭《とうとう》日本と聯盟とが決裂したようだ。何となく此の問題が外国にいながら頭上に掩《おお》いかぶさって困る」と、二月六日の日記に書いた（「日記Ⅱ」『全集第二十三巻』）。

栄治郎は予定通り二月十九日には、ナポリを出帆しなければならなかった。その国際連盟総会が、リットン調査団報告書を四十二対一で採択したときには、すでに洋上にあった。日本がこれを不服として国際連盟を脱退するのは、帰国三日後の三月二十七日である。外相の松岡洋右が議場から退場し、以来、日本は孤立の道を歩むことになる。

彼が洋上で考えたのは、思想家として日本を戦争からいかに救い出すかであった。これまでの栄治郎は、マルクス主義を第一の敵と考え、ファシズムを第二の敵とみていた。しかし、議会主義が脅かされていくドイツの政局は、栄治郎の目には日本の政情とダブって見えた。栄治郎はドイツ留学を機にして、「ファシズムとの死闘」へ向けた新たな決意を心に刻んでいる。果たして、彼が踏んだ祖国の思想状況は、軍部が急速に台頭して険悪な世相をつくり出していたのである。

国家社会主義への警鐘

栄治郎が戦ってきた日本のマルクス主義や共産主義は、目を覆うほどの衰退ぶりであった。すでに、経済学部助教授の山田盛太郎《やまだもりたろう》や法学部助教授の平野義太郎《ひらのよしたろう》らは、共産党のシンパとして獄中にあった。帰国したその年六月には、日本共産党の創立以来のメンバーである佐野学《さのまなぶ》と鍋山貞親《なべやまさだちか》の二人が獄中から転向声明を出した。

この状況変化の中で、栄治郎はこれまでのマルクス主義との戦いを思い浮かべながら、これからのファシズムにどう立ち向かうかを思案した。

「私自身が過去数年間反動の汚名を負いながら反対して来たマルキシズムが、思想界から凋《ちょう》落《らく》しかけたことは、私にとって会心のことではないではなかった。然《しか》し日本がファッショ的に転回しつつあることは、更により悲しむべきことだと思われた」（「ファシズム批判　序」『全集第十一巻』）

栄治郎がファシズムを思想的に軽視していたことは、ドイツ留学前に蝋山政道にさとされた通りである。

しかし、思想家としての彼は、すでに赤松克麿が提唱する国家社会主義に対して、昭和七年一月の『帝大新聞』に「国家社会主義批判」を書き、二月の「国家社会主義擡頭の由来」を執筆して警鐘を鳴らしていた。その経験からドイツにあっても、ヒトラーの掲げる「国民社会主義」の台頭に大きな関心を寄せることができた。

先駆的なナチス研究

栄治郎が日本とドイツという二つの中級国家に見た類似点は、中産階級の動向が決定的な役割を果たしていたということである。

「若《も》し資本主義が最高度に発達すること英国の如《ごと》くであるならば、旧中産階級は消滅はしない迄《まで》も独逸に於《お》けるほど残存してはゐない。又若し資本主義の発達が幼稚なること露西亜に於ける如くあるならば、新旧何れも中産階級の影は著しく減少する。両者のいずれでもなく旧中産階級は依然として残存し新中産階級は既に擡《たい》頭《とう》して、併せて巨大な人口数をもつ所に、独逸、日本の如き国の特徴があり、此の事実が社会運動上に及ぼす影響を看過してはならない」（「ヒットラーの国民社会主義運動」『全集第六巻』）

栄治郎によるナチス台頭の分析は、門下の関嘉彦《せきよしひこ》が指摘するように、ナチスの理論的研究がほとんどなかった時代を考えると、著者の歴史的な観察眼は鋭い。日本も満州事変後の軍部台頭で肩を並べており、確かに、いわゆる「一九三〇年代」はじめは、世界的な混沌《こんとん》の時代の始まりであった。

滝川事件

自由の外堀が埋められた

帰国早々の河合栄治郎を待っていたのは、帝国大学の危機であった。時の文部大臣、鳩山一郎による京都帝大総長の小西重直《こにししげなお》に対する勧告から始まった。それは法学部教授、滝川幸辰《たきがわゆきとき》を罷免するよう求めるものだった。世にいう滝川事件である。

ことの発端は前年の昭和七（一九三二）年に、滝川が中央大学法学部で行った講演「『復活』を通して見たるトルストイの刑法観」という演題の内容にあった。文部省や司法省内に、滝川の講演があまりに無政府主義的であるとの批判が起きた。

これを機に、帝大法学部の「赤化教授」追放の声がにわかに高まった。直接的には、滝川

『刑法講義』『刑法読本』の発禁処分をきっかけに、台頭しつつあった右翼勢力が火をつけていた。

小西総長も教授会もこぞって拒否したが、文部省は五月になって文官高等分限委員会を開くと、強引に滝川の休職処分を決定してしまった。

休職処分が発令されると、これに反発する京大法学部の教授全員が辞表を提出する騒ぎとなった。その上で「学問の自由と大学自治を侵すもの」との声明を出した。東京帝大の栄治郎は立ち上がりが早い。これに呼応して、発令三日後の五月二十九日付『帝国大学新聞』に寄稿して当局を批判した。

栄治郎は滝川事件が京大だけの問題ではなく、対岸の火事とみていれば、やがて他大学にも波及すると訴えた。彼はかねて、思想と政治活動を峻別《しゅんべつ》し、非合法活動でない限り、教授は研究の自由を保障されるべきであると主張してきた。

滝川事件についても、「非合法の実践の故を以て問題となったのではなくて、同氏の抱懐し発表した思想の故を以てその地位を問われた」と不満を述べた（「滝川事件と大学自由の問題」『全集第十一巻』）。

栄治郎は評論活動による政府批判だけではなく、東大が京大と共同戦線をはるよう他の教授たちにも働きかけた。単身、京大にまで出向いて「著名な哲学教授」を動かそうとした。しかし、哲学教授は理論にこそ理解を示したが、自らは決して動こうとはしなかった。

〝類焼〟嫌う教授たち

栄治郎の行動は、英国の政治学者ハロルド・ラスキやD・H・コールら英国流の多元国家論に裏打ちされていた。大学は「学術の研究と教育とを特殊目的とする部分社会」であり、国家、教会、労働組合、会社と並列の関係であると位置づける。安寧《あんねい》秩序を目的とする「部分社会としての国家」と抵触した場合でも、大学の研究と教育が国家によって脅かされてはならないと考えるのだ。

ところが京大は、法学部こそ抗議の抵抗を示したが、他の学部は類焼が及ぶことを恐れて同調しなかった。小西総長は辞任に追い込まれ、七月には後任に松井元興《まついもとおき》が就任して事件は急速に収束に向かった。松井新総長は辞表を提出した佐々木惣一《ささきそういち》、宮本英雄《みやもとひでお》、末川博《すえかわひろし》ら六人の教授を免官にした。他の教授、助教授、講師らは残留組と辞職組に分裂した。

栄治郎の自由主義的な思想体系から考えると、滝川事件は部分社会としての国家による自由の侵害にほかならない。文部大臣は世論の反応に敏感な党人派の鳩山一郎であり、特権的な大学教授の追放を支持する世相を利用した。国際基督教大学教授の武田清子《たけだきよこ》は、「大学の自由」という概念に厳密な論理を与えたのは、鳩山と対極にある栄治郎であったと指摘する（武田「日本リベラリズムにおける河合栄治郎」『教養の思想』）。

京大落城から天皇機関説へ

滝川のいとこである中島尚久は、幼いころから山科の滝川宅に出入りして、いずれは、滝川の後継ぎとして教授になることを夢見ていた。春秋の筆法をもってすれば、彼の高校時代に起こった京大事件から、東大経済学部の栄治郎門下生になる決心につながっていく。

中島によると、河合と滝川は年齢も体格も同じで「政治的イギリス風と刑法的ドイツ風」ぐらいの違いであった。ともに、ダンテの「我が途を歩め、人の語るに委《まか》せよ」が信条の戦闘的オールドリベラリストである。二人の間では、多くの手紙のやり取りがあり、のちに栄治郎が東大を追放されて起訴されると、滝川は法曹界の経験から法廷闘争の心構えを忠告していた（中島「河合先生と滝川教授　月報４」『全集』）。

栄治郎の直弟子、木村健康はことの顛末《てんまつ》から「京大事件の敗北が全大学にとって大坂の陣における外堀埋滅に比すべきもの」と考えた。さらに木村は、「河合教授の予感どおり京大事件から五年を出でずして、東大は右翼勢力の大攻撃に曝されることとなったのである」と書いた（木村「生涯と思想」『伝記と追想』）。

滝川事件による〝京大落城〟から二年あまりで、美濃部達吉博士の天皇機関説事件が起こる。昭和十年二月二十五日の貴族院は、男爵、菊池武夫議員が天皇機関説が国体を破壊する異端であるとして、執拗《しつよう》に美濃部を攻撃した。これに対して美濃部は、「一身上の弁明」として一時間にわたって演説をした。

美濃部が自説を展開すると議場で拍手が起きた。が、菊池男爵は人前で大恥をかかされたと感じ、むしろ反発を強めた。河合門下の江上照彦《えがみてるひこ》は、美濃部の説得は「あたかも狂犬の群れに向かって説法をこころみる」ようで逆効果であったという。

美濃部は不敬罪で告発され、陸軍は「機関説不可」の訓示を全軍に布告した。岡田啓介内閣も国体明徴《こくたいめいちょう》に関する声明を発表し、翌九月に美濃部は貴族院議員の辞任に追い込まれた。揚げ句に、暴漢の拳銃に撃たれて負傷した。栄治郎の恩師で当時、やはり貴族院議員だった小野塚喜平次《おのづかきへいじ》は、美濃部演説に拍手したため身辺に危険が迫り、護衛がつくようになった。

滝川事件は終戦翌年に、黒澤明監督の映画『わが青春に悔なし』として上映されている。滝川をモデルとした教授を大河内伝次郎《おおこうちでんじろう》が演じ、その娘に原節子が起用された。

五・一五事件

軍部批判の前線に立つ

その夜、河合栄治郎は雑誌『文藝春秋』に掲載する論文「五・一五事件の批判」をようやく書き上げた。七十枚の大作である。意を決して軍部批判を書いた、との高揚感があった。だが、栄治郎は翌日の昭和八年十月三日、「少し筆が乾いていて不満だ。それと何かつまらぬ問題を起こしやしないかと思って少し神経質になっていた」と日記に書き、時代の風を気にかけていた。

実際に五・一五事件が起きたのは、前年の五月で、栄治郎が二度目の欧州留学でドイツに滞在していたときだった。祖国の衝撃的な事件ではあったが、遠く離れた欧州の一角にあってはまだ、どうとらえるべきかの考えがまとまっていなかった。

あれから半年以上を経て公判が開かれ、被告人陳述が世の関心を集めていた。栄治郎が「問題を起こしやしないか」と神経質になっていたのは、被告人に対する世間の同情が広がり始めていたからである。しかも、世上にはテロによる国家改造を目指す政治結社が跋扈《ばっこ》していた。

井上日召《いのうえにっしょう》の血盟団は「一人一殺」主義をとり、昭和七年の二月に井上準之助前蔵相を暗殺し、三月には三井財閥トップの団琢磨を射殺した。そして「五・一五事件」が起きた。海軍の青年将校らが陸軍士官学校生を巻き込み、犬養毅首相の首相官邸をはじめ、内大臣官邸、日本銀行、警視庁を襲撃したクーデターである。

長引く不況と政党政治への不信、そして汚職・腐敗の蔓延《まんえん》がそれらを助長した。そうした社会の閉塞《へいそく》感を打破すべく決起した被告らを擁護する声が上がった。減刑嘆願の署名運動が起きるに及んで、栄治郎は勇気をふるい起こし、被告たちの行動と思想の批判に乗り出した。

のちの「二・二六事件」の際の筆致に比べると、まだ冷静で分析的な色彩が濃いものだった。それでも、世間に同情論がみなぎる当時にあって、反対論を仕掛けることは、まさしく命がけであった。

彼は書き上げた原稿を妻の国子に見せて反応をうかがった。第一読者である妻の感想こそ、一般読者の受け止め方に通じるからである。その国子が、「遠慮しながら書いているような気がする、も少し強く書いてもいいのでは」と、意外な言葉を返した。栄治郎は妻の言葉に押されて、そのまま出版社に原稿を送った（「六年間の回顧」『全集第二十巻』）。

軍人、武力、思想

栄治郎は論文の冒頭に、「私はマルキシズムに反対であると共に、右翼改革論に対しても亦反対である」と旗幟《きし》を鮮明にした。

彼はさらに、「軍人諸氏に対して毫末《ごうまつ》も反感をもつものではない。日本を外国の脅威から防いで今日の地位に達せしめた功績の大半は、軍人の努力に帰しなくてはならない」とその機能を重視し、近代日本の構築に寄与した功績を評価した。

その上で、事件に反対する三つの理由を挙げた。第一に、軍人は国内外の安全を守ることを職能としており、そのために武器の携帯を許されている。軍人のみが、思想の実現にそれを使用することは武器を持たぬ者との間で公平ではない。

第二に、軍人は軍事のための教養があったとしても、現代の複雑な社会の改革を企てるには十分な条件を欠いている。改革の強行は、共産主義者と同じであり、大衆の支援があるのなら議会主義をとることができるのであって革命主義をとる必要はない。

第三に、彼らの思想内容は形式的には、理想主義、日本主義、復古主義であり、実質的には、国家主義、天皇政治、反議会主義、大アジア主義であるとして、これを逐条的に批判している。

議会主義つらぬく

とくに「天皇政治」に関しては、「天皇親政の名の下に君民の中間に君側の臣や政党などの仲介を認めない」との見解を激しく批判した。国民の意思と関係のない人物が「君民の中間」に立てば、明治憲法体制の揺らぎになりかねず、選出は議会によらざるを得まいと主張した。

軍の統帥権についても、なぜ、国民は国防の大事に口をふさがねばならないのかと提起し、「統帥権の独立を主張するよりも、寧《むし》ろ議会の内部に国防の関心を強める方針を採る方が正道である」と挑戦的な姿勢を打ち出した。

軍備充実主義は、日露戦争を最後に国家独立維持の目的のための軍備の充実はその必要が消滅したとし、「独立保持を目的とする場合には、国民を一致協力せしめることは容易であるが、国家の膨張を目的とする場合には、緩急遅速に就いて国民の見解は分裂する」と見た。

大アジア主義についても、アジア諸国が独立を熱望しているのは事実だが、日本の力を借りることは望まない。なぜなら、「日本の内部に於てさえ充分の自由を与えていないのに、その日本から外国は充分なる自由を与えられることを期待しえないからである」と指摘していた。

論文で貫かれているのは、マルクス主義に対する暴力革命の否定と同じロジックで、五・一五事件の首謀者らを批判していることである。議会主義に立って、近代日本への鋭い洞察に満ちていた。

ところで、論文には伏せ字が十二カ所もあることを竹内洋の『大学という病』で教えられた。竹内にならって伏せ字の部分を〔　〕で補ってみると次のようになる。

之を要するに右翼思想の下に社会改革の徹底は【期待しえない】。右翼の人々が反資本主義の旗幟を立てたるが故にとて、その〔社会改革に魅惑される〕ものは、唯久しからずして〔幻滅の悲哀〕を味わうに過《す》ぎないだろう。

左翼運動が弾圧される時代を迎えて、戦闘的自由主義者、河合栄治郎はひとり「右の全体主義」との闘いを開始せざるをえなくなった。いまだ四十二歳の栄治郎は、あふれる気迫をもって執筆に邁進《まいしん》した。

不動の思想
河合が論壇を席巻した

河合栄治郎は「五・一五事件の批判」を『文藝春秋』昭和八年十一月号に書くと、軍部批判の論文を矢継ぎ早に発表していった。大学の授業をこなし、講演や政党政治家との懇談に出席し、夜は執筆に充てた。

翌月の『経済往来』には、早くも「非常時の実相とその克服」を寄稿している。自由主義者のやむにやまれぬ義務感が、彼を執筆へと駆り立てているかのようだった。日記には二、三日前から書き始め、「今朝十時に終えた」とある。執筆のスピードが速いのは、ほとばしる情念を原稿にたたきつけているからであろう。

論文の中で、栄治郎がもっとも遺憾としたのは、議会人によって社会不安が議論されずに、軍人に主導権を握られてしまったことである。彼は「之《これ》を荒木陸将の得意の壇場たらしめることは、誠に文人政治家の恥辱であらねばならない」と政党政治家に奮起を促した。

その陸将、荒木貞夫の提案による五相会議は、昭和八年から開催されている。荒木は皇道派のシンボル的な軍人であり、のちに二・二六事件後の粛軍で予備役に編入されている。

論文では、「非常時」の要因としてワシントン、ロンドンの軍縮条約期限切れにともなう社会不安があり、かつ独裁主義が台頭する政治不安をあげている。栄治郎はその上で、官僚は世界観が欠如しているから、各界から優秀な頭脳を集め、内閣に「国策調査会」を設置するよう提唱している。彼のいう「国策調査会」は、英国の王立調査委員会をモデルに、世界観の異なる人材を網羅し、各省庁のデータを活用して自由な議論による政策立案を狙う。栄治郎は別の論文で、調査機関と審議機関の創設も提唱している。

昭和十年五月に岡田啓介内閣が設置した内閣調査局と内閣審議室は、この提案に沿っているように思わせる。この提案がかえって岡田内閣を補強し、政党内閣の復活を阻止してしまったとの説がある。

しかし、栄治郎のいう国策調査会は、日米開戦前の昭和十六年に、駐英陸軍武官だった辰巳栄一少将の提唱で発足した「総力戦研究所」の考え方が近いように思われる。これは官邸近くのオフィスに、知能優秀、身体頑健な若手エリートを官界、学界、民間、軍人から選抜して総力戦を研究させた。

総力戦研究所は、日米が開戦すれば長期戦になって国力がもたず、「戦争は不可能」との結論を出した。だが、時の東条英機陸相は実際の戦争には「意外裡の要素」があり、この緻密な報告を「机上の空論」として拒絶してしまう。

反ファシズムの闘将

栄治郎は年明けから、猛烈な勢いで雑誌論文に取り組んだ。「議会主義と独裁主義の対立」（『経済往来』）、「マルキシズム、ファッシズム、リベラリズムの鼎立《ていりつ》」（『中央公論』）、「国家主義の批判」（『改造』）、「国際的不安の克服」（『経済往来』）、さらに「現代における自由主義　上下」（『社会政策時報』）と、相次いで発表した。

かつて、「保守反動」として嘲笑された自由主義者が、反ファシズムの闘将として時代の先端に躍り出たのだ。他に、外交評論家の清沢洌、馬場恒吾らがいたが、河合栄治郎の論壇での光彩は群を抜いていた。

栄治郎は昭和八年からの二年間の論壇での活躍がめざましく、とくに昭和九年には講演を二十回もこなし、翌年には総合雑誌に十三本の論文を書いている（竹内洋『大学という病』）。

栄治郎の軍部批判に、あれだけ自由主義を攻撃してきた向坂逸郎《さきさかいつろう》も大森義太郎《おおもりよしたろう》、もはや声なしであった。唯物論研究会の戸《と》坂潤《さかじゅん》に至っては「河合教授が論壇を席巻し始めた」（「日記

Ⅱ」『全集第二十三巻』）と述べている。

その構図を、評論家の扇谷正造が的確に表現していた。「河合先生の思想や体系はいつも不動だった。しかし、日本の思想界が左旋回すると、それは反動にみえ、また右旋回すると、今度は、その同じ思想が赤くみえる。それは逆にいえば、思想のしたたかさを示すもの」（「一記者のみた河合教授　月報8」『全集』）

「自分が言わずに誰が」

そして昭和十年二月に、前述した美濃部達吉の天皇機関説事件が起きる。機関説は上杉慎吉の天皇主権説に対して、統治権は法人である国家にあり、天皇はその最高機関であるとする学説である。大正期には通説であったが、軍部の台頭とともに右翼から排撃されていった。

右翼思想を代表する評論家の津久井竜雄は、この機関説の排撃について、美濃部ひとりの問題ではないと攻撃した。それは統帥権の独立の擁護であり、「自由主義政治に最後の止《とど》めをさす意味をおびたものだ」として、全体主義の実現が狙いであることを明らかにした。

栄治郎は腹を固めていた。美濃部の著書が発禁処分になるや、昭和十年四月十五日付の『帝国大学新聞』に「美濃部問題の批判」を書き、『中央公論』昭和十年五月号に「改革原理としての自由主義」を発表して、一歩も引かなかった。

後者の論文には、「機関説是非の議論から夙《つと》に脱却して、全思想戦線にわたって宣戦は布告されている。私は此《こ》の挑戦に応じようと思う」と、思想に対する圧力を拒否している。事前に恩師の小野《おの》塚《づか》喜《き》平次《へいじ》前総長や親友の蝋山政道教授に相談しつつ、美濃部事件から数カ月の熟考をしたうえで執筆していた。

日記には「若《も》し自分の如《ごと》きが今此《こ》の時に言わなかったら、誰が云《い》うであろう。後のことは運命に任せて朗らかに微笑を浮かべて待っていればよい」と、覚悟のほどを開陳している（「昨今の生活」『全集第二十巻』）。

栄治郎はこれら二つの論文を書き終えると、伊豆の旅に出た。仕事を終えた解放感がある一方で、「やがて来るかもしれない事件を前に自分は立っている」との意識から逃れられなかった。

孤高の戦い

国家主義に啖呵切る

河合栄治郎は昭和九（一九三四）年十二月に『ファッシズム批判』を発刊した際、雑誌論文は年に二、三回ほど発表して、あとはドイツ留学以来のドイツ社会民主党史の研究に没頭するつもりであった。しかし、年明け二月に美濃部達吉の「天皇機関説事件」が起きたことから、自由主義擁護のために筆をとらざるをえなかった。

天皇機関説事件で排撃派を正面から批判する言論人は、栄治郎以外にはいなかった。栄治郎が覚悟を固めたのは、右翼テロの脅威と大学から免官を通告されることであった。これらの圧力に対しては、「譲歩したり回避したりしない」と自らを奮い立たせた。

「自分が官僚を止《や》めたのは十六年前だった。自分にはあの経験がある。あの時も会心であった。あの時も情熱があった。今もそれがあるのだ」(「昨今の生活」『全集第二十巻』)

　昭和十年四月十五日付の『帝国大学新聞』に、栄治郎が「美濃部問題の批判」を発表すると、予想通り右からの糾弾が開始される。五月には右翼団体の紫雲荘が、新聞各紙に二度ばかり「河合教授の国体違反」という大広告を掲載した。続いて、戊申倶楽部を名乗る一党が「自由主義者の言論を警戒せよ」との広告で、栄治郎を含む七、八人の自由主義者を攻撃した。

　すでに、美濃部と同じ運命をたどることを覚悟していた栄治郎は、さして驚きもしなかった。ただ、ファシズムはマルキシズムのように雄弁でないかわりに、簡単に暴力に訴える傾向がある。

　また、マルキシズムは輸入思想にかぶれたインテリや学生、労働者たちが多いとの特徴をもっている。だが、ファシズムは国家主義の軍部、官僚の中にも深く浸透して、いつ引き金が引かれるか分からない。

　門下の江上照彦《えがみてるひこ》は、「やがて彼を襲うべき嵐の前ぶれ」とその不気味さを表現した。このとき、ファシズムは鋭利な牙を磨《と》いでいたのである。

右翼思想に宣戦布告

まもなく、『中央公論』昭和十年五月号に書いたもう一つの論文「改革原理としての自由主義」は、美濃部問題に端を発した国家主義的な思想の挑戦に、自由主義を掲げて真正面から宣戦布告した画期的な論文であった。とりわけその序章は、文語調のみごとな筆運びが感動を誘う。

「機関説を排撃したる或《あ》る種の思想家は、進んで自由主義、個人主義を吾《わ》が思想界から一掃せんとし、之《これ》こそ正に明治以来為さねばならなかった思想戦であり、伝えられる昭和維新は之を以《もっ》て始まると云《い》う。此《こ》の意味に於《おい》て機関説是非の議論から夙《つと》に脱却して、全思想戦線に亙《わた》って宣戦は布告されている、私は此の挑戦に応じようと思う」

戦闘的な自由主義者が、国家主義者を向こうに回して啖呵《たんか》を切ったのだ。軍部台頭の時代に命がけで応戦の言葉を吐いた思想家は他にはなく、論文は彼の自由主義を雄弁に語っていた。

栄治郎は日本を「先進的な英国型」でもなければ、「後進的なロシア型」でもない、ちょうど封建制と産業革命の程度において、その「中間国家」であると考えた。この中間国家は、封建勢力と資本家、中間層とプロレタリアが対立し、さらに都市と農村の対立が交錯して自由主義が育ちにくい。それが、国家の関与を招きやすくすると書いた。

その上で栄治郎は、「自由とは強制のない状態を云い、自由を最大限に実現せんとするのが自由主義である」と、説いていく。そして言論の自由とは、思想の表現である限り「いかなる内容の思想に対しても強制を加えてはならないことを云う」と明快である。

議会政治や政党政治は、自由主義の制度的表現である。したがって、政治的自由についても「あらゆる成員に選挙権を与え、総選挙に於てその意志を発表せしめ、その多数の投票を獲得した政党を以て、民衆の意志を代表するものと看做《みな》し、之に政権を与えて政治を実施せしめることを云う」と指摘する。

自由主義のジレンマは、あらゆる思想に「表現の自由」と「代表の自由」を与えることにより、自由主義と対立する左右の全体主義に対しても、表現の自由を擁護せざるをえないことである。彼が説く自由主義は、当時としては想像を絶するラジカルな思想であった。

対ファシズム共闘の挫折

春から夏にかけてこれら雑誌論文に手を取られ、当初、考えていた研究が思うように進まなかった。秋になってドイツ社民党内で自由主義的な志向をもつラッサール派（全ドイツ労働者協会）の思想研究に再度、取り組むことができた。マルクス・エンゲルスの影響下にあったアイゼナハ派（ドイツ社会民主労働党）が、このラッサール主義に近づき、一八七五年のゴータ合同に至る。

栄治郎はドイツ社民党史をたどることにより、日本のマルクス主義に対しても修正主義的な改良を探る必要性を強調した（「ドイツ社会民主党史論」『全集第九巻』）。この研究をテコに、ジャーナリズムの世界でも自由主義の現代的意義を見いだそうとした。先の論文「改革原理としての自由主義」でも、ファシズムとの戦いを目標にマルクス主義との連携を考える。

栄治郎はマルクス主義労農派の向坂逸郎や大森義太郎を「右翼マルキスト」と呼んで厳しく批判してきた。だが、大森らが天皇機関説を契機に「自由主義の必要が切実の度を増してゐることは確かである」と変化を見せたことから、日本版ゴータ合同の可能性を探った。

だが、それは所詮《しょせん》、実らぬ夢であった。向坂は「ある自由主義者の自己暴露」を『経済往来』十年八月号に書き、大森は「新装自由主義の虚妄」を『改造』八月号に書いて、栄治郎の期待を拒絶する。

数度にわたる自由主義論争の末に、栄治郎は『日本評論』十一年二月号に「自由主義論争の結末」を書いて、向坂らとの対ファシズム闘争の協調を放棄した。こうして栄治郎はこれ以後、孤高の戦いに挑んでいくのである。

◈第七章◈

正面から放った軍部批判の矢

学生叢書刊行に情熱を傾けていたころ、「教養の意義」をテーマに話す河合栄治郎＝昭和 12 年ごろ

降りしきる雪

怒りの「二・二六事件」批判

その日は、朝から雪がしきりに降っていた。河合栄治郎は大学の授業も終わったので、教授会を済ませてから、湘南海岸の旅館にこもって読書三昧を考えていた。カバンに本を詰めて大学へ向かう途中で、「いま首相官邸が襲撃されている」と、衝撃的なニュースを聞いた。それが、陸軍皇道派の青年将校によるクーデター未遂の「二・二六事件」であったと知るのは、だいぶ時間がたってからのことである。

栄治郎は新橋駅からタクシーに乗り換えた。通過した和田倉門には鉄条網が張られ、銃剣を持った兵士が立っているのを見て、ことの重大さを知った。なるほど、いつの世も雪に染まる血のイメージが、日本の変革を告げる表象になっていた。

大学内の「山上御殿」では、教授たちが昼食をとりながら朝の出来事を不安げに語り合っていた。医学部教授の話は、関係者の治療にあたったのか、事件が現実味を帯びて伝わってくる。栄治郎は降りしきる窓外の雪を眺めながら、黙って大学の行く末を考えていた（「近頃の随想」『全集第十七巻』）。

陸軍青年将校らは「昭和維新」を掲げて千六百人以上の兵を動かし、岡田啓介首相、高橋是清蔵相、斎藤実内相、渡辺錠太郎教育総監を「君側の奸《かん》」として襲撃した。人違いの岡田を除いて殺害し、鈴木貫太郎侍従長に重傷を負わせた。昭和天皇は「朕《ちん》が股肱《ここう》の臣を殺傷するは朕が首を真綿で絞めるごときもの」と、断固として鎮圧を命じた。

命と職と地位を懸ける

河合栄治郎は事件当日の日記に、早くも軍部批判をする覚悟を書いていた。それは「美濃部問題の批判」を書いて以来、心の内で決めていたことだった。

「頭を往来することは、差当たっての時の生か死かと云《い》うことだ。その次には安定した後に於《お》ける大学の地位、それに伴う自分の地位の問題だ。……夜ラジオで暗殺の報告があった。何となく事態が五・一五事件のように凶変ということで終わりそうにも思われる。ともかく数日の情勢を見定めよう。情勢の如何《いかん》によってはクルッグ（賢明）であることは必要だ。然《しか》し自分は原理として構わずに自分を貫こうと思う。あとは運命だ――」（「日記Ⅱ」『全集第二十三巻』）

自らの言論について、命と職と地位を懸けることは、決して生易しいことではない。しかし、栄治郎にとって自由主義が人格的な成長を目指す命題である以上、まず自己の去就を明確にすべきだと考えていた。

栄治郎と対照的だったのは、哲学者の三木清であろう。彼はこれまで軍事色が深まる世情に抗して、ナチスの文化弾圧を批判し、ファシズムに抵抗する意識は捨てていない。だが、「二・二六事件」が発生したその日の夕刻、事件を知ると身の危険を感じて、義兄である東畑《とうはた》精一《せいいち》の郷里、三重県に五日間ほど身を隠した。

三木は西田幾多郎を慕って京大哲学科に学ぶが、恋愛事件を起こして大学を去ると評論活動に入った。留学先のパリの体験から、『パスカルにおける人間の研究』で論壇に上り、マルクス主義にも接近した。昭和十年代に、『人生論ノート』『哲学ノート』などを通じて繊細な思索をたどっていく。

三木には、栄治郎のような怒りや戦闘性は持ち合わせていなかった。評論家の粕谷一希がいうように、むしろ栄治郎の思想と行動の方がドン・キホーテのようであったのだろう。

尻込みする出版社

栄治郎は腹を固めていた。軍部批判を書いて命を落とすことがあった場合に、残された家族の生活やこどもたちの将来について、国子夫人と周到な相談を重ねた。その上で執筆にかかっている。事件の衝撃から数日後、栄治郎は燃え上がる憤激を原稿用紙に吐き出した。ところが、予想外のことが起こる。書き上げたものの、いつもなら編集者が競って掲載しようとする彼の原稿を、今回ばかりは出版社が尻込みをした。かろうじて『帝国大学新聞』が三月九日付で、「二・二六事件の批判」というタイトルで掲載した（木村健康「河合栄治郎の生涯と思想」『河合栄治郎・伝記と追想』）。

この場合でさえ、当局の事前検閲を求め、当初の表現はかなりの程度に緩めざるをえなかった。いまだ、世情に緊迫した空気がみなぎり、言論界は軍部を恐れて、まともに軍批判をいう者はいなかったのだ。

栄治郎はこの論文で、つい二月二十日に行われた総選挙による「国民の総意を無視」した軍人の不合理を説いて、核心に入っていく。彼は「ファシストの何よりも非なるは、一部少数のものが暴力を行使して、国民多数の意志を蹂躙《じゅうりん》するに在《あ》る」として暴力革命を厳しく糾弾した。その上で「何の理由を以《もっ》て、彼等《かれら》は独り自説を強行する特権を有するのか」と問い、「国軍は外敵に対して吾《わ》が国土を防衛する任務を課せられ、此《こ》の任務の為に武器を帯びることを許されている」と指摘した。

にもかかわらず、「外敵に対して使用されるべき武器が国民に向けられ、彼等を信じて武器を託したる国民は、自己の虚に乗ぜられて彼等の襲撃を蒙《こうむ》ったのである」と職能としての軍にクギを刺している。

栄治郎は別論文でも怒りをもって、「ファシズムに存在理由があると云うならば、寧《むし》ろあらゆる社会成員に公平に武器を分配し、然る後にフェアプレーを以て抗争せしめるに如《し》くはないのである」と、軍部に喧嘩《けんか》を売っているかのようであった。そして自由主義的な議会への望みをかけて、「暴力は一時世を支配しようとも、暴力自体の自壊作用により瓦解《がかい》する」と結んだ。

この一文は、戦闘的な自由主義者、河合栄治郎の代表的な論文になった。思想戦を戦ってきた栄治郎の帰結であり、言論を暴力で踏みにじる軍部への怒りに満ちていた。

反動教授から憧れへ

軍部批判の矢

河合栄治郎が『帝国大学新聞』に寄稿した「二・二六事件の批判」は、日本ファシズムへの「抵抗の金字塔」であった（武田清子「日本リベラリズムにおける河合栄治郎」『教養の思想』）。実は事件直後に、正面から軍部批判の矢を放ったのは、栄治郎のほかに二人いた。栄治郎と同じ東京帝大教授の矢内原忠雄《やないはらただお》と、ジャーナリストの桐生悠々《きりゅうゆうゆう》である。矢内原はキリスト教会の個人機関誌『通信』に「落飾記」を書き、桐生もやはり私的な機関誌『他山の石』に「皇軍を私兵化して国民の同情を失った軍部」を掲載している。

しかし、二人の論文は内輪の機関誌であるだけに読者は限られ、一般に知られることはほとんどなかった。栄治郎はあくまで公的な活字媒体にこだわり、掲載の交渉が長引いたため、二人よりも発表がわずかに遅れている（青木育志『河合栄治郎の社会思想体系』）。

昭和十一（一九三六）年三月九日、河合論文「二・二六事件の批判」が掲載された『帝国大学新聞』が発売されると、学生たちは帝大正門前で競って買い求めた。河合門下の土屋《つちや》清《きよし》はその日、入手した新聞を一読すると、胸のつかえが一気に下りた。

「物情騒然としてなお緊迫した空気が漲《みなぎ》り、しかも言論界は戦々兢々《きょうきょう》として軍部を恐れ、まともに軍部の責任を追求する声があがらなかった折りであるから、……空谷《くうこく》の跫音《きょうおん》のように全国的な反響を呼んだ」（土屋「解説」『全集第十二巻』）

物言えぬ多くの国民にとっても、伝え聞く河合帝大教授による軍部批判は、一服の清涼剤として拡散した。事件が反共、反ファシズムの社会大衆党が十八議席を獲得した総選挙から、わずか六日後に起こったという背景もあるからだろう。

栄治郎はこの社会大衆党に対して、議会における英国労働党のような地位を期待した。それは『帝国大学新聞』に掲載した論文の末尾で、「真理は一度地に塗れようとも、神の永遠の時は真理のものである」という一節に表れていた。実はそれが、尊敬する英国労働党の党首ラムゼー・マクドナルドの言葉からの引用であったからだ。

マクドナルドは第一次大戦中に、戦争回避に奔走したために「非国民」「売国奴」とさげすまれ、選挙戦に敗れて野に下った。この不遇時代に述べたのが、「地にまみれても真理は再び立つであらう」との言葉であった。大戦が終わって人々の熱が冷めたとき、国民はマクドナルドの言葉をかみしめる余裕ができた。彼は政界に復帰し、労働党内閣へと導いていく。

栄治郎はこのマクドナルド復帰劇に思いをはせながら、軍部に対する反転攻勢を開始するであろう国民の良心に期待を寄せたのではないか（川西重忠『断固たる精神　河合栄治郎』）。

時局に対して志を言う

「二・二六事件の批判」の掲載に尻込みした雑誌の編集者たちは、栄治郎の絞り出すような軍部への抵抗に感銘を受けていた。『帝国大学新聞』に論文が掲載されたその日、中央公論の嶋中雄作社長が彼を研究室に訪ねてきた。さすがにジャーナリストの反応は早く、栄治郎に対して「軍部に奉る書」を書いてほしいと強く要望した（土屋「解説」『全集第十二巻』）。

嶋中雄作は清沢洌とともに、『東洋経済新報』に小日本論を書いた石橋湛山の周辺にいた自由主義者だ。満韓の植民地放棄論を唱えた当の石橋ですら、今回の二・二六事件に憤慨しながらも筆を抑え、栄治郎ほど挑戦的にはなれなかった。

栄治郎は「自分独り出過ぎても」と、嶋中の申し出をいったんは断った。だが、『帝国大学新聞』の論稿は、「×××」で示された削除部分が多く、必ずしも意を尽くせなかったうらみがある。これを補って、立論堂々の論文を書いてみたいとの衝動に駆られていく。

栄治郎は嶋中の要請に応じることにした。こうして論文「時局に対して志を言う」が、『中央公論』昭和十一年六月号に掲載された。これら、軍部による政治介入批判によって、栄治郎の論壇における地位はゆるぎないものになった。

論文の骨格となるのは、軍当局による「粛軍の大業」を求めたことであった。軍がもっとも嫌う軍備縮小に触れ、武力による政治介入を完膚無きまでに痛撃したことは、「ファシズムという巨大な妖怪の急所に刺した刃であった」（江上照彦『河合栄治郎伝』全集別巻）。

斎藤隆夫の「粛軍演説」

栄治郎と並ぶ軍部批判の急先鋒《きゅうせんぽう》は、意外なことに政界にいた。斎藤隆夫代議士は二・二六事件後の五月七日に、帝国議会で「粛軍演説」を行った。斎藤の演説は軍部批判にとどまらず、軍にすり寄る政治家に対しても、遠慮会釈なく批判を浴びせた。ちなみに齊藤は、四年後の昭和十五年にも支那事変処理に関する質問で、いわゆる「反軍演説」を行って、議会を除外されてしまう。

駒澤大学教授の清滝仁志は栄治郎の「粛軍の大業」も斎藤の「粛軍演説」も、ともに「言論の制約からの表現形式」と考えられるが、栄治郎のそれは「既存の国家体制の復元力に期待をかけていたと解釈するほうが妥当」と指摘する（清滝「教養と社会改革」『駒澤法学』第10巻第4号）。

栄治郎はまた、ファシズムの台頭に対して国民に勇気がなかったことが、事件を引き起こした遠因であると叱りつけている。論文では「一部少数の暴力革命を否定して、国民の総意の上に於《お》いてのみ政治は為さるべきだと云《い》う議会主義の信念にして不動磐石《ばんじやく》の重きを有していたならば二・二六事件は起こらずして済んだであろう」と書いた。自省を求めた国民のくくりの中でも、とくに政治家、報道機関、学者、教育家の反省を強く求めた。

これら二つの論文によって、左翼的傾向の強かった学生や論壇で、栄治郎に対する見方が一変していた。かつての「御用学者」「反動教授」という罵倒から、いまや「学生の憧れ」の教授に転化した。あれだけ河合自由主義を攻撃してきたマルクス主義者の大森《おおもり》義太《よした》郎《ろう》も、昭和十一年以降は、栄治郎に触れることは一切なくなった（竹内洋『大学という病』）。

天性の教師

昭和教養主義のバイブル

二・二六事件の発生によって、河合栄治郎はますます「大学の自由」に対する危機感を募らせることになった。事件は栄治郎にファシズムとの対決だけでなく、これまで逡巡《しゅんじゅん》していた経済学部長への就任をも決意させた。

栄治郎は昭和十一年四月、土方成美《ひじかたせいび》や本位《ほんい》田祥男《でんよしお》ら経済学部の多数派を押しのけて学部長に就任した。側近の帝大講師、大河内一男《おおこうちかずお》は師の学部長就任を「待ちに待った」と正直な気持ちを吐露していた。

栄治郎はこれまで、経済学部で「河合派五人組」といわれた田《た》辺《なべ》忠男《ただお》、荒木《あらき》光太《みつた》郎《ろう》、中西《なかにし》寅雄《とらお》、山田《やまだ》文雄《ふみお》らに担がれても、研究に専念したい気持ちの方が強かった。しかし、二・二六事件を目の当たりにして、「むしろ政権を奪取するに非《あら》ざれば大学の自由を守ることが出来ないと思い、進んで就任することを決意した」と告白している（「一九三六年の回顧」

『全集第二十巻』)。

栄治郎は必ずしも権力をコントロールすることが嫌いではない。彼の理想主義を突き詰めていけば大学総長への道か、政治の志へと向かうこともありえないことではなかった。恩師の小野塚《おのづか》喜平次《きへいじ》が総長選挙で再任が決まった日も、「何年かの後に自分が今度のような選挙の当事者になることもあろうかと考えたりした」と日記に書いた。

彼は学部長に就任すると、さまざまな教育改革に取り組んだ。クラス別の懇談会をもって学生たちと意見交換し、外国人留学生のためにチューター(家庭教師)を用意した。

とりわけ、学生の文化向上のために「社会科学古典研究会」をつくった。学部の垣根を越え、門戸を他大学にまで開いた研究会は、マルクス主義が壊滅したあと、思想的なよりどころを失った学生たちの理想主義の受け皿となった。

人気呼ぶ「学生叢書」

実はそれより少し前から、栄治郎は左翼指導者の「転向」を目の当たりにして、彼らの教え子たちの行く末を心配していた。指導者が青年たちをマルクス主義に走らせて弾圧の嵐にさらし、自らは安全な書斎へ逃避する姿が許せなかった。学生たちは、行き場を失って懐疑と退廃へと転落していった。

「天性の教師」である河合栄治郎は、退廃の中で苦しむ学生を救済する手立てを考えた。数年前から、多くの学者の協力を得て、のちに「学生叢書《そうしょ》」と呼ばれる十数巻の叢書の刊行に力を注いだ。マルクス主義に見捨てられた青年を、新しい理想主義の方向へ導こうとしたのだ（木村健康「生涯と思想」『伝記と追想』）。

栄治郎の意向を受けたのは、日本評論社の出版部長、石堂清倫で、河合門下で共産主義活動で逮捕、釈放後の美作太郎《みまさかたろう》が編集を補佐した。

昭和十一年暮れに、栄治郎が責任編集した「学生叢書」の第一巻を『学生と教養』としてスタートさせた。栄治郎はその序文で、マルクス主義の退潮により青年の関心が「客観より主観へ」と移行し、叢書が闇の中でさまよう青年に何らかの寄与をすると期待を込めていた（「学生叢書序文」『全集第十八巻』）。

作家の中野孝次は当時、叢書が学生たちに人気があり、その河合教授の編集が「軍国主義的な風潮の中では、きわだって〈自由主義〉的、〈個人主義〉的色彩の濃いものだった」と振り返っている。

「教養」に始まる叢書は、すべて「学生と……」と銘打ち、「生活」「先哲」「社会」「読書」「学園」「歴史」と続いて、日米戦争が勃発する昭和十六年暮れまで全十二巻を刊行した。執筆者には河合人脈に連なる人々のほか、谷川徹三、東畑精一、野上弥生子、与謝野晶子、天野貞祐、阿部次郎、末川博ら一流の人々を起用した（美作太郎『戦前戦中を歩む』）。

竹内洋によれば、『三太郎の日記』が大正教養主義のバイブルだとすれば、「学生叢書」は昭和教養主義のバイブルとなった。昭和十三年の京城帝国大学予科の読書調査によると、「関心を払ふ日本人著者」の一位は夏目漱石、二位が河合栄治郎であったという。以下、阿部次郎、和辻哲郎と続く。

理想主義の受け皿

学内では、帝大経済学部長として学生たちに古典を通じて自我を目覚めさせ、「攻学の精神」を推奨しようと試みた。蝋山政道《ろうやままさみち》、山田文雄らと話し合って、例の「社会科学古典研究会」を立ち上げたのである。

この研究会に入会した学生の一人が、のちの大阪府立大学経済学部長になる音田正巳《おんだまさみ》であった。音田は栄治郎が『帝国大学新聞』に「二・二六事件の批判」を寄稿したその昭和十一年三月九日、帝大受験のために上京して新聞を手にすると、武者震いをした。それ以前から、彼は栄治郎の『学生生活』を読んで、東京帝大経済学部に憧れて入学してきたほどである。

入学すると、河合ゼミには二年生にならないと入れないことを知った。気落ちしていたとき、助手の安井琢磨《やすいたくま》から社会科学古典研究会が発足することを知らされた。研究会では、一人の講師が一冊の古典を隔週で二回にわたって説明し、二時間の講義を受けると、第二学生食堂に場所を移して懇談をした。

計画が発表されると、法文経の三学部生が殺到して、たちまち定員オーバーになった。初めは二百人余でスタートしたが、昭和十三年度には三百人を超える盛況ぶりであった。学生らは自らも少数の下部グループをつくって、古典の輪読会をもった。

他大学からの聴講者の中に、慶應義塾の吉田《よしだ》省吾《しょうご》（のちに小松化成取締役）がいた。彼は栄治郎が死去する直前、最後に面会した人物になった。昭和十三年度の研究会で取り上げた古典には、アダム・スミスの『国富論』、フィヒテの『ドイツ国民に告ぐ』などがあった。社会科学古典研究会は昭和十四年一月、栄治郎が大学から追放されるまで続いた。解散の集会はその四月に、日比谷公園の松本楼に師弟八十九人が参集して栄治郎への感謝の夕べとなった（「月報18」『全集』）。

赤門人民戦線

河合経済学部長の光と影

本郷三丁目から東京大学の赤門前にかけての本郷通りを「見返り坂」といった。ここで江戸に別れを告げた往時の名残で、そう呼ばれるようになったらしい。見返り坂の一本裏手の道に、以前は老舗料理屋の「百万石」があった。いまは二十階近い高層ビルに様変わりしているが、当時は創業明治三十二年の風格ある構えの店であった。

東京帝大経済学部の派閥争いが激化した昭和十一（一九三六）年、助手の木村《きむら》健康《たけやす》と河合ゼミ生である三年生の猪木《いのき》正道《まさみち》は、この「百万石」で鍋物をつついていた。そこへ、マルクス主義のリーダー、大内《おおうち》兵衛《ひょうえ》を真ん中に、舞出《まいで》長五郎《ちょうごろう》、矢内原《やないはら》忠雄《ただお》、上野《うえの》道輔《みちすけ》ら左派の教授たちがやってきた。

この鉢合わせに、木村や猪木はバツの悪い思いで軽く会釈した。すると大内は二人をじろりと見て、「なんだか空気が悪いね」といって、くるりと背を向けた。他の教授たちも大内にならい、二人を呆然《ぼうぜん》とさせた。

猪木はのちに「せっかくの酒を沈んだ気持ちで飲んだ」と、京都大学名誉教授の竹内洋に語っている。河合、大内両派の争いは、雑誌の論戦をも引き起こし、河合栄治郎はマルクス主義者たちがなぜ軍部を批判せずに、自由主義者を攻撃するのかと嘆いていた（竹内『大学という病』）。

栄治郎が経済学部長に就任するにあたって、彼のほか土方成美、本位田祥男を含む多数派は、事前に調整した形跡がある。三月十二日の選挙で、大内ら少数派との激しいつばぜり合いから栄治郎が選出された。選挙が激しい分だけ、大内ら少数派は栄治郎に遺恨をもった。

弾力も狡知もなく

河合門下の木村健康によると、栄治郎が「個性的にして剛毅《ごうき》な性格はややもすれば不知不識のうちに独裁主義に陥る恐れがあり」、やがては人事をめぐって多数派の分裂を招いていく。経済学部は栄治郎が就任した昭和十一年度から教授、助教授、助手のそれぞれ二人の増員が認められた。直弟子の大河内一男や木村健康、安井琢磨などを助教授に昇任させ、さらに河合ゼミの卒業予定者を助手にしようと動いた。

一般に学部の人事は、各派のバランスで決まる。だが、栄治郎にはおよそ政治的な弾力性や社会的な狡知《こうち》というものがない。順当なら「万年助教授」と陰口のあった佐々木道雄《ささきみちお》が教授に昇任するはずが、河合学部長はこれを拒否した。栄治郎は佐々木の商業数学を「帝大の学問ではない」とさげすんでいた。「河合氏の主張は強く、助手の昇格についても同氏の眼鏡にかなった人でなければ一歩も譲らないという態度」であった（土方『学会春秋記』）。

学部人事のきしみを知った法学部教授の蝋山政道は、河合人事を危なっかしくて見ていられなかった。ある日、栄治郎を散歩に引っ張り出して、「各派とも二名ないし三名の助手を助教授に採用するということにしたら。これは総花的妥協案かも知れないが、具体性はありますね」と諭した（「人間として同僚としての河合さん」『伝記と追想』）。

親友の助言といえども、栄治郎は「そんな機械的な方法ではやれません」と、かたくなだった。しかも、多数派連合の一方の旗頭である土方の愛弟子である難波田春夫《なにわだはるお》についても助教授昇任を見送ってしまった。難波田は木村や安井と同じ昭和七年に助手になっており、二人より三歳年長である。当然、彼の師である土方との関係にもヒビが入る。

河合引き下ろし

実は、栄治郎が学部長を辞任して九カ月ほどした昭和十三年一月、偽造書簡事件がおきる。右派による河合教授追放の動きが激しくなるころ、ある助手による栄治郎の代筆偽造書簡が原理日本社を主宰する国粋主義者の蓑田胸喜《みのだむねき》に送られた。

偽造書簡の末尾には「小生は現に支那に於て戦場を視察中に御座候間、小生の門弟をして之を代筆せしむる次第、悪しからず御諒承下され度候」とあった。書簡は彼が国家主義についての考え方を蓑田に説明する体裁をとっており、河合追放の機運がある中、火に油を注ぐよう仕組まれていた。

竹内は後年、土方が偽造書簡の送り主が自分の弟子であり、栄治郎による大河内や木村の昇任案を快く思っていなかった人物であるといっていることから、推測は容易であると〝犯人〟を示唆している。まことに恨みは深いというべきか。

経済学部は長老教授が去ってタガが外れ、次第に河合の「純理派」、土方の「革新派」、大内の「左派」の三派鼎立《ていりつ》という勢力分布になっていく。三すくみだから、教授会をまとめるには二派が協調しなければ物事は進まなかった。人間は思想とは別に相性もあるから、栄治郎が思い描く通りにはいかない。

ところが、事態は思わぬ方向へ向かう。昭和十二年二月十七日の教授会で、彼が提案した大河内などの助教授昇任案が否決され、一週間後には佐々木の教授昇任も否決される。栄治郎は自らの人事案件が否決されることにより、経済学部長の辞任を申し出た。二、三年が一般的な学部長ポストの任期だが、わずか一年という短命学部長であった。

この人事にはウラがあった。栄治郎の専横に危険を感じた土方は、水と油である大内兵衛にある策謀を持ちかけていた。この二、三位連合の企みは「荒賀長五郎」の名で、雑誌『改造』にことの顛末《てんまつ》が暴露された。

ある朝、一台のビュ－イックが門前に止まって、浅黒い紳士が「大内兵衛」と書かれた表札の門をくぐると名刺を差し出した。それには「土方成美」と印刷されていた。この百人町会議で、反河合の「赤門人民戦線」が実現した（江上『河合栄治郎伝』）。

かくして、栄治郎追い落としの〝人民戦線〟が組まれ、注文通りの展開になっていった。昭和十二年初春のことである。土方は大内を抱き込むことで、河合学部長の引き下ろしに成功した。その後任として自らが学部長に返り咲くと、続くターゲットは大内の〝左派〟殲滅《せんめつ》であった。まことに、帝大エリートたちの派閥争いは余人には図り難く、手に負えない。

盧溝橋事件

「迫りつつある戦争」予測

河合栄治郎は東京帝大の経済学部長を辞して、再び一教授として自由の身になった。だが、栄治郎をして孤高の道を歩むことを許さない事態が大陸で起きた。昭和十二（一九三七）年七月、盧溝橋事件の勃発である。近衛文麿内閣が発足して一カ月を過ぎたばかりであった。七日深夜、北京郊外の盧溝橋付近で夜間演習中の日本軍に向かって何者かによる二度の銃撃があった。栄治郎は支那事変の勃発を避暑地の長野県・軽井沢で聞いた。思えば昭和七年のベルリン滞在中から戦争を回避すべしと考えてきた戦争が、ついに現実となってしまった。

彼は二・二六事件後の軍部が、政治に関与しすぎることに危険を感じていた。広田弘毅内閣の組閣に際し、寺内寿一陸相が「自由主義排除」を入閣条件に挙げ、受け入れなければ入閣しないと揺さぶりをかけた。

栄治郎は盧溝橋事件の直前に、雑誌の『日本評論』昭和十二年七月号に「迫りつつある戦争」を書いて、今後、起こりうる戦争を予測していた。

彼は昭和六年の満州事変が勃発した当時と現在とを比較し、「差し迫れる日本の危機に直面して、竦然《しょうぜん》として膚に粟を生ぜずにはいられまい」と急迫の事態にあることを警告した。

次に起こる戦争は、第一次大戦と同様に強大国を巻き込み、戦勝国も敗戦国も大きなダメージを受けると予想した。しかも、「宣戦布告などの遑《いとま》なき間に、突如として国民の眠れる間に戦闘が開始される」とした。航空戦力が主力になって「寧《むし》ろ首都又は重要工業都市に行われ、軍人でなく非戦闘員が惨禍の中心となるだろう」と見通した（「非常時特別論文」『全集第十九巻』）。

中国大陸での戦火の拡大、真珠湾攻撃から本土空襲に至る大東亜戦争の結末を知る現代人にとっては、論文のリアリズム、将来予測の的確さに驚嘆するばかりだ。その上で栄治郎は、日本国民に向けて七つの命題をもって問いかける。

迫りくる戦争とは、「国防の為であるのか」「世界の地図が不公平だから、それを改訂するのか」「領土の拡張か、領土は何の為に拡張を必要とするのか」など、鬼気迫る問いかけで帝国主義戦争を戒めている。

近衛首相に進言する

栄治郎の見通しは、まず大陸で的中してしまう。盧溝橋事件の発生を受けて近衛内閣は、臨時閣議でいったんは「現地解決、事件不拡大」を決定する。だが龍王廟で再度の衝突が起こると、閣議は現地解決の方針とともに陸軍の要請にしたがって三個師団の派遣を承認した。近衛が「不拡大」を決定しながら派兵を認めたのは、中国がすぐ屈服すると考えたからである。

近衛内閣の不拡大方針でも事態は一向に収まらない。十月に入ると、昭和研究会を設立した後藤隆之助の差し金なのか、栄治郎は突然、近衛首相に招かれ、時局に関する見解を求められた。

栄治郎は普仏戦争の際に、プロシアの宰相ビスマルクがとった寛大な宥和《ゆうわ》政策の故知にならって、無併合・無賠償をもって戦争を速やかに終結することを具申した。事変後にはむしろ、親しき者同士の争いへと誘導するように提起したのである（木村「生涯と思想」『伝記と追想』）。

しかし、事態は彼の希望とは無関係に進展した。陸軍参謀本部の若手や中堅には、満州事変以来「現地軍が立ち上がれば本国は追認する」との空気がみなぎっていた。中央の意思を無視する形で、現地軍は暴走する。

　この年の暮れに、栄治郎はふと戦地への視察を思い立った。困難な状況を打破するための示唆が得られないか、と考えた上での企てだった。思い立ったら矢も盾もたまらない。軍部批判を繰り返してきた帝大教授の身でありながら、いきなり陸軍省に飛び込んだのだ。いかにも栄治郎らしい敵の懐に飛び込むやり方である。

「私は軍と右翼に反対意見を持つ者であるけれども、このたびの旅行は一日本人として国民の運命に重大な影響を及ぼす支那事変の合理的解決策を探求する以外に他意はない」

　応対に出た陸軍省の高級将校も呼応して、「あなたのような軍に反対の思想家にこそ、軍の行動を見ていただきたい」と、即座に視察の許可を与えた。こうして帝大教授、河合栄治郎の私費による北支戦場視察は実現した。

明治人の愛国心

　実は、栄治郎の視察旅行よりやや早く、東京帝大の法学部助教授、矢部貞治《やべていじ》と安井郁《やすいかおる》、それに文学部助教授の海後宗臣《かいごときおみ》らが外務省文化事業部の肝いりで、「支那民衆ノ生活安定」を目的とした視察に出発していた。

　政府は若手研究者に軍事行動とは別に、日本占領地の治水、耕作改良、医療支援、学校改善などを視察させ、その宣伝の役割を担わせようとした。聖学院大学准教授の松井慎一郎《まついしんいちろう》によると、法学部教授の南原繁《なんばらしげる》は、軍部が矢部らを「陣中に誘い入れる」ための企みであろうと警告し、栄治郎のそれは「軍部に利用されていると見た矢部らの視察旅行に対抗しようとする意図があったのかもしれない」と、うがった見方をしている（松井『河合栄治郎』）。

栄治郎は昭和十二年十二月二十六日から約二週間、華北地方への視察を敢行した。大みそかに貨車にゆられて黄河を渡り、元旦には済南に一番乗りするなど、無鉄砲さは相変わらずである。

一月十日に羽田空港に到着し、大森の自宅で記者会見をした。記者たちは栄治郎が、この北支視察をきっかけとして自由主義を放棄して、国家主義に転向するのではないかと勘繰っていた。栄治郎のように識見に富み、学才に恵まれた学者が、自由主義であるが故に社会的に葬り去られることを惜しんで傍観するに忍びないと考えていたのだ（木村「生涯と思想」『伝記と追想』）。

しかし、当時、朝日新聞の大学担当記者、扇谷正造は「河合発言は一定の限界を守っていた。この視察は、むしろ明治人としての潜在的な愛国心より発したものであろう」と観測していた（江上『河合栄治郎伝』）。

人民戦線事件

「左派教授を一掃せよ」

支那事変の勃発は、拡大する国家主義に勢いを与え、それが「革新運動」として大学の奥深くまで浸透していった。東京帝大経済学部でも、一部が国家主義を掲げて「大学の革新」を呼号するようになる。経済学部長に返り咲いた土方成美を中心に、本位田祥男、田辺忠男らの教授が結集し、左派教授の一掃を決意した。

土方は河合栄治郎を学部長から引きずり下ろすために、マルクス主義者と結託したが、返す刀で大内兵衛ら左派の殲滅《せんめつ》に動いた。「革新派」が標的にしたのは帝大教授、矢内原忠雄だった。矢内原はキリスト教団体の会合で戦争を否定し、平和論を論じた。これがパンフレットになって出回っているうちに、内務省警保局の手に渡った。

矢内原はさらに、昭和十二（一九三七）年の『中央公論』九月号に「国家の理想」を寄稿して、戦争反対の姿勢を明確にした。いまからみれば、どこが過激なのか分からないほど穏やかな批判である。だが、土方ら革新派はこれら二つの論文をやり玉に挙げる。

河合門下の江上照彦によると、経済学部の教授会が十月に開かれ、土方学部長が『中央公論』を手にして現れた。土方は矢内原の掲載論文「国家の理想」を示して、いきなり「このような論文の執筆者は大学教授としての適格性があるか」と発言した。

実は、栄治郎に代わって土方が二度目の学部長に選任される際に、大内兵衛らの左派は土方支持で票を固めたはずだった。ところが、矢内原だけは土方学部長就任に反対していたといわれ、土方が矢内原に遺恨をもっていたとの説がある。

矢内原は新渡戸稲造と内村鑑三の流れをくむ敬虔《けいけん》なクリスチャンではあるが、交友関係からマルキストの大内と親しく、栄治郎のいう「グルッペ」の一員として左派と行動を共にした。

学外でも新聞が彼らを批判し、これを問題視する貴族院議員が現れる。議会が取り上げると、文部大臣が放っておけなくなる。矢内原問題も昭和八年の滝川事件と同じ経過をたどることになった（扇谷『カイコだけが絹を吐く』）。

矢内原を擁護する

十三人からなる教授会の構成は、土方らの革新派が五人、対する大内ら少数派が四人で拮《きっ》抗《こう》し、会議の趨勢《すうせい》は栄治郎と山田文雄の師弟、さらに馬場《ばば》敬治《けいじ》、森荘三郎《もりそうざぶろう》らにかかっていた。土方学部長の矢内原糾弾に、本位田や田辺が同調し、大内兵衛と舞出長五郎が矢内原擁護に回る。このとき、栄治郎と馬場は沈黙して会議の流れを滞らせた。栄治郎は矢内原とは対立する立場にあっても、思想によって大学教授の地位は追われてはならないとの信念があった。

栄治郎らの同調を期待した土方の思惑は外れた。栄治郎はこのときの沈黙について、のちに「自分は独立独歩、信ずる路を歩いた」と振り返っている（「日記Ⅱ」『全集第二十三巻』）。帝大の長与又郎《ながよまたお》総長も『中央公論』の論文だけなら、総長と学部長への陳謝で収められるものと考えていた。ところが、内務省から新たな問題を突きつけられて形勢は逆転する。

矢内原は講演で「日本の理想を生かすために、一先ずこの国を葬って下さい」と表現したことが、「国体背反」にあたるとされた。「祖国を葬れ」という修辞は陳謝だけでは済まされない。長与はもはや矢内原をかばいきれなくなった。十二月一日、矢内原は問題が広がる前に辞表を提出した。

自由主義の本領

矢内原事件は大規模な弾圧の始まりにすぎなかった。彼が辞職した半月後の十二月十五日、帝大助教授だった労農派の大森義太郎はじめ、向坂逸郎《さきさかいつろう》や山川均《やまかわひとし》らも逮捕された。コミンテルンの人民戦線戦術に呼応して革命を企図したとして、計四百人が一斉検挙された。

東京帝大教授の大内兵衛や助教授の有沢広巳《ありさわひろみ》らが逮捕されるのは時間の問題であるとみられていた。朝日新聞の扇谷記者は大内の研究室で「どうも雲行きが怪しいですよ」と告げた。顔に深い縦ジワをよせて、鉛筆で頭をつつき「うん」といって、沈痛な顔をしていた（扇谷『カイコだけが絹を吐く』）。

翌年二月一日に大内、有沢、脇村義太郎、美濃部亮吉らが逮捕され、コミンテルンに無関係の左派にまで司直の手が伸びた。九大の高橋正雄は欧州留学から帰国した横浜で逮捕されている（第二次人民戦線事件）。

東京帝大では土方ら革新派がこの機会を逃さず、起訴前の即時処分を主張した。とくに栄治郎ら「純理派」の動向が鍵を握る。大内、矢内原を失った左派には、上野道輔、舞出の二人しかいない。栄治郎は反マルクス主義の闘将であり、大内とは思想対立があるうえ人間的にも肌が合わない。土方は今度こそ純理派が同調することを確信していた。

しかし、栄治郎は五時間におよぶ会議で、上野らとともに反対に回った。高等官である大学教授の休職処分は、文官分限令により「起訴セラレタルトキ」に限られているのに、検挙されただけでの即時処分は不当というものだった。

ここに栄治郎の知識人としての本領があった。栄治郎は自己の知的確信に忠実であり、言論の自由という価値が命を懸けるに値するものと考える（渡部昇一「河合栄治郎の意味」文化会議第127号）。

土方は形勢不利とみて決定を次回に先送りするよう提案した。だが、栄治郎らは即時採決を求め、休職賛成五、反対六の僅差で否決された。土方は面目を失って学部長を辞任し、「起訴前処分」は消えた。

栄治郎の動きは、自由主義の理論をもってすれば当然の帰結であった。彼は昭和十三年三月二十三日の日記に「純理を以て一貫した態度を持して、正に会心な時であった。近頃之位愉快な戦いをしたことはない」（「日記Ⅱ」『全集第二十三巻』）。

大内は起訴前休職こそ免れたものの、その年の暮れに治安維持法違反容疑で起訴され、自動的に休職処分になった。

第三勢力

英国型議会主義に期待

昭和十二（一九三七）年七月に大陸で盧溝橋事件が勃発したものの、国内では議会政治がかろうじて生きていた。昭和初期のマルキシズム、ファシズム、リベラリズムの鼎立《ていりつ》時代から、マルキシズムは壊滅した。そして、河合栄治郎はリベラリズムの一翼を担う「社会大衆党」に、一縷《いちる》の望みを託していた。社会大衆党は共産主義ともファシズムとも違い、「議会の上に安閑と眠る古い自由主義とも違う、民主主義によりながら革新を行おうとする新しい政党」であった（河上民雄「河合栄治郎と私の父　月報15」『全集』）。栄治郎が期待したのは、欧州留学中、階級政党から国民政党に脱皮した英国労働党のイメージであった。

盧溝橋事件の直前の四月に林銑十郎内閣下で実施された第二十回総選挙で、社会大衆党は三十七人を当選させ、政友会と民政党の二大政党に次ぐ第三勢力の地位にまで躍進していた。栄治郎は同党の躍進が「希望と予想を現実化せしめた」として、日本政治史上の特筆すべき事実と評価した。英国労働党が一九〇〇年に立党してわずか六年で、四十三議席を獲得したことと比較し、今後の伸びに期待を寄せたのだ（「社会大衆党の任務」『全集第十九巻』）。

日本の無産政党の歴史は、キリスト教と深く関わっていた。労働運動を主導した総同盟の鈴木文治、松岡駒吉が熱心な信者であったし、社会民衆党を創設した安部磯雄、片山哲もそうだった。これに総同盟育ちの西尾末広らが加わる。ところが、麻生久らインテリ層からなるグループが、そこから枝分かれして日本労農党をつくった。

やがて、昭和七年に社会民衆党、労農党、全国大衆党が合同して、社会大衆党が発足すると、安部委員長、麻生書記長の体制が築かれる。これら無産政党の統一により二大政党である政友会と民政党に対する第三極として台頭する（梅沢昇平『安部磯雄と西尾末広』）。

帝国主義の防波堤

栄治郎はこの社会大衆党に、帝国主義の防波堤たることを求め、英国型の議会主義が定着するよう期待した。

ただ栄治郎には、前年二月に自由主義への回帰が秘められていた第十九回総選挙のときの苦い記憶がある。「ファッショ排撃と憲法政治の確立」を掲げた民政党が二百五議席を獲得して第一党になり、政友会が七十一議席を減らして百七十一議席、栄治郎が期待した社会大衆党は、このときすでに十八議席へと躍進していた。

栄治郎は日記に「政友会の敗北、社大党の進出は我が意をえた。近頃愉快なことであった」と歓迎していた。ところが、選挙による「国民の総意」は、二・二六事件によって踏みにじられてしまう。このとき、栄治郎が『帝国大学新聞』に怒りをぶつけた論文が、あの「二・二六事件の批判」であった。

それでも彼は、社会大衆党が国民政党に脱皮するよう積極的に関与する。問題は、同党の宿命ともいえる寄り合い所帯をいかに克服するかにあった。総同盟が関係する雑誌『明日《みようにち》』の昭和十一年六月号に「剛毅《ごうき》で積極的な態度が必要」を寄稿し、思想の不統一、人脈の分裂、情熱の欠如、マルキシズムの残滓《ざんし》などの欠点を指摘した。

これを克服するのは、理想主義を掲げて人格の完成を目指すことを第一におき、自由主義を固持して言論の自由、議会制度の維持、そして社会主義として労働立法の拡大強化、国民保険法の充実、農地改革など具体的な政策を提起した。

栄治郎の期待に違わず、社会大衆党は「二・二六ショック」を克服して着実に勢力を拡大する。迎えた翌十二年四月の第二十回総選挙でも、前述の通り躍進したのである。ところが、選挙から三カ月後に大陸で盧溝橋事件が勃発し、またしても民意が踏みにじられた。

第十九回総選挙の民意が、二・二六事件の暴力によって覆され、第二十回総選挙でも盧溝橋事件で揺り戻されてしまうのだ。

社会大衆党の右旋回

そこで栄治郎は、軍部に押し切られる前に、議会主義の活性化を目指す「新しい政党の勃興」を働きかける。この党が英国の労働党のようになるためには、いまだ党の脆弱《ぜいじやく》性や幹部のファッショ的思想の払拭が不可欠であることを『中央公論』の二、三の論文で指摘した。

栄治郎は十二年五月十日、総選挙後に日本労働会館で、講師の大河内一男とともに労働者との座談会に出席して、党への期待を述べている。選挙によって成長した党に対して「国民的政党として日本を背負って立つという自覚を持つべきである」と注文をつけた。そのためには、一部幹部のファッショ的思想傾向を排除し、共産主義運動をしてきた人物を清算し、いまだ残っている封建主義と闘うべきであることを述べた。

「マルクス主義は国家の階級に分かれてゐると説き、国家は階級支配の道具であるといふのであるが、こういう国家観には反対である。次に、戦争の防止に努力すべし、敗戦主義にも反対すべし。真に国家の利益と国民の幸福のためには、飽くまで戦争を避くべきである。しかし、真に国家と国民を守るために戦争もまた止むを得ざる場合には戦ふより外に道はない」(「社会大衆党への希望」『明日』昭和十二年六月号)

社会大衆党はキリスト教社会主義の流れをくむ安部磯雄が党委員長の間は反共、反軍的な行動をとったが、時代の趨勢《すうせい》とともに党は次第に右傾化していく。書記長の麻生久らが党の実権を握ると、陸軍統制派や革新官僚に迎合し、親軍路線に舵《かじ》を切った。栄治郎のいう「ファッショ的思想傾向を排除」するどころか、軍部との関係強化であった。

昭和十五(一九四〇)年三月には斎藤隆夫の「反軍演説」に対する懲罰動議をめぐって党分裂の事態を迎えてしまう。この動議に反対して欠席した安部磯雄、片山哲、西尾末広、鈴木文治らを、麻生主導で除名処分にした。昭和十五年に近衛文麿が新体制運動を唱えると、直ちに解党して大政翼賛会に合流する。

戦火拡大

帝国の崩壊を予言する

近衛文麿内閣は支那事変の「不拡大」を決めたものの、やがて昭和十三（一九三八）年一月十六日、「国民政府を相手にせず」との政府声明を出した。河合栄治郎が近衛首相の求めに応じて提言した「すみやかな終結」も効果がなかった。

日本は事変拡大で中国の心臓部と英国の中枢神経に刃《やいば》を突きつけていた。戦火は上海に飛び火して、揚子江一帯に巨大な権益をもつ英国を刺激した。栄治郎は日中戦争がこれ以上、拡大し、米英との衝突に発展することを憂慮した。つい一年ほど前には、ファシズム国家と手を結ぶ日独防共協定が成立し、対米英関係が一気に悪化した。

栄治郎は一月三十一日、経済界の招きに応じて東京・丸の内の日本工業倶楽部で講演をした。この中で彼は率直に自らの危機意識と今後の見通しを語った。

「この日中戦争の結果日本は、米英との戦争に突入し、満洲、朝鮮はもとより、台湾、琉球をも失うことになるだろう」（猪木正道「解説」『全集第十四巻』）

国際政治に非凡な見通しをもつ栄治郎は、なんらの幻想もなく行く末を洞察していた。日本が日独防共協定で枢軸側にくみした以上、米英両国を敵とする世界大戦へ突き進むと考えた。それがいかに危険で覚悟が必要かを講演で語った。

この段階で、対米英戦争の危険を懸念していたのは、駐英大使の吉田茂ら一部の米英派だけだった。まして、日米戦争の末に満州、朝鮮、台湾はおろか、沖縄まで失うと予測する人物はさすがにいない。栄治郎の大胆な予測に、満座の経済人たちは衝撃を受けていた。日本がドイツ、イタリアとの三国同盟を結ぶのは、さらに二年半以上もたった昭和十五年九月である。日本は日独伊三国同盟によって米英を牽制《けんせい》したつもりが、逆に太平洋での対米英戦争が不可避となっていく。

栄治郎の鋭い戦略見通しは、早くも大日本帝国の崩壊を意識していたのである。親友である鶴見祐輔の長男、俊輔《しゅんすけ》は、栄治郎によるこのときの講演に関連し、「徹底したリアリズムが、どうして虚無主義に厭世《えんせい》主義に彼を導かなかったかは、一つの不思議である」と、のちに書いている（鶴見俊輔「河合栄治郎氏の印象　月報9」『全集』）。

徹底したリアリズム

栄治郎の著作を読んでいると、思想的には理想主義を説いてはいても、対外戦略についでは俊輔が直感したように徹底した現実主義であった。

栄治郎は日本工業倶楽部の講演より三カ月前に、『中央公論』の昭和十二年十一月号に「日支問題論」を書き、十二月号には「外交の革新」を相次いで発表していた。経済人たちは言論統制下でも率直に持論を語る河合教授に、曇りのない戦争への所見を期待したのであろう。

経済界にとって満州は、多くの日本人が経済活動を営む特殊権益の地であり、日露戦争の犠牲を払って獲得した大地であるのは自明であった。栄治郎の「日支問題論」の指摘もまた、「支那は自国を防衛する能力なく、空しく露西亜の蹂躙《じゅうりん》に任せた」のであり、「日本は自己の自由独立を防衛する立場から、露西亜と戦い之を満州南部から駆逐すると共に、露西亜の所有する権利を譲渡された」と位置づけていた（「日支問題論」『全集第十九巻』）。

満州における日本の権益は、英仏のように中国から直接奪取したのではなく、日露戦争の勝利による権利の譲渡であり、その特殊性を繰り返し述べている。満州に権益をもつと「防御は攻撃的防御に変形」し、日本の発展と膨張とが、「次の国是として浮かんできた」のである（「第一学生生活」『全集第十七巻』）。

近代史研究者の中には、河合栄治郎が日本の対外進出を批判していないことをもって、自由主義思想の限界を問う議論がある。これに対し、栄治郎の擁護者は、国民によって選ばれた衆議院で議決された場合には、たとえ思想信条が違っても、容認せざるをえないとの考え方をとっていたと反論する。

確かに栄治郎は、『日本評論』昭和十三年四月号の「時局・大学・教授」で、「戦時予算の協賛に際しては吾々国民の選挙したる代議士が満場一致を以て政府を支持した」と述べる。その上で、異論があろうとも「時局に対して熱情を以て終始することは、立憲国民の義務でなければならない」と明快であった（『全集第十九巻』）。

「日支問題論」の主題は、彼自身が述べているように、事変が極東の大戦を引き起こすことを阻止しながら、「此の事変に一つの道徳的意義を見出そうとする」ことにあった。

栄治郎が論文でとくに注意を喚起したのは、日本の自由独立と国家としての品位の尊重である。満州にある特殊権益を前提に、「日本は支那よりして自由と独立を尊重さるべき権利があり、更に国家の品位を尊敬され列国と平等に待遇さるべき権利がある」と主張する。

さらに、西安事件以降の大陸でも、「支那赤化」の脅威があることに着目した。大陸が赤化されれば、「コミンテルン幹部の指令によって動く傀儡《かいらい》となる」ことを警戒したのだ。

彼らは朝鮮、台湾、そして日本にも入り込む懸念があり、栄治郎はそこにも支那事変を遂行する根拠を見いだした。中国の抗日政策や赤化を根絶し、「早い時期に戦局を収めることが有利なことは云うまでもない」と早期解決論をとった。

栄治郎の対外リアリズムは、「測り難き謎の国支那を近接国に持つことは、いかに日本は呪われた運命にあろう」と日中の地政学にまで及んでいる。まるで、現在の日中関係を見通すような視点である。

彼は祖国愛に満ちた自由主義者であった。近衛首相に「すみやかな終結」を提起したものの、対中戦争を選択してしまった以上、堂々と戦うべきであり、その結果に対しては国民すべてに共同責任があると喝破した。

◈第八章◈

名著『学生に与う』誕生

河合栄治郎の日記帳

攻撃

『ファッシズム批判』発禁処分

東京帝大教授、河合栄治郎に対する右翼全体主義からの攻撃は、意外に早くめぐってきた。マルキストを排除したいま、彼らにとって戦闘的な自由主義者ほど邪魔な存在はなかった。国策に反対してきた「抹殺の陰謀」が、にわかに動き出したのである。

発端は栄治郎の講義を受けた法学部の学生が「大学の自治」などの内容を革新右翼に流したことに始まる。これに右翼団体が飛びついた(扇谷正造『カイコだけが絹を吐く』)。

昭和十三(一九三八)年二月十六日の貴族院本会議で、男爵の井田磐楠《いだいわくす》が唐突に、栄治郎の三著書『ファッシズム批判』『時局と自由主義』『第二学生生活』をやり玉に挙げた。井田は時の文部大臣、木戸幸一に対し、河合教授の言動、著書を放置してきたことを批判したのだ。

呼応して原理日本社の蓑田胸喜《みのだむねき》ら右翼が騒ぎ立てた。彼らにとって栄治郎が主張する大学の自治や自由主義は、大内兵衛《おおうちひょうえ》ら「人民戦線思想家」となんら変わることがなかった。

蓑田らは司法省の思想検事らと面会し、「あなた方は河合教授の講演を聴いて感服したという話だが、だとすれば、あなた方はマルキストだ」と決めつけた（海野晋吉「河合事件を弁護して　月報13」『全集』）。

蓑田のいう検察相手の講演とは、昭和初期に台頭したマルクス主義を理論的に批判できる数少ない学者として、栄治郎を招いたことを指している。検察以外にも栄治郎は海軍大学、陸軍からの依頼で講義した。やがて京都帝大の同窓会で、文部省教学局の事務官が得意げに、「来年は河合栄治郎を追い落としてやるんだ」と豪語するようになった。

栄治郎は昭和八年の滝川事件をはじめ、十年の美濃部事件、十二年の矢内原事件、そして十三年の大内兵衛らの人民戦線事件など次々に起きた言論抑圧事件に、ことごとく反対を貫いた。次第に検察は、「国体に反する自由主義を放置しては自己の一分が立たない」として、河合おろしに狂奔《きょうほん》していく。

しかし、当の栄治郎は井田らの攻撃をものともしない。『日本評論』昭和十三年四月号に「時局、大学、教授」と題する論文で、「大学の教授の任務は、政府と協力することではなくて、政府を批判指導することである」と真っ向から応戦した。

栄治郎に忍び寄る影

五月の近衛改造内閣で、文部大臣に荒木貞夫陸軍大将が就任すると、しばらくして「大学の自治」に手を突っ込んできた。六つの帝国大学の総長を集めて懇談会を開催し、教員の選考方法で文相の意志を反映するものにすべきことを表明した。

東京帝大は八月に臨時評議会を開催し、「今日変革を加ふるの必要を認めざるものである」との結論を得た。これを受けた経済学部教授会は、革新派が逆に評議会を批判して栄治郎らと対立し、激論の末に評議会支持に回った。怒った荒木は東大総長の長与《ながよ》又郎《またお》に実行を求め、文部省との交渉を経て、玉虫色の合意文書をつくった。

このころから栄治郎は、不気味な影を感じるようになった。「身辺の危険」という気配はあるが、「臆《おく》せず躊躇《ためら》わず純理を貫徹して往こう。それで仆《たお》れたら運命だし、又《また》死中に活をうる所以《ゆえん》でもあるのだ」と覚悟を綴っている（「日記Ⅱ」『全集第二十三巻』）。

夏を軽井沢の別荘で読書三昧と決め込んでいたが、経済学部長の舞出《まいで》長五郎《ちょうごろう》や評議委員の上野《うえの》道輔《みちすけ》からの電報で呼び戻された。右翼雑誌の『いのち』で法学部二年の小田村寅二郎から、講義内容に「容共」が含まれていたと非難され、蓑田の新聞『帝国新報』で、執拗《しつよう》に狙い撃ちされていることを知った。

秋風が吹くころになると、蓑田らは「帝大粛正期成同盟」を結成した。長与総長に面会して「長與東大總長への進言書」を手渡し、自由主義的な学風を糾弾した。日比谷公会堂に二千八百人を集めて帝大粛正学術講演会を開催し、陸軍中将の建川美次が「河合教授は共産主義者」などと追及した。

「一歩も引けません」

長与総長は文部省と右翼からの圧力と、足元の教授たちからの突き上げでジレンマに陥っていた。長与は医師としてがん学会の大家ではあるが、押し寄せる時局の波にもまれていた。やむなく長与総長は、舞出、上野を通じて、栄治郎に目下の情勢を考えて著書『ファッシズム批判』を自主的に絶版にしてほしいと伝えた。このままでは栄治郎が発禁処分を受けたうえで、大学を休職処分にされかねない。それを防ぐ苦肉の策であった。

だが、時世の風向きで信条を転向するのは、栄治郎のもっとも軽蔑するところであった。栄治郎は九月十七日に総長と会見し、「これだけは一歩も引けません」と、再考の余地のないことを伝えた。

ある日、新聞記者の扇谷は総長を訪ねて「何を読んでおられますか」と聞くと、長与は中国の兵法書である「六韜三略《りくとうさんりゃく》」だという。大学の苦境を収拾しようと取り組むその姿が痛々しかった。長与は難題に苦吟のあげく、それから間もない晩秋に帰らぬ人となった（扇谷『カイコだけが絹を吐く』）。

昭和十三年十月三日、栄治郎の四つの著書『ファッシズム批判』『時局と自由主義』『第二学生生活』、それに『社会政策原理』が突然、内務省により発禁処分を受けた。理不尽にも当局は、「社会改革の内容が共産主義と変わらず、反軍思想を宣伝している」と断定した。

栄治郎が反マルキシズムの闘将であったことは、世間周知のことで露骨な曲解であった。栄治郎は日記に「来るべきことが来た」と書いた。同時に「然し『(社会政策)原理』の入ったのは意外であった」と怪しんだ。彼の疑問は、貴族院で井田が攻撃したのが、それ以外の三冊だったからである。

新たに四冊目が加わったのは、栄治郎に進退を問うための布石だった可能性がある。文部省は、この『社会政策原理』が栄治郎の担当講座「社会政策」の根幹をなすことから、出処進退で揺さぶりをかけてきた。

休職処分

道義なき平賀粛学

軍部、文部省、右翼の圧力を受け、失意のうちに死去した東京帝大総長、長与又郎の後任はなり手が見つからなかった。いったんは総長選挙が実施され、国際法が専門の山田《やまだ》三良《さぶろう》教授が選ばれたものの、本人が固辞して再び宙に浮いた。

それはもっともな話で、新総長に就任すれば、学外の圧力を受けながら河合栄治郎に引導を渡さねばならない役回りであった。『ファッシズム批判』など四著書が発禁処分を受けた以上、彼が東京帝大から追放されるのは時間の問題であった。

紆余《うよ》曲折の末に、前工学部長だった海軍中将、平賀譲《ひらがゆずる》が選任されたのは、昭和十三（一九三八）年十二月半ばである。平賀は軍艦の設計では国内の第一人者でも、大学の自治にはおよそ縁遠い。新総長が硬骨、剛腹であり、仮にどんな妙計があろうとも、方向性が変わることはなかった。

すでに文部省は伊藤延吉次官をはじめ、教学局長官、専門学務局長らが協議のうえで、総長、経済学部長らに対して、河合教授に辞職勧告をするよう求めていた。

栄治郎の平賀新総長との面会が実現したのは翌十四年一月、松飾りもとれたころのことである。平賀は直接の勧告は避けつつ、暗に辞職を求めた。会談を終えると、平賀は栄治郎宅に側近の教授を送り、辞職で生活に困るようであるなら教授以外の地位を保障する用意があること、予想される検事局の起訴を未然に防ぐよう働きかけることを伝えた（木村健康「河合栄治郎の生涯と思想」『伝記と追想』）。

栄治郎は平賀の気配りに感謝の気持ちを述べながらも、その申し入れを即時拒否した。自らの進退が、栄治郎一個人の問題ではなく、大学の一員として公人の進退であったからだ。

一月十九日、ついに東京地方検事局が栄治郎に出頭を求め、例の四著書についての取り調べを開始した。連日、二人の検事によって長時間の取り調べが行われた。

平賀は熟慮の末に、再び栄治郎を総長室に呼び、総長の職権で休職処分にするとの決定を文部大臣に報告すると伝えた。平賀総長の周辺では、経済学部長の舞出長五郎と法学部長の田中耕太郎《たなかこうたろう》が補佐していた。

それまで、大学の自治のために共闘してきた舞出と上野道輔は、栄治郎といっしょに歩もうとする気は毛頭なかった。二人は雑誌『中央公論』に、栄治郎の弁明文「一学徒の歩める道」の発表の後押しをしてくれた。だが、栄治郎の辞職勧告が現実になると、舞出は一転して『中央公論』への論文掲載を見送るよう求めてきた。

栄治郎は「僕は断はったが少しM（舞出）と議論して、Mも度胸のない下らない男だと思った」と苦々しい思いを綴《つづ》っている（「日記Ⅱ」『全集第二十三巻』）。

田中耕太郎の演出

他方、法学部長の田中は、大学の自治を守るために強い信念と権力意思をもって現実的対処を考えていた。河合追放が避けられない道であるなら、革新派を率いる土方成美《ひじかたせいび》も同時追放して、一気に経済学部の内部抗争を沈静化する方針を編み出した。つまりは「喧嘩両成《けんかりょうせい》敗《ばい》」という陳腐な粛清方法である。

田中は緊急事態を乗り切るために、評議会の議決という手続きをとらず、法学部長からの建言という形で決着をつけた。栄治郎が生涯をかけて戦ってきた「大学の自治原則」を、いま総長自らの手によって破壊し、教授会にはかることなく放逐を決めたのである。

栄治郎は一月二十八日、再び検事局に出頭して長時間の取り調べを受けた後、自宅で待ち受けていた記者の求めに応じて声明を出した。彼はその中で、教授会が自分を欠格者であるというなら辞職するが、その理由が「思想、学説は欠格でないが、表現が欠格」であるというのは納得できないと述べた。

その上で、「人間はただ一筋の道を真直ぐに進むだけです。これが師として私の説いた道であります。教師は学生を欺いてはならない」と述べ、のちに有名になる栄治郎の「唯一筋の道」がここにはじめて掲げられた（『東京日日新聞』昭和十三年一月二十九日付）。

栄治郎は徹底抗戦を考えていた。休職処分の理由が「表現の欠格」であり、その上の「喧嘩両成敗」とはいかなる了見なのか。彼が直面する問題は、思想家として渾身《こんしん》の力を込めて書いた書物が、あからさまな言論弾圧に曝《さら》されたということである。

思想で裁かれるならともかく、派閥抗争の責任については身に覚えがない。しかし田中の選択は、一人を犠牲にすることで、全体を守るための使命を果たしたいという考えだった。

幻の最終講義

政府の文官高等分限委員会は河合教授の休職処分を可決して、直ちに閣議決定のうえで上奏裁可を経て発令された。

栄治郎は久しぶりに教室に出て最終講義をしようと考えていた。ところが、二月一日の遅い午後に、日比谷交差点の角で何気なく夕刊を買って目を疑った。そこには「東京帝国大学教授河合栄治郎、文官分限令第十一条第一項第四号ニヨリ休職被仰付」とある。栄治郎はわずか一日の差で、最終講義という希望も絶たれ、学生に一言の〝遺言〟も残せないまま大学を去ることになった。

その夜の栄治郎宅は「教授追放」を聞きつけて駆けつけた弟子や学生でいっぱいになった。彼は茶菓子を振る舞ったうえで、たばこの「朝日」をくゆらせた。栄治郎はもしも残りの講義が可能であったら、次のように語りたかったと述べた。

「日支事変が長びくにつれて、色々の問題が国内に起こるであろう。その時が日本国民の愛国心が本当に試練にかかる時である。日本はその特殊性を離脱して、普遍性の立場に立たない限り日支文化の融合はなく、この高次の段階に於《お》ける融合がなければ、日支問題は解決しない」

そして、栄治郎はいつものように「隣人に支那をもっていること、これは日本の宿縁――永遠の宿題である」と、静かに語ったのである（中島尚久「河合栄治郎・言行録3　月報16」『全集』）。

決別の一句

別れても又一路や花の山

河合栄治郎は昭和十四（一九三九）年二月、東京帝大の休職が正式に発令されると、恩師の名誉教授、小野塚喜平次《おのづかきへいじ》を訪ね、長年の厚情に感謝の意を伝えた。その足で、総長の平賀譲のもとに赴き、辞任のあいさつをした。栄治郎は平賀が総長として断行した処分に不満ではあったが、個人的には遺恨があるわけではない。平賀は「心にもない処置をとらざるをえなかったことは誠に申し訳ない」と、夫人ともども深くわびた。

このとき、平賀は「検事局が起訴することはないだろう」との楽観論を披瀝《ひれき》した。しかし、栄治郎は「断じて検事局は起訴するでしょう」と応じた。司直の手は平賀が考える以上に、栄治郎のもとにヒタヒタと近づいていたのである（木村「生涯と思想」『伝記と追想』）。

栄治郎の解任が決まると、彼が率いた「純理派」は分裂の危機に陥っていた。教授たちは静かに栄治郎の元を離れていった。河合直系の山田文雄《やまだふみお》教授、大河内一男《おおこうちかずお》講師、そして二人の助手である木村健康《きむらたけやす》と安井琢磨《やすいたくま》らは、恩師の運命に従うとして一斉に辞表を提出した。栄治郎の「純理派」と、土方成美の「革新派」を合わせて十三人が辞表を提出し、新聞がいう「東大経済学部壊滅に瀕《ひん》す」との騒ぎになった。

木村によると、栄治郎の休職処分が決定する前から、河合直系四人は栄治郎を囲んで行く末を協議した。このとき栄治郎は、自らといっしょに大学を去って学問的生涯の前途を困難にすることは、もっとも望まず、「大学に踏みとどまって学問に専心するよう」求めた。

栄治郎の恩情に、山田は「留《とど》まって学問を続けることが恩師の薫陶に報いることだ」と述べた。しかし、大河内、木村、安井がこれに反対し、各自が職を辞して「大学の自由」の破壊に抗議すべきだと主張した。山田もこれに折れて、四人いっしょに辞職することを誓ったのだ。

平賀総長の巻き返し

一月二十五日に栄治郎の休職処分と同時に、山田は敢然と辞表を提出し、直系の三人も続く。この事態に、総長の平賀は、教授たちの辞表は受理しても、経済学部再建のために助教授、助手ら若手には翻意を促した。

この巻き返しに、大河内と安井がぐらつき始めた。朝日新聞記者の扇谷正造は、確認のために大河内を訪ねた。

「どうするんです」

考え込んで返事がない。ひと呼吸を置いて大河内は、苦しげに胸の内を語った。

「平賀総長から残れといわれているんです。残って大学の再建に協力してくれといわれている。一方、私は河合先生に殉じてやめるべきではあるまいか」

午後十時を過ぎて、今度は中央線沿線の商店二階に住む助手の木村健康を訪ねて、同じ質問をぶつけた。大河内と違って木村は「私は先生といっしょにやめます」と即答して迷いがない。木村の後ろに控える新妻が、夫の返答に同意してコックリと大きくうなずいた。

扇谷はその夜、妻に二人の河合門下の態度の違いと、その新妻のすばらしさを話した（扇谷『カイコだけが絹を吐く』）。

大河内、木村、安井の三人は決着をつけるべく、再び栄治郎宅を訪ねて相談した。栄治郎は休職処分が出る前とは変わって、「辞表を提出した以上、断じて撤回すべきではない」と強硬であった。みんなで頑張っていれば、平賀への世間の批判が高まり、辞任に追い込まれる。そうなれば、「君たちは助教授になれる」と希望的な観測を語った。

弟子二人の破門

人間は元来が天邪鬼《あまのじやく》で、辞めるなといわれると辞めたくなるものなのか。一念を貫いたのは木村であり、大河内と安井はそこまでは徹しきれない。

大河内は「別れたというよりも、昔風にいえば、私は破門されたということになります」と、著書『社会政策四十年』に書いている。大河内は自己弁護もあって、栄治郎が「策略家」のようであったことに嫌気がして、辞表を撤回するに至ったと回顧している。

栄治郎にすれば、かつて経済学部長の職を賭して彼らを助教授に昇進させようとしたことがあり、彼らの「無節操」への失望が大きかった。

誓約を貫いた木村は、「はじめから辞職を主張していた二氏の留任は河合教授にとって一層遺憾に思われた」と裏切りを非難する。かくて、辞表を提出した十三人のうち、辞意を貫いたのは純理派の山田教授、木村助手であり、革新派では田辺忠男《たなべただお》、本位田祥男《ほんいでんよしお》、中西寅雄《なかにしとらお》の三教授のみであった（木村「生涯と思想」『伝記と追想』）。

経済学部立て直しに懸命だった平賀の説得が功を奏したのである。「平賀粛学」を主導してきたのは、法学部長の田中耕太郎である。南原繁《なんばらしげる》と蝋山政道《ろうやままさみち》は、田中が正規の手続きを踏まずに建言したことを教授会で論難した。この批判に田中は言葉を濁したままであった。

南原と蝋山の二人は栄治郎とともに小野塚の薫陶をうけた教え子である。これまでも南原は、大学の自治に関して経済学部の栄治郎と連携をして数々の危機を乗り越えてきた。他方、蝋山は栄治郎とは学生時代からの親友であった。

蝋山は「粛学」に全力で反対し、自己の主張が受け入れられないと知るや、決然と辞職を申し出た。のちに辞任決意の理由を、栄治郎が法学部の同僚の手によって裁かれたということは「自分も裁かれたも同然と責任を感ぜざるを得なかった」と田中の所業に言及している（蝋山「人間として同僚としての河合さん」『伝記と追想』）。

蝋山は最終講義で、「大学と国家を考えての行動であることを理解してもらえたら私の本懐です」と語った。最後に蝋山は、決別の辞として、幕末に活躍した河井継之助が師の山田方谷と別れるときの一句を学生たちに贈った。

別れても又一路や花の山

栄治郎はその一部始終を聞いて、涙が止まらなかった。人生最大の試練を迎えたとき、友が自らの犠牲を払って行を共にしてくれたことほど心を打つものはない。それまでの苦悩と孤独が解消し、熱くこみ上げるものがあった。

起訴

法廷へ、「天我を捨てず」

東京刑事地方裁判所検事局は昭和十四（一九三九）年二月二十八日、東京帝大から追放された直後の河合栄治郎を起訴した。発禁処分にした『ファッシズム批判』など四著書が、出版法第二十七条の「安寧秩序ヲ紊《みだ》ルモノ」にあたるというのが、その理由であった。

自著が刑罰に問われれば、それまで築いてきた地位や名誉が根底から崩される。誰しも衝撃を受けるはずが、栄治郎は違った。むしろ、妻の国子に向かって腹の底から叫んだ。

「天我を捨てず、之で救われた」（「日記Ⅱ」『全集第二十三巻』）

法廷に立つことが「思想家として自らを生かす道」と喜んだのだ。このときの栄治郎には、これから立ち向かう長い裁判が、自らの肉体を滅ぼす遠因になるなど、考えも及ばなかった。むしろ、自らが信ずる「思想の自由」のために倒れるのなら、なんの悔いも残らない。

思えばその覚悟は、いまに始まったことではなかった。美濃部事件、二・二六事件以来の日記を読み返せば、それら覚悟の連続が、起訴されても平然としていられる理由であろう。ドイツの哲学者フィヒテが、ナポレオン占領下のベルリンで、迫害に抗して『ドイツ国民に告ぐ』と語ったような熱情は、栄治郎の本懐なのだ。

総長の平賀譲や法学部長の田中耕太郎らが、帝大追放に思想以外の低劣な処分理由を付けたことの方が許せない。田中らは文部省の圧力で「河合追放」がやむをえないのなら、土方成美ら「革新派」を巻き込んで喧嘩《けんか》両成敗に仕立て上げ、大学の運営を守る姑息《こそく》な道を選んだ。

ところが、今回の検事局による起訴は、そうした姑息な手段とは違って正面から栄治郎の自由主義に挑んできた。彼にとり起訴は、自らの思想を表明する格好の機会を得たのに等しい。

ハーバード転身の挫折

検事局の取り調べは、一日平均九時間近くに及び、これが十二日間も続いた。尋問を受けつつも、「答弁の中から自分の体系は一歩拡大した」と肯定的にとらえた。栄治郎は「入獄はいつになろうか。予《かね》て深山の寺院に籠もりたいと思っていたその目的が獄中で達せられる」とすら考える（「昨今の心境」『全集第二十巻』）。

実際に公判が始まるまでの間、三月には次女を伴って伊勢、奈良、高野山、白浜を回る旅に出た。東京帝大を失職後の生活に不安はあったが、万が一のための蓄えがある。辞めた直後には、先輩の鶴見《つるみ》祐輔《ゆうすけ》から旅で気分を変えるようにと五百円が贈られた。この中から山田文雄と木村健康にそれぞれ百円ずつを分配した。

和辻哲郎の『古寺巡礼』を供に奈良をめぐり、村岡典嗣の『日本文化史概説』や『続日本思想史研究』に触発され、日本の古典に目を開かれた。西洋思想の研究から日本的なるもの、伝統的なものへの回帰である。

旅先から自宅に電話すると、栄治郎が米国のハーバード大学へ行くとの情報を、新聞記者が取材していると知らされた。米国の政界や学界に人脈をもつ鶴見祐輔が、栄治郎にハーバード行きを勧めたのは前年十二月のことだった。

栄治郎が英国の自由主義者、トーマス・ヒル・グリーンの研究者として米国でも有名であり、鶴見はハーバードで講義するよう求めた。栄治郎はこのとき、「自分の前途にも光明が見えてきた」と、転身への意欲を示していた（『日記Ⅱ』『全集第二十三巻』）。

だが、それに先立って栄治郎には東京での公判廷が待ち構えていた。

帰京後に臨んだ五月からの予審尋問は期待外れであった。予審判事の中野保雄は栄治郎による思想説明を聞いているふりをするだけで、「石頭には何をいっても分からない」状態だった。案の定、予審終結決定書は、栄治郎が国体に反する「危険思想家」とされており、検事局の起訴理由のほぼ丸写しであった。

名著『学生に与う』誕生

栄治郎は東京帝大を放逐されはしたが、にわかに金回りが良くなっていた。昭和十一年以来、編集を担当している「学生叢書」シリーズが好調な売れ行きで、期待以上の印税が転り込んでいたのだ。栄治郎は初公判までの間に、理想主義に基づく自らの人生観や世界観を若い学徒に遺しておきたいとの衝動にかられていた。学生叢書の評判がよかったことがその一因かもしれない。

日本評論社の編集者、美作太郎《みまさかたろう》は翌年一月、大森の自宅で栄治郎と対座していた。彼が大正末年に河合ゼミ生として師に接して以来、書棚に囲まれた書斎は見慣れた風景だった。栄治郎がおもむろに口を開いた。

「私はいよいよ『学生に与う』を書くつもりだが、いったい書くということがこの際いいことかどうか、君の考えはどうです？」

美作は困惑していた。あの四著書の発禁処分から一年二カ月がたち、公判の開始は目の前である。著者の栄治郎にはもちろんだが、出版社としてもよほどの覚悟がなければできない。ときの政権にとって栄治郎は「危険な思想家」であり、いっさいの言論・出版活動も事実上、禁止されていた。

一月末に東京帝大から休職処分を受け、二月には出版法違反で起訴、五月から予審に回され、まもなく公判が始まる。栄治郎の発禁書籍を発行した日本評論社にも、検閲当局から栄治郎の著書の発売中止が「勧告」されていた。

「やはり私は楽観ができないのです」

長い沈黙が続いた。美作は栄治郎の不退転の決意が迫ってくるのを感じた。まもなく彼は、編集者の自分が「無理を承知ですすめた」と序文に書くように提案した。新著に伴う危険を、出版社へ分散する方法を思いついた。栄治郎の顔に明るさがよみがえり、「ありがとう美作くん。一蓮托生でいこう」と応じた（美作『戦前戦中を歩む』）。

ベストセラー

嵐の底に啼きやまぬ自由主義

河合栄治郎は箱根・仙石原の老舗旅館「俵石閣《ひょうせきかく》」に向かった。自著四冊が「世を乱すもの」として起訴され、公判開始までの貴重な時間を『学生に与う』の執筆にあてるためである。出版差し止めの迫害を受けながら、めげずに新たな本を強行出版するというのだから豪気なものだ。

栄治郎は昭和十五（一九四〇）年二月半ばから、一カ月間をこの定宿にこもって、胸中に渦巻く感慨を一気にはき出した。

「学生諸君、我々の祖国日本は今、非常な難局に立っている。この難局がいかなるものなるかは……」

書き出しは悲壮に満ちた呼びかけで始まった。三年前の秋、華北戦線を視察して以来、栄治郎は中国大陸で戦争を続けていけば、米英両国との戦争は不可避だと考えていた。日米の国力は雲泥の差があり、日本軍がいくら奮闘しても日本の完敗は明らかであると見通した。

栄治郎はこの難局を視野に、自らの思想、思索のすべてをささげて、若い学徒に将来の日本を託そうとしていた。その基軸となる「究極の目標としての人格」を強調し、「何事にも屈しない自我」を獲得するよう呼びかけた。

定宿での執筆は、項目別に「学生の地位」「教育」「学校」と進んで、最大の〝難所〟である「教養」に差し掛かって筆が進まなくなった。一時は途中で投げ出したくなるほどの〝急勾配〟であった。この峠を越えると快調に進んだが、遅いときは午前四時に至るなど身を削りながらの執筆だった。

こうして、「かくて教養は人生における戦いである」という有名な一節が生まれる。彼はフランスの作家ビクトル・ユーゴーの名言を引きながら、人間の自然に対する戦い、人と人との戦い、人の内心の戦いをあげ、「人はともすれば心の中の戦いを忘却しがちである」と学生にクギを刺した。

三月十五日午後十時、「卒業」の項を書いて筆をおいた。実質二十日間という短期間のうちに、二百字詰め原稿用紙で九百二十枚を一気に書き上げた。常人を超えたすさまじい筆さばきである。

栄治郎はもてる力をすべて出し切って、「自分はこれ以上でもなければ以下でもない」との感慨を述べた。息つく暇もなく、今後の目標について「この内容を深めて学問的体系として〝理想主義体系〟として続刊する」と定めた。

執筆後四年で急逝しているため、彼が目指した「理想主義体系」の悲願を達成することはできなかった。したがって、門下の猪木《いのき》正道《まさみち》は、同書が栄治郎の思想体系をもっとも集約的に表現した代表作になったと位置づける（猪木「解説」『全集第十四巻』）。

『学生に与う』の挑戦

帰京して最終段階の見直し中に、彼は頭痛と下痢に見舞われていた。翌日の四月十八日、公判準備の手続きで東京地方裁判所の法廷に現れたモーニング姿の栄治郎は、おそろしくやつれて見えた。

もちろん、この憔悴《しょうすい》ぶりは公判に対する心労よりも、無理な思索と文筆活動からくるものである。東京帝大に見捨てられても、テロの恐怖に耐え、かつ裁判に敢然と立ち向かいつつ、なお、理想主義体系への情熱を失わない思想家の姿であった。

本人には心外だったであろうが、同日の夕刊各紙には、栄治郎の憔悴があたかも事件への心痛からくるものと受けとられた。

出版が危ぶまれていた『学生に与う』は、公判中にもかかわらず奇跡的に発刊が可能になった。日本評論社が十五年六月十五日に発売を開始すると、異常な売れ行きを示した。当時の知識、教養を渇望した学生の心を激しく揺さぶり、たちまちベストセラーに躍り出た。

発売二カ月で二万二千部、現在の感覚ではその十倍ぐらいに該当するという。『中央公論』の編集長だった評論家の粕谷一希にいわせると、それはすさまじい衝撃力と感化力を秘めていた。

護衛する門下生たち

栄治郎は四月の第一回公判に、独りで立ち向かおうとしていた。自らの思想問題で人の援助を求めるのは独立自尊の信条に反し、潔しとしなかったのだ。もとより、公判に伴う煩瑣《はんさ》な法手続きを知らず、自らの正論で押し切るつもりであった。

見かねた親友の蜷山政道は、三輪寿壮《みわじゆそう》の紹介で、人民戦線事件などを手掛けた弁護士、海野《うんの》晋吉《しんきち》に弁護人を依頼した。海野は帝人事件など人権擁護のための戦いを続ける「正義の士」との評判が高かった。

海野は蜷山、三輪の口説きに応じたとはいえ、引き受けたのは軍部や右翼に尻込みする弁護士仲間の態度に義憤を覚えたからだ。何よりも彼は、書物を通じて河合教授の人格と識見に敬服していた。

栄治郎ははじめての顔合わせで、海野が自分に劣らぬ自由主義者で、温和なその奥に火のような正義の情熱をみた。公判でも、それは遺憾なく発揮された。そして思想面を補完する特別弁護人には、栄治郎に殉じた直弟子、木村健康が就任した（木村「生涯と思想」『伝記と追想』）。

弁護費用は、親友の蜷山と山田文雄が彼と密接な関係をもつ人々に呼びかけた。動きに和して栄治郎の恩師、友人、門下生がこぞって参加し、たちまち数千円が集まった。栄治郎は大学追放後、はじめて「人の情を知った」のである。

海野の弁護士事務所には木村のほか、師を案ずる門下の山田文雄、土屋清、関嘉彦、猪木正道らが出入りして、栄治郎を励ました。裁判所の行き帰りには、土屋ら門下生がスクラムを組んで、暴漢に襲われないよう護衛した。新聞記者だった扇谷正造は「あのころ河合先生をエスコートするということはなみなみならぬ決意の要る事だったのです」と回顧している。

扇谷が驚嘆したのは、栄治郎が裁判と戦いながらも、平然と研究を続ける思想家の克己心であった。彼は作家、吉川英治の「虫りんりん嵐の底に啼《な》きやまず」という句を引いて、戦争中に一人自由主義の声をりんりんと鳴り響かせていたとたたえた（「月報8」『全集』）。

◆第九章◆

戦後を見通した「有罪願望」

河合栄治郎が執筆などのため訪れていた箱根・仙石原の俵石閣

思想闘争

国法に従うソクラテスの法廷

昭和十五（一九四〇）年四月、河合栄治郎の壮絶な思想闘争が幕を開けた。東京地方裁判所の第三号法廷で、いよいよ第一回公判が始まったのだ。裁判長は「やかまし屋」といわれた石坂修一である。陪席判事の兼平慶之助と三淵乾太郎が脇を固める。検事は登石登、対する弁護人は海野《うんの》晋吉《しんきち》、そして特別弁護人が木《き》村《むら》健康《たけやす》という布陣であった。

石坂が「やかまし屋」の本領を発揮したのは、栄治郎が「思想を異にしている方々がお聞き下さっても充分ご理解は行かないと思う」と述べたときだ。

裁判長は「なにをおっしゃるか」と色をなした。石坂は「裁判は思想で裁判するのじゃない。法律で裁判するんだ」と喝破し、「あなたの思想が法律にふれているか、ふれていないかを裁判するのが私の任務なのだ」と正論を吐いた。

弁護人の海野は、「司法の独立」を貫こうとする味わうべき言葉であると得心した。「石坂君でなければ、そこまでいえない」として、むしろ勇気をもって公判のスタートが切れたのである（海野「河合事件を弁護して　月報12」『全集』）。

対する登石検事は開廷するとすぐ、裁判の公開が「安寧秩序を害する危険が生じる」と傍聴禁止を請求し、原則非公開となった。一般の国民が公判内容を知ることになるのは、戦後を待たなければならない。

門下生の間で、栄治郎を擁護する上申書がつくられ、彼らが交代で一人ずつ傍聴することは許可された。猪木《いのき》正道《まさみち》は就職先の三菱信託から休暇をもらって公判を傍聴した。

裁判長は被告の卒業生向け講話記録から「被告は真理や美を追求する学者・芸術家と、政財界で活動する実務家とを区別している。それは職業に貴賤ありということか」と聞いた。すると栄治郎は「その通りです」と答えて周囲をあわてさせた。

特別弁護人・木村の奮闘

その瞬間、特別弁護人の木村が立って、「誤解の恐れがあるが、趣旨はそうではない」とすかさず弁護した。

「被告は卒業生が真理を追究する学者や芸術家に憧れようが、多くは経済界、官界など社会に不可欠な職業に赴く、というのが本旨なのです」

そして、木村は「主観的に職業を区別したのでありまして、客観的に職業に貴賤の別があると申したのではありません」と補足した。裁判長の納得した顔を見て、猪木は木村の凄腕に脱帽した。冬のモーニングに身を固めた木村が、全身から汗を噴き出しながら論証する姿が印象的だった。

猪木は、裁判長が「流汗淋漓《りんり》たる木村弁護人の気迫によって説得されたに違いない」と感じていた（猪木『私の二十世紀――猪木正道回顧録』）。

裁判の経緯は、木村が「河合栄治郎の生涯と思想」（『河合栄治郎・伝記と追想』）の中で、法廷の緊迫した様子を迫真力ある文章で後世に残している。栄治郎と検察の対決を「裁判記録」から、要点だけを俯瞰《ふかん》したい。

まず、検察側の起訴事実は、主に六項目からなっていた。

（一）国家を部分社会とする多元的国家観は、国家の絶対性を否定する（二）個人主義に基づく国家主義批判は、国家の存在に挑戦（三）国際的組織の提唱が、主権の絶対性を否認する（四）帷幄《いあく》上奏権を用兵作戦にのみ限定し、統帥権の干犯（五）共産党を合法政党とする危険思想家（六）河合の自由主義は一種の社会主義であり、共産主義と同一である――。

検察側は河合思想そのものを攻撃した。現在の価値観からは、検察による不当な言いがかりにしか聞こえない。しかし、彼の所論が当たり前の社会になるまでには、血みどろの戦いがあったことに留意したい。

検察の誤解、曲解、歪曲

検察側の起訴事実に対する被告、弁護側の反論は次のようなものであった。

一、多元的国家観は国家が他の部分社会と異なる職能を有する部分社会であると述べる。だが、それは国家特有の職能が不可欠である限り、被告人は国家に対しても十分な尊重の必要を認めている。

二、個人主義と国家主義の対立は、思想上の対立であって国民の道徳意識には関連がない。被告人は国民の忠、孝、愛国などの道徳を個人主義の立場に立って肯定している。国家主義の帰結である軍国主義、帝国主義は、国民の意識においても正しいとは考えられていない。

三、主権の自己制限はどの国家でも行われており、日本も例外ではない。主権の絶対性との言葉は、ホッブス時代とは異なる意味と内容をもち、絶対主義時代の主権論とは矛盾するが、今日では常識にすぎない。

四、被告人の統帥大権の議論は、軍令大権は軍部が輔弼《ほひつ》し、軍政大権は軍部専管とせずに内閣にも輔弼の責を負わしむべしというもの。輔弼当局の議論にすぎないが故に、天皇の大権でも憲法改正の発議でもない。

五、思想・言論の自由、団結の自由は、思想や団体に正当性を認めることとは無関係である。共産党を合法政党とせよとの主張は、非合法の実践は容認しないとの含意がある。

六、被告人の主張する社会主義は、共産主義とは思想も政策も異なる。被告人のいう社会主義は、それが実践行動に移されたとしても、治安維持法の適用外である——。栄治郎は検察当局の攻撃が誤解、曲解、歪曲《わいきょく》に基づいていることを立証し、堂々の論陣をはった。十数回の審理の末に、最終陳述を求められた栄治郎は、悠然として「審理の結果、私の思想が法に触れるものならば、断固として重い処置を下してほしい」と希望を述べた。

さらに、故事を引きながら、ソクラテスはアテネの法廷判決を不当であると考えたが、国法を重んずるという思想から、友人の逃亡の勧めを退けて毒杯をあおいだことを挙げた。木村は「不肖ながらソクラテスの精神に従って学問に従事している被告人は、その行動においてもまたソクラテスに倣おうとするものである」と書いている。

木村は栄治郎の最終陳述はおそらく法廷始まって以来、その前例を見いだすことは困難であろうと述懐している。裁判に立ち向かう河合と門下生たちは、まさしくソクラテスとその弟子を想起させた。

一審判決

戦時下で「司法の独立」守る

裁判長、石坂修一の凛《りん》とした声が法廷内に響いた。昭和十五年十月七日午前九時二十分、東京地方裁判所第三法廷で河合栄治郎に一審判決が下った。

「被告人は無罪」

この日の判決公判で、傍聴席の四十人は内心にわき上がる興奮を、無言のうちに受け止めていた。石坂は判決の主文を読み上げたあと、被告に着席を求め、二時間四十分にわたって判決理由を朗読した。

「河合教授の思想は、間々その表現に適切でない箇所があるにもかかわらず、決して安寧秩序を妨害するものではない」

「四著書は長年平穏公然に刊行されて来たものであり、その間一回も当局から注意や非難を蒙《こうむ》ったことがないのであるから、被告人が四著を安寧妨害のおそれなしと確信するにいたったことは十分な理由がある」

石坂は一段と声を高めた。

「かくの如《ごと》き学究を刑事被告人として罪に問うのは、東洋道徳の精神に反する」

その刹那《せつな》、栄治郎の胸には万感の思いが去来した。彼は法廷の空気が「いまの日本で一番自由であると思った」と、感慨を述べている（木村「生涯と思想」『伝記と追想』）。

栄治郎は日記に、「三人の判事に敬意を表し、「夢想しないでもなかったが、然《しか》し実現しようとは思わなかった」と書いた。たとえ検察が控訴しようとも、一審無罪を勝ち取ったことで事実上、闘いは終わった。栄治郎は「司法権の独立に就いて人意を強うせしめたのは国民の為《ため》に喜ばしい」と結んだ（「日記Ⅱ」『全集第二十三巻』）。

傍聴席に陣取る門下生たちの耳には、裁判長が断じた「東洋道徳の精神に反する」との言葉が残った。「国体明徴運動《こくたいめいちょう》」でゆがめられた明治憲法が、石坂判決によってなお、健在であることを証明した（猪木正道『私の二十世紀』）。国体明徴運動は天皇機関説の排撃に向けて軍部と右翼が起こし、憲法の立憲主義的な解釈が否定され、自由主義の排除に利用された。

石坂裁判長ら三判事は、栄治郎の陳述を法に照らして厳密に理解しようと試みた。日本全体を覆う「ファシズムの開花期」にあっても、司法の独立に忠実たらんとした裁判官がいたことは干天の慈雨であった。

文部官僚を叱る

二十回に及ぶ公判中に、石坂の姿勢を明らかにする出来事があった。傍聴を認められた文部官僚が、禁止されていた筆記を密《ひそ》かに行っていた。それに気づいた石坂は、文部官僚をたしなめ、静けさを破る声で「このような事件が起きるのも、文部省が大学の自治を守る努力をしなかったからだ」と一喝した。

弁護人席にいた海野晋吉は、石坂が最近の右翼的風潮に憤慨していたためであろうと、印象を漏らした。ちょうど一年後の判決公判で、栄治郎は無罪を勝ち取ることになる（関嘉彦『私と民主社会主義』）。

公判中は朝日新聞の土屋《つちや》清《きよし》、日本生命の関嘉彦《せきよしひこ》、三菱信託の猪木《いのき》正道《まさみち》ら多くの河合門下生が激励に訪れた。しかし海野は、「大河内一男《おおこうちかずお》君はいっぺんもみえませんでした。河合先生の推薦によって大学に残った方だと思うのですが、私は遺憾に思いましたネ」と回顧する。門下の木村らと師に殉じて大学の辞任を誓約しながら、途中で翻意した大河内は合わす顔がなかったのだろう。

意外だったのは法学部教授の南原繁《なんばらしげる》で、公判中の政治がらみの問いに、どう答えるべきかを栄治郎に助言した。ある日、南原は裁判長との面会を求めた。彼は東京帝大を卒業すると、富山県の郡長になった。このとき、同じ富山県で郡長になっていたのが石坂の父親だった。南原は海野の斡旋《あっせん》で石坂に会うと「やあ、しばらくだったね」とあいさつし、幼少時代の石坂との思い出話に花を咲かせた。

海野はこの会談で、南原が河合裁判に関しては一切言及しなかった見事さを証言している。少なくとも、南原は無言のうちに石坂の「心証」に訴えていたのである。海野は、南原の老練な距離の取り方に感服していた（海野「河合事件を弁護して　月報12」『全集』）。

戦後を見通す有罪願望

他方、栄治郎は一審判決でこそ思想の正当性を認めさせる必要を感じたが、河合裁判の今後の行方については別の考え方をもっていたようだ。実は猪木の回顧録『私の二十世紀』の中に、栄治郎本人が自ら「有罪」を望んでいたとの証言を残しているからである。

栄治郎は華北を視察した昭和十二年秋以来、日中戦争を続ければ米英との戦争は不可避になり、日本が敗北の憂き目をみることになると考えていた。その際に米国は、中途半端な勝ち方では満足せずに日本を完全征服することになると予言した。

そうした事態を迎えれば米国が信頼する人物を必要とし、的確な交渉ができる介在者がなければ日本国民はひどい目にあう、と栄治郎は考えた。日本占領の連合国軍最高司令官との間で、国益を守りながら交渉するのは自分以外になく、その信頼を勝ち取るために「私は禁錮刑にならなければなりません」と明言していたのだ。

「無罪の判決を受けたり、罰金刑に処せられたりしたのでは、米国民も、アメリカ軍の最高司令官も、私を日本軍国主義に抵抗した人間としては、信頼してくれません」

栄治郎は日本が勝ち目のない戦争に突入し、自滅することを刑事被告人として傍観しなければならないことは痛恨の極みであった。同時に戦後の惨状を考えると、占領軍の信頼を勝ち取るため、禁錮刑でなければならぬとの逆説を生きなければならなかった。

裁判長、石坂の姿は「道徳的剛毅《ごうき》」を体現して、威風堂々たるものがあった。栄治郎は石坂が世間の圧力に屈せず、時流に抗して独立の精神を貫いたことに感動を覚えた。

だが、検察当局はそのまま一審の敗北を見過ごすことはなかった。判決の翌八日、検事総長室で会議のうえ、直ちに控訴に踏み切った。舞台は「東京控訴院」に移されることになる。

出版差し止め
〝日本国民に告ぐ〟

一審で無罪を勝ち取った河合栄治郎は、刊行済みの『学生に与う』をさらに発展させ、「理想主義体系」を描きたいと考えていた。しかし、次第に痛感させられるのは、芸術に対する理解不足であった。控訴審が始まるまでの間、再び奈良の旅を思い立った。

しかし、日本を取り巻く情勢は、彼のそうした感慨を打ち破る事態へと急展開していた。第二次近衛文麿内閣は昭和十五（一九四〇）年九月に日独伊三国同盟を結び、翌月七日に栄治郎の無罪判決が出てすぐ、各党が解党して大政翼賛会に合流した。それまで明治憲法が制限つきで保障していた言論、集会、結社の自由が圧迫されていく。

栄治郎の時局への危機感が刺激され、憂国の情が体のうちから湧き出てきた。年明けの昭和十六年一月、今度は『国民に与う』を書きたいとの気持ちが募っていた。ドイツの哲学者、フィヒテの『ドイツ国民に告ぐ』を念頭に、国家危急のときにあたって直接、国民に訴えたかったのである。

反骨判事の左遷

だが、一審で無罪判決を言い渡した判事、石坂修一は、司法省からにらまれて神戸地裁の姫路支部長に左遷されていた。東京地裁から地方支部長への異動は明らかに懲罰人事であった。弁護人の海野晋吉が大阪出張の折に姫路を訪ねると、石坂は向かいの山を眺めて、「おれは配所の月を眺めているんだよ」とつぶやいた（海野「河合事件を弁護して　月報12」『全集』）。

「配所の月を見る」とは、流刑地のような辺境の地から罪人としてではなく普通の人として月を眺められればさぞ趣があろうに、との意である。反骨判事が左遷された悲哀であった。

栄治郎は特別弁護人の木村健康と、弁護士の海野晋吉の二人に新著の相談をした。彼は発売禁止になることを覚悟しながら、執筆のために箱根・仙石原の定宿「俵石閣《ひょうせきかく》」に入った。ところが、五日間で「はしがき」の十枚だけしか書けない。東京と仙石原を往復して二十日には門下の木村に二百字詰め原稿二百十五枚を渡して感想を聞いた。校閲用のゲラが出てきた三月、門弟らの意見を聞きいれ、当初予定の『国民に与う』を『国民に愬《うった》う』に差し替えた。「与う」が人々に教え諭す響きがあるからだ（猪木正道「解説」『全集第十四巻』）。

亡国の民になるな

猪木の解説にしたがい『全集第十四巻』から『国民に愬う』の四つのポイントを押さえておこう。第一に、米英両国と戦争が不可避になったという認識である。米国はすでに、昭和十六年一月六日のルーズベルト大統領による「四つの自由」演説で、対独、対日戦争が避けられないとの決意を固めていたとして次のように書く。

「昭和六年の満州事変に於《お》いて、今日に至る第一歩を踏み出した。昭和十二年の支那事変に於いて第二歩を、更《さら》に昨年の日独伊三国軍事同盟に於いて第三歩を踏み出した。今日のような危機がやがて来るであろうとは、少しく常識を解するものならば、十年以前に予知することができたのである」

第二に、敵国の米英両国が強大であることを率直に述べ、日本国民に覚悟を促している。日本国内では米国が物質的にすぐれていても、精神面の弱さは隠しようもないというのが軍国日本の神話であった。栄治郎は訪米中にニューヨークでウィルソン大統領の演説を聞き、聴衆を感動に巻き込む光景を見ながら「いつか此《こ》の国と日本が戦端を交えるときがあるかも知れない、その時に此のような指導者と聴衆とを敵にすることは容易ではない」と考えたことを記述している。

第三に、指導者も国民も道徳的にたるんではいまいかという痛烈な批判である。彼は「我々の同胞が北支、中支、南支の戦線で、生死を賭して戦いつつある後方で」弛緩《しかん》した態度で過ごし、「此の危機に際して、此の国民に道徳的の弛緩がありはしないか」と直言する。

第一から第三までは、米英両国と戦う日本は惨敗が避けられないことを指摘し、日本敗北後に、日本が生き残るべき歴史的使命があることを明示している。猪木の解釈は、第四として、日本国民がきたるべき戦争に挙国一致で戦い抜くことにより、敗戦後の道徳的再建を可能にしようとの考え方であった。

栄治郎は「祖国の運命に対して、奮然として起《た》つことのできない国民は、道徳的の無能力者である」と断じた上で、「不幸にして戦いに敗れれば、再起の気力もない亡国の民となるだろう」と戦後をみていた。

彼は自らが反対した対米英戦に踏み込んでも、決定したからにはそれに従うという道徳律を課していた。同時に、戦争の行く末を悲観していたが故に、敗戦後の日本再建までをも視野に収めていたのである。

「男らしく勇敢に起ったもののみが、たとえ恐ろしい運命の下に仆《たお》れようとも、再び起ち上がる気力を持つことが出来る」

猪木はそれを軍事でいう「戦略的降伏」であるという。戦争で敗れたのちに、どの程度で降伏すれば、国家の再建ができるかという切羽詰まった研究にほかならない。栄治郎が対外的な分野では、いかにリアリズムの国家観をもっていたかが分かる。

猪木は戦後の日本を振り返って、栄治郎が警鐘を鳴らした道徳的再建は成し遂げたであろうかと疑問を抱く。幣原喜重郎、片山哲、吉田茂の歴代首相が経済復興を果たしても、「道徳的再建の方はどうなっているか？」と繰り返すのだ。

日米戦争に至る少し前の昭和十六年三月、『国民に愬う』は内務省の検閲係の内諾を得て、発行するばかりになってから突然、差し止められた。内閣情報局の鈴木庫三中佐が日本評論社に対して、「刑事被告人の身で国民に愬うとはまことに身の程を知らぬ僣越《せんえつ》の沙汰である」と通告したのである。

『国民に愬う』は闇に葬られた。出版元の日本評論社に対しては、紙の配給が滞り、栄治郎の新刊はもとより旧著の増刷も禁止された。手足をもがれた栄治郎は、続く『教養文献解説』を、木村健康の名前で出さざるをえなくなった。

逆転有罪

「マルクス体系」への挑戦

河合栄治郎は教授職を追われ、刑事事件の被告であり、出版は差し止められた。執筆が禁じられた彼にとり、昭和十六（一九四一）年春に始まった東京控訴院の法廷が公に語りかける唯一の場になったのは皮肉である。

世に問うことのできなかった幻の著書『国民に愬う』の内容を、公判廷で披瀝《ひれき》することが可能になった。しかし、弁護士の海野晋吉は控訴審の回を重ねるごとに、「これはいかんナ」と思い始めた。控訴院の裁判長、小中公毅の裁き方が、海野の目には偏りや怠慢があると見られたからだ。

しかも、栄治郎の体は日々、病魔に侵されていた。政府と軍部からの圧力下で、さすがの頑健な体も変調を来していたのだ。法廷へ向かうのさえ危うい栄治郎を、海野が慶應病院に入院させた。医師の診断では糖尿病の上に胃腸を害していた。控訴審公判を三回も休まざるをえないほどであった（木村「生涯と思想」『伝記と追想』）。

それでも、七月三日の最終法廷では会心の最終陳述ができた。控訴審が閉廷すると、それまで筆記することに専念していた速記者が、著書『学生に与う』を持参してサインを求めてきた。栄治郎は気分よく控訴審を終えることができた（「控訴院公判の記録」『全集第二十巻』）。

十月の控訴院判決は、海野が懸念していた通り逆転有罪になり、罰金三百円が言い渡された。控訴審が終わって間もなく、裁判長の小中は高松地方裁判所の所長に栄転している。一審判決で無罪を言い渡した石坂修一が、神戸地方裁判所の姫路支部長に飛ばされたのとは大きな違いであった。

栄治郎は判決を不服として直ちに上告した。大審院の裁判長、三宅正太郎もまた、こと立身出世には熱心な人物であった。三宅が司法事務次官をしていた際の司法大臣が、石坂を左遷した柳川平助陸軍中将である。海野が「あんなにペコペコしなくても」と思うほど、三宅は柳川に頭が上がらなかった（海野「河合事件を弁護して　連載二　月報13」『全集』）。昭和十八年六月、大審院は上告を棄却して有罪が確定した。栄治郎の裁判闘争は、ここに敗北の形で幕を閉じたのである。

この間、栄治郎は裁判だけでも負担なのに、思想体系の研究にのめり込んでいた。控訴審の最終弁論が済むと、「八月からは〝理想主義体系〟へのスタートを切るのだ」と机に向かっていた。先輩の鶴見祐輔が「攻学」と形容するほど、研究に多くの時間を割いた。

死を賭した「全七巻」

医師から研究活動をとめられても、一、二年のうちに思想体系の第一巻を出し、毎年一巻ずつ出版する計画を立てた。栄治郎は大正期からマルクス主義との闘いを通じて、これに代わる理想主義の思想体系を打ち立てる必要性を痛感していた。

かつてマルキシズムの台頭を許したのも、「之《これ》に対抗すべき思想体系が存在せず、之に反してマルキシズムには誤れるも、一の思想体系を標榜《ひょうぼう》していたからである」と考えた。これがのちに河合研究所の設立につながっていく（「研究所設立趣意書」『全集第二十巻』）。

彼が残した「研究ノート」をのぞくと、公判の合間に全七巻の出版構想をまとめ、刊行の予定日まで書きこんでいた。

（1）人生（一九四四年刊行）
（2）道徳（一九四五年刊行）
（3）歴史（一九四六年刊行）
（4）社会（国家）（一九四七年刊行）
（5）学問（一九四八年刊行）
（6）芸術（一九四九年刊行）
（7）宗教（一九五〇年刊行）

栄治郎は病身でありながら、大半の時間を研究に注ぐという、死を賭しての「攻学」であった。

河合門下の猪木正道は昭和十七年春に、任地の福岡から帰京して、栄治郎宅を訪問すると、そのやつれ方に衝撃を受けた。のちに鶴見祐輔の紹介で武見診療所を訪れ、武見太郎医師から「バセドー病がかなり進行している」と診断された。栄治郎は武見から「過度な勉強」を禁じられ、静養するよう命ぜられた（猪木『私の二十世紀』）。

だが、彼に改める様子はない。一日十時間も書斎にこもる日々が続いた。「研究ノート」を見るだけで、その打ち込む執念に圧倒される。第一巻の「人生」を書くにあたり、カントと西田幾多郎の哲学書を集中的に読み込んでいた。

研究ノートは「西田哲学研究」「理想主義体系」「カント研究」「読書ノート」の四つからなり、大半は箇条書きのメモで構成される。このうち「読書ノート」には、読了した書物にそのつど批評と分析を付しており、栄治郎の思索と探求の日々がよみがえるようだ。

青日会から研究所へ

かくて日本にも、カール・マルクスに挑戦状をたたきつけ、法廷闘争に臨みながら、独自の思想体系を確立しようとする碩学《せきがく》が存在したのである。

これら理想主義体系の研究に刺激を与えていたのが、東京帝大時代の教え子たちである。はじめは栄治郎の公判を見届け、激励するために定例会を開いた。山田文雄、木村健康、土屋清ら在京の河合ゼミ卒業生が音頭をとり毎月、有楽町の糖業会館で夕食を共にした。やがて河合邸に所を変え、メンバーが順番に関心事項を報告、討議する研究会になっていく。

栄治郎がこの会を英国保守党の元首相、ディズレーリ率いる「ヤング・イングランド党」にあやかって、青年日本会（青日会）と命名した。仕事で会合の時間に遅れて参加するときまりが悪い。栄治郎の義弟で当時、司法省の会計課長をしていた高田正ですら、大きな体を小さくしてこそこそと席に着くほどだった。

報告者への栄治郎の講評も峻烈《しゅんれつ》で、大学時代の河合ゼミと変わらずに仮借がなかった。やがて、戦争経済が直面する課題を討議して、共同研究の成果は『日本戦時経済論』として中央公論から出版された（関嘉彦『私と民主社会主義』）。

戦局が風雲急を告げるころになると、新聞記者の土屋清が刻一刻と変わる危機を語り、栄治郎はそれらの情報をもとに、洞察に富んだ見解を開陳するのが常であった。この青日会が研究所創設への礎になっていく。

凛冽たる風貌
「戦闘的自由主義者」の最期

真珠湾攻撃を契機として始まった日米戦争は、緒戦の勢いに引き換え、ミッドウェー海戦の辺りから形勢が不利になる。河合栄治郎邸で開催される月二回の研究会「青日会」も、参加者が軍に召集されるなどして次第に少なくなった。

戦争が長引き、物価が高くなり、貯蓄を切り崩す河合家の台所事情も苦しくなる。戦時のインフレ高進は、印税収入がたよりの家計を直撃した。栄治郎自身は理想主義体系の研究に没頭していたが、彼の周辺にいる人々は深く憂慮していた。

窮状を見かねた門下生で、義弟の高田正が弁護士の海野晋吉、山田文雄、木村健康らと相談した。彼らは栄治郎を所長とする研究所を創設し、後顧の憂いなく思想体系に没頭できる態勢を企てた。高田の親友である元京城帝大教授の栗原一男がこれを伝え聞き、彼を介して実業家の小林采男から資金援助を受けることになった。

栄治郎は申し出を快諾した。研究所長として、さしあたり青日会のメンバーに研究員を委嘱した。ただ、要注意人物として監視されており、敗戦後を視野に入れた研究は目立たないよう準備を進めた（木村「生涯と思想」『伝記と追想』）。

河合研究所の設立

昭和十九（一九四四）年一月二十三日、栄治郎は青日会のほか友人、知人に声をかけ、虎の門の「晩翠軒」で研究所の設立総会を開いた。参加した門下生たちはこの日、栄治郎の気迫に「鬼気迫るものがあった」と感じていた。

「私は理想主義体系の執筆を完成する六十四歳までは、石に齧《かじ》りついても死にません。それからあとは自分の好きな伝記をまとめながら、二、三年に一冊位《くらい》随筆を書き、晩年の五年は世の中の移り変わりと、諸君のえらくなっている様を静かに眺めて暮らしたいと思います」

参加者は胸を突かれる思いがした。彼の「石に齧りついても」という宣言のうちには、漠然とではあるが健康への不吉な予感があったのかもしれない。土屋清は後年、研究所発足時の栄治郎について、「健康さえ許すならば、多分、それは時計のように正確に実現されたことであろう」と思い返している（土屋「孤高凛然たる晩年」『著作拾遺』）。

栄治郎が先立つこと、わずかに二十日前のことである。

栄治郎は新しい研究所が「戦後日本の再建を研究するのが目的である」と述べ、設立趣意書には、「体系部」「日本部」「外国部」「反共部」から構成されることを明らかにしている。その中心は、栄治郎が自ら主宰する「体系部」で、日本に確固たる思想の基軸を体系化することに絞っている。

かつてマルキシズムが台頭したのも、これに対抗すべき思想体系が存在しなかったからであるとの思いが強い。したがって、体系部は「道徳哲学を中心として之《これ》に歴史、社会、国家等の哲学を聯関《れんかん》せしめて、やがて当面の社会状勢に対応すべき社会思想を創造」することを目的としている（「研究所設立趣意書」『全集第二十巻』）。

栄治郎が信頼する木村健康らが、日本再建の原理を哲学、歴史などの研究を通じて確立する使命を担った。このころ、三菱経済研究所で「ドイツの継戦能力」を研究していた猪木正道は、「外国部」でドイツとソ連を担当し、朝日新聞の土屋清は英国を担当することになった。栄治郎が期待していた青日会の外山茂《とやましげる》は満州の新京に転勤し、関嘉彦《せきよしひこ》はボルネオに赴任し、音田《おんだ》正巳《まさみ》は出征していた。

土屋は栄治郎から「月給として百円支給したいのだが、当分の間五十円で我慢してください」と言い渡された。猪木にも河合研究所から十二月と一月に研究費が郵便為替で送られてきた。ちなみに、「設立趣意書」には研究所名がなく、便宜的に「河合研究所」を使っていた。

門下の人々は、研究所の創立で、栄治郎が気迫十分で語る姿を心から喜んだ。しかし、若いころの頑健な栄治郎を知る人々には、やせ衰え、ともすれば震えがちな指先や黒ずんだ両眼のくまに憂いを感じずにはおられなかった。土屋には「風雪に耐える松柏のような凛冽《りんれつ》たる風貌」に見えた。

十年早い突然の死

最期の日は突然に訪れた。その日、栄治郎はいつものように朝から書斎にこもって仕事に没頭していた。夕刻に散歩に出て、帰宅後に夕食をとると、約束のあった吉田省吾《よしだしょうご》が午後八時にやってきた。海軍主計大尉の吉田は、軍需工場の監査をしていた〝門下生〟で、結婚の相談に訪れたのだ。吉田は栄治郎が帝大経済学部の部長のとき、他大学に門戸を開いた「社会科学古典研究会」に慶應義塾から参加した一人であった。

吉田は書斎に入ると、栄治郎の生気がないのが気になった。すると「箱根から帰ると具合が悪い様です」と答えた。妻、国子の出してくれたお茶を飲み、結婚の話をしていると、突然に左右に体を動かして「ああ、気分が悪くなった」「……ちょっと失礼」と急に席を立った。

「床を敷いてくれ」

「ラジオをとめてくれ」

　夫人の電話する声がしたかと思うと、突然、栄治郎の叫び声がした。吉田は飛び上がって駆け付け、医者を求めて夜の住宅街を走り抜けた。暗い山王の林を迷い、風は吹き荒れ、木々がざわめいていた。まるで悪魔が嘲笑しているようにさえ感じた。医者を連れて戻ると、国子夫人が寂しい灯火の下で、栄治郎の顔をなでながら別れの言葉をかけていた（吉田「御最後の夜　月報5」『全集』）。

　河合栄治郎は昭和十九年二月十五日午後九時十五分、五十三歳でこの世を去った。石にかじりついても思想体系を完成させたいと考えていた目標より十年早い死であった。栄治郎は大学の教師として十九年を生き、生涯で二十八冊の書物を書き残した。

　枕元にはヴィンデルバンドの『歴史と自然科学』が置いてあった。その最終ページには、いつものように読了日が赤インクで「Feb,15,1944」と残されていた。読み終えて三時間後に亡くなったのである（木村「生涯と思想」『伝記と追想』）。

◆終　章◆

戦闘的自由主義者の水脈

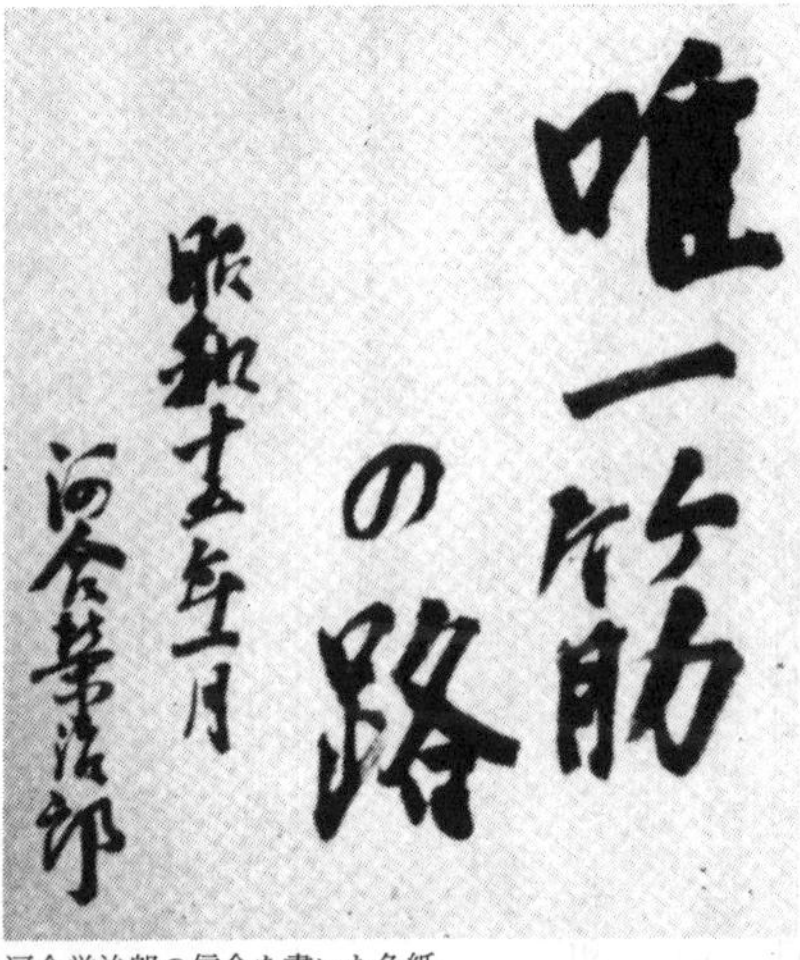

河合栄治郎の信念を書いた色紙

遺志

自由の殉教者を惜しむ

河合栄治郎が亡くなったころ、米軍はマーシャル群島に上陸し、日本軍は玉砕した。昭和十九年十一月から戦略爆撃機Ｂ29による本土空襲も始まり、敗戦の色が濃くなっていく。死去の翌日、民政党代議士の親友、鶴見《つるみ》祐輔《ゆうすけ》は大森の河合邸を訪ねて、悲しみに耐えていた。なぜ天はいま、彼の命を奪わなければならなかったのか。国内反動勢力が倒れれば、日本はこれと勇敢に闘った河合の思想に、帰っていかなければならないとの確信があった。

「河合君の死により、私は最大の友人を失い、日本は最大の自由主義者を失った」

鶴見は昭和十九年二月十六日の日記に、そう書いた（鶴見「交友三十三年」『河合栄治郎・伝記と追想』）。鶴見にとって河合は、自由の殉教者に映ったのであろう。

鶴見の悔悟

河合の葬儀は二月十八日、東京・大井庚塚町の自宅で神式により厳かに行われた。その日は朝から小雪がちらついていた。最期まで河合を支えた木村健康《きむらたけやす》の大きな嗚咽《おえつ》が参列者の涙を誘った。東京帝大教授の東畑精一《とうはたせいいち》が彼を支えるように、「木村君よ思い切り泣け」と声をかけていた（猪木正道『私の二十世紀』）。

師とともに帝大を辞めた木村は、特別弁護人として河合の著作に関する膨大な「弁論要旨」を準備し、師の激越な陳述を緩和する補充質問で献身的に擁護した（『全集第二十一巻』）。帝大辞任後の木村は、第一高等学校に迎えられ、教育に心血を注いだ。戦後は東大に復帰し、師の遺志を継いで教養学部を創設し、やがて経済学部教授に復帰した。河合裁判に懸けた情熱は比類なく、師の波乱の一生を描いた「河合栄治郎の生涯と思想」（『河合栄治郎・伝記と追想』）と、膨大な「裁判記録」とに見られる迫力ある文章は、間違いなく曠古《こうこ》の大業である。

河合―木村の師弟が生きた半世紀は、左右激突のイデオロギーの時代であった。その葛藤が、軍事力をもって世界規模で峻烈《しゅんれつ》を極める。河合栄治郎はその半生をマルキシズムと戦い、後半生はファシズムからの挑戦を受けた。

だが、言論の自由を擁護しながら、自らの思想に殉じた姿は、歴史の審判に堪えうる壮絶な生き方である。鶴見祐輔の娘、和子（のちに上智大学名誉教授）は父の祐輔が河合を失ったことを「良心に先立たれた」と嘆いていたという。

「河合さんは、一貫してファシズムに対してたたかわれた。これに比して、父は、自由主義を標榜《ひようぼう》しながら、権力に妥協した。それだから一層、権力に対して徹底して抵抗した河合さんに敬服し、その人を支持した。それは自分がなすべきであって、できないことをしている人に対する、一種の罪悪感の痛みをともなう支持であった」

和子はもしも河合がその後も生きたら、「わたくしの父の、戦後の歩き方の、すくなくとも、ある部分は、ちがっていたのではなかったか」と考えるのだ（鶴見和子「河合先生とわたくしの父　月報13」『全集』）。

天皇を戴く自由主義

鶴見祐輔と河合栄治郎は同じ自由主義に生きた政治家と思想家であり、国際派でかつ愛国者としての共通項があった。河合門下の関嘉彦《せきよしひこ》は、その鶴見から、河合と同じ天皇に対する強い崇敬の念があることを感じていた。いわば「天皇を戴《いただ》く自由主義」である。

関は日本生命を退社して、河合の紹介で鶴見が主宰する太平洋協会の調査部員になった。協会は日本が平和的に南方に進出するよう内外の世論喚起を任務とし、調査部長は河合と帝大を辞任した山田文雄《やまだふみお》である。

昭和十六年十二月八日の朝、ラジオで日本が米英を相手に戦争状態に入ったとの詔勅を聞いたときのことだ。協会職員の全員がラジオの前に集まった。宣戦の詔勅が放送される直前、関はうっかり机に腰を掛けたまま聞いていた。その瞬間に、鶴見が大声で「関さん！」ととがめる声が響いた。

あわてて起立すると不動の姿勢をとった。彼が鶴見から怒鳴られたのはこのときの一度だけである。関は「明治生まれの人の天皇に対する気持ちをその時はじめて垣間見る思いがした」と、著書に書いている（関『私と民主社会主義』）。

河合の天皇観もまた、『学生に与う』の「同胞」の項で、「日本の国家の元首は天皇である。天皇は二千六百年連綿たる万世一系の皇統を継承され給う」と尊崇の念を書いた。さらに、幻の著書となった『国民に愬《うった》う』では、天皇の役割を明示して先見性を見せた。

「我々の祖国は天皇に象徴せられる。日本の歴史を通じて、祖国の危難が迫った時に、国民の眼は常に京都の朝廷を仰視した。我々が之からの荊棘の道を歩むにつれて、我々の眼は幾度か天皇を仰視することがあろう。そしてそこに国民の結成が強められ、国民の前進が早められるであろう」

敗戦後の危機に際して、天皇の役割を見通していた。敗戦への天皇の決断、連合国軍最高司令官マッカーサーとの会見、そして国民の窮乏と復興に向けて国民とともに歩むことになる「人間天皇」の姿である。

そうした洞察は『国民に愬う』の「国内分裂を警戒せよ」の章にも見られる。彼は左翼の扇動計画に警戒を促し、いまは沈黙を守ろうとも、「それは主義主張を捨てたのではなく、時が不利だからである。やがて好機が至れば、猛然と起つに違いない」と注意を喚起した。

敗戦後、連合国軍総司令部（ＧＨＱ）の非武装化・民主化政策に乗って、共産主義勢力が天皇制打倒を掲げて台頭したことを思えば、河合は見事に近い将来を言い当てていた。「ヒトラーを成功せしめたのは、（略）マルクス主義者に依る独逸《ドイツ》の分裂が、国民の耐忍の飽和状態に達していたからである。春秋の筆法を用いれば、マルクス主義はヒトラーを成功せしめたことになる」とは慧眼《けいがん》であろう。

評論家の粕谷一希によれば、戦後インテリはそれを嘲笑したが、「敗戦」から「六〇年安保」に至るまでの日本社会の混乱は、河合の予測した通り、「広範なマルクス主義者たちが主役」に躍り出たことによるものであった。

敗戦後「革新幻想」に挑む自由主義

河合門下の猪木《いのき》正道《まさみち》は、昭和二十（一九四五）年八月十五日の終戦を療養先の滋賀県で迎えた。恩師の河合栄治郎が日中戦争の初期から、日本がこのまま大陸に突き進めば、米英の権益が衝突して世界を敵とする大戦で敗北する、といっていた予測をかみしめていた。「アメリカはローマに似た大帝国ですから、日本は征服されるでしょう。そのとき、日本を占領するアメリカの政治家や軍人が信頼できる日本人が、少なくとも一人いないと大変なことになります」

その河合は終戦の一年半前に亡くなっている。猪木はこう語っていた河合以外の、一体だれが占領軍との橋渡し役を果たすことができるのだろうかと思う（猪木『私の二十世紀』）。

GHQからの使者

終戦後まもなく、連合国軍総司令部（GHQ）から一人の米国人が、大井庚塚町の河合邸を訪れた。しかし、前年に死去したことを知らされたGHQの使者は、その場に立ちすくみ、悄然《しょうぜん》として辞去している。栄治郎夫人、国子の妹と結婚していた梶村敏樹《かじむらとしき》（元東京高裁判事）は、「上陸前に米軍がそんなに河合さんを研究していたことを私は今更のように思った」と、この出来事を回顧している（梶村「河合さんの思い出　月報12」『全集』）。

GHQによる「初期の対日占領政策」は、非軍事化と民主化を推進するため、財閥解体、公職追放、そして憲法改正へと矢継ぎ早に手を打っていく。河合が未刊の著書『国民に愬《うった》う』で述べていたように、戦争を誰が始め、誰が何を始めたとしても、敗戦は一億国民の共同の責任として重くのしかかってくるのである。河合の考え方をよく示している次の言葉をもう一度、思い出してみたい。

「祖国の運命に対して、奮然として起つことの出来ない国民は、道徳的の無能力者である。若し我々国民が道徳的の敗者であるならば、幸いにして戦いに勝とうとも、戦勝が却って国民の退廃と堕落とに駆るであろう。若し仮に不幸にして戦いに敗れれば、再起の気力もない亡国の民となるだろう。今や我々日本国民は道徳的試練の下に立たされている」

敗戦後の日本は、占領される側として再起に向けた数々の試練に立たされていた。同時に、占領する側のGHQにとっても、自由、民主主義、法の支配といった価値観を共有する優れた人材を必要としていた。

河合が猪木ら門下の人々に語った見通しは正しかったのである。日本の軍事政権に言論戦を挑んだ自由主義思想家に、GHQは何らかの役割を期待していたのであろう。かつて東京帝大を追放された直後、河合は米国ボストンのハーバード大学で、英国の自由主義思想の講義をする話が進んだことがあった。自由主義者として名高い河合に、GHQが少なくとも戦後日本の行く末を協議しようとしたことは間違いないだろう。

「もし、戦後に河合が生きていたら」との感慨にふけるのは、河合門下の人々だけではなかった。先輩の鶴見祐輔はもしも河合が辛抱して学問研究を控えていたら、「彼は混乱日本の一大指導者として今頃は大活躍をしていてくれたろうと思う」と、『河合栄治郎・伝記と追想』への寄稿文で嘆いていた。敗戦後に南原繁《なんばらしげる》が就任した東大総長ポストだけでなく、社会党右派の片山哲がつかんだ総理大臣の座かもしれない。

鶴見は片山哲内閣に代わって、河合栄治郎内閣が誕生していたであろうことを示唆するのである。彼の知性と剛直性をもって戦後改革と対GHQ交渉を成し遂げれば、片山内閣や吉田茂内閣とは違う日本再建を見せた可能性がある。

彼の独断的な統率力や指導力からすると、平時よりも動乱期にその力を発揮するのではないかと思う。超法規的な存在のGHQと交渉しながら、軋轢を乗り切らねばならない占領期にはうってつけの、いわば「変事の才」であろう。だが、独立後の平時には、それが逆に弱点になりうる。ワンマンといわれた吉田以上に妥協を許さぬ性格から、戦後政界のトラブルメーカーになってしまう懸念もまたぬぐえない。

それにしても戦後日本を主導した吉田茂が明治十一年生まれ、石橋湛山は明治十七年生まれで、河合が明治二十四年生まれだから、いかにも彼の早すぎる死が惜しまれる。

知的成熟が三十年遅れた

河合は『学生に与う』『国民に愬う』を世に送り出したあとに、『知識人に与う』を加えて三部作とすることを考えていた。理想主義体系の上に知識人論が完成していれば、左傾化する時代思潮に痛烈なインパクトを与えていたに違いない。日本の戦後精神史に一本の太い背骨を通し、揺るぎない思想の土台づくりへの挑戦である。

実際の政治や経済の分野では、彼が描いた政策が着実に実行に移されていた。しかし、思想界や言論界は、右翼全体主義から一気に左翼全体主義へ移行する気配があった。古巣の東大経済学部は「三派鼎立《ていりつ》」が続いてきたが、戦後はマルキシズムの「一派独裁」状態が表面化した。自由主義の河合栄治郎は死に、国家主義の土方成美《ひじかたせいび》は追われ、残ったのは左派マルキストの大内兵衛《おおうちひょうえ》であった。かくて、戦後論壇は大内系の天下になっていく。

上智大学名誉教授の渡部昇一によれば、河合が大内のように長寿であったなら、戦後の知的風土は様変わりしていたであろうと慨嘆するのだ。

「河合こそは五・一五事件以来、軍部のファシズムを堂々と批判し続けた唯一の自由主義の知識人であった。その愛読者層は戦前から特に厚かった。したがって日本のインテリは、三十年も早くマルキシズムの幻想から自由になっていたであろう。つまり河合の死は、日本の知的成熟をざっと三十年遅らせたのである」（渡部「河合栄治郎の意味」『文化会議第127号』）

土屋《つちや》清《きよし》ら河合門下の人々が語り合ったように、河合栄治郎は「政治家七分、学者三分」で戦後を生き抜いたのかもしれない。最後まで執着を見せた思想体系は遺せなかったが、代わりに、身を削って自由を擁護するその姿勢により不朽の金字塔を打ち立てた。河合は「唯一筋の道」をひた走ったのである（土屋『エコノミスト五十年』）。

それら痛恨の思いが、門下生たちを廃墟の中から立ち上がらせた。昭和二十一年五月、関嘉彦（のちの都立大学名誉教授）は、陸軍軍属の司政官として北ボルネオ島から戻る復員船の中で、密かに決意していたことがあった。彼は帰国すると、戦地で患ったマラリアのために、妻の実家である和歌山県新宮で療養しながら、その機会を探っていた。まもなく、鶴見祐輔から呼び出しがあり、彼が立て直した太平洋文化協会に復帰した。関はすぐ行動に移した。河合思想の研究と普及を図るための団体をつくり、それをもって日本再建を図るという志の実現である。

東京都の副知事になっていた山田文雄、東大に復職していた木村健康、朝日新聞の土屋清、横浜高等専門学校の石上良平《いしがみりょうへい》、成蹊高校の教員になっていた猪木正道に話を持ち掛けた。彼らの話から関は、河合が死去する直前の昭和十九年一月に、敗戦を見越して日本再建プランを研究する「河合研究所」が創設されたことを初めて知った（関『私の民主社会主義』）。

関の構想は、河合研究所を戦後版として復活させることにほかならない。河合研究所が目指した戦後日本の再建構想を引き継ぎ、発展させるため、河合ゼミの先輩、友人に対して、積極果敢に声をかけ始めた。

社会思想研究会の発足

関が帰国した同年四月に戦後初の総選挙が行われ、戦前の政友会の系譜をひく自由党が第一党になっていた。ところが総裁の鳩山一郎は、組閣する直前に公職追放になる。鳩山は自由主義を標榜《ひょうぼう》はしていたが、京都帝大教授の滝川幸辰《たきがわゆきとき》を追放する圧力をかけた当の文部大臣であり、猪木は「似非自由主義者のおごりに対して、本当に腹を立てていた」のである（猪木『私の二十世紀』）。

国内は一千万人餓死説が飛び交い、共産党の工作による五月十九日の食料メーデーには、二十五万人のデモ隊が皇居に押しかけ、革命前夜を思わせた。翌日、ＧＨＱのマッカーサー司令官が「暴民デモを許さず」と声明を出し、かろうじて吉田内閣が成立するありさまであった。

国内騒然とした中で、関や猪木らは暴力革命主義を否定し、共産主義の影響下から国民を解放しなければならないと考えていた。そのためにこそ、河合が説いた真の自由主義を確立するための「研究会」発足を急がねばならない。

十二月には早くも、研究会の設立総会が、事務所を置いた日比谷の市政会館で行われた。創立の趣意書には、「日本再建の原理たるべき社会哲学を徹底的に検討」した上で、「日本再興に資せんとする」ことを目的とした。名称は河合の研究対象からとって「社会思想研究会」とした。

研究会といっても、やがて独自に出版部までもち、論文発表や啓蒙《けいもう》活動も行う自由主義の総合研究所であった。理事に山田文雄、長尾《ながお》春雄《はるお》、武田《たけだ》満作《まんさく》、関嘉彦、土屋清、外山《とやま》茂《しげる》、猪木正道が名を連ね、顧問には海野《うんの》晋吉《しんきち》、蝋山《ろうやま》政道《まさみち》、笠信太郎《りゅうしんたろう》、そして河合の妻、国子らが就任した。そして、大蔵省の山際正道《やまぎわまさみち》（のちの日銀総裁）は顧問格としてバックアップし、公職追放中の鶴見祐輔は顧問を辞退した。

事務局長の関が起草した綱領は、「我々は人間性の尊厳を重んずるものである。国家でなく階級でなく況《いわ》んや物質的富でもなく、正に個人人格の完成こそは最高の価値であることを信ずるものである」と、河合精神の神髄を書き込んだ。

研究会は人格主義、自由主義、社会主義、民主政治擁護、平和主義からなっている。ここでいう社会主義は、英国労働党を意識して議会政治に基づく漸新的な社会改革を目指している。彼らは綱領を英訳して、英国の漸新的な社会主義団体「フェビアン協会」に送り、社会思想研究会が日本のファビアン協会であることを国際社会に宣言した。

この間に土屋清は、戦前の「平賀粛学」で河合が大学を追放された際、師の意に反して大学に残った安井琢磨《やすいたくま》との和解に乗り出している。河合門下の大河内一男《おおこうちかずお》、安井の二人は、師に殉ずるとの申し合わせを直前で翻し、他の門下生との間も疎遠になっていた。その後も、河合の政略家ぶりを強調する大河内と違って、生前の河合が「安井君は非常に苦しんでいるから恕《じょ》することができる」として、許そうとする言葉が土屋の耳に残っていた。

土屋は河合に殉じて帝大を辞職した山田文雄、木村健康に了解を求め、河合邸での協議で和解した。その足で青山墓地の河合の墓前に報告した。墓前で感極まった安井は、「先生！」と叫んで白木の仮墓標に抱き着いて涙を流した。山田がそばから「安井君、もういいよ、もういいよ」と肩をたたき、過去の怨讐《えんしゅう》が氷解していった（土屋『エコノミスト五十年』）。

安井は河合門下で戦前から近代経済学を研究していた数少ない経済学者である。晴れて社会思想研究会の主要メンバーになり、日本の理論経済学の先駆者として活躍することになる。こうして河合門下生からなる社思研は、徐々に陣容を整えていった。

東西冷戦

米占領下に「新憲法」批判

マッカーサー司令官は首相の幣原喜重郎に対し、「五大改革」として婦人参政権、労働者の団結権、教育の自由化、特高警察の廃止、財閥解体を指令した。そして、「無害な三等国をつくる」という意味で、究極の仕掛けが新憲法の制定であった。

昭和二十一（一九四六）年二月二十六日には連合国の十一カ国からなる極東委員会の初会合が予定されており、マッカーサーは新憲法の制定を急いだ。極東委が動き出せばGHQの政策が左右されかねない。意を受けたホイットニー民政局長から、憲法草案をつくるGHQの特命チームに渡されたのが、「戦争と軍隊の放棄」を織り込んだ「マッカーサー・ノート」である。

ケーディス大佐率いる特命チームが九日間で英文の新憲法草案を完成させて、日本側に提示した。まもなく、幣原内閣を引き継いだ吉田内閣が日本国憲法を策定し、二十一年十一月三日に公布した。

憲法第九条に異議あり

もっとも、GHQは日本国憲法が、初めから終わりまで日本人の手によってつくられたとの幻想を定着させようとした。GHQはせいぜい助言をする程度であったとするため、言論に対する検閲を厳格に適応した。憲法制定過程に詳しい駒澤大学名誉教授の西修によると、検閲には「日本国のための新聞準則に関する覚え書き」など数段階のプレス・コードがあり、占領軍に対する批判はもちろんのこと、憲法、東京裁判（極東軍事裁判）への批判や東西冷戦に関する言及まで禁じられた。

戦前にファシズムを徹底して批判した河合栄治郎の手になる昭和二十二年の復刻本『社会

思想と理想主義』でさえやり玉に挙げられた。河合はこの本で、日本の天皇が欧州の君主と比較して、「人民と敵対し、虐政を執るという連想は日本の君主に就いてないのである」と違いを指摘したことが天皇賛美とみられて削除された（西「日本国憲法の記述に関する連合国総司令部の検閲の実態」『駒澤法学』第3巻第2号）。

そうした検閲は、当然ながら河合門下の社会思想研究会にも及んでいる。このころ、社会思想研究会の最初の一年間は、定期的に講演会を開催して参加者に研究会に入会するよう勧誘した。機関誌『社会思想研究会月報』（のちの『社会思想研究』）を発刊し、二十三年十一月発行の第3号ではやくも、関嘉彦が新憲法第九条「戦争放棄」に疑問を提起した。この論文で関は、たとえ米国占領下であっても、新憲法に対する評価や批判の言論をもっと自由に行わせるべきであると書いた。

日本国内で発行するすべての出版物は、GHQの事前検閲を受けることになっていた。彼らに不都合な表現があるとただちに呼び出されて、プレス・コードに従って削除を求められた。日系二世の下士官は、月報の論文に「delete（削除）」と朱で書き込み、関に対して「もう一度、占領政策を批判する論文を載せたら、琉球の強制労働キャンプにたたき込むぞ」と怒鳴った。

関論文はまさに、「言論の自由」を保証するはずの新憲法の下で、占領軍の検閲があることとの矛盾を突いた。のちに新憲法が「占領基本法ではないか」と、批判の的になる実態を早くも立証していたのである。この一件以来、社会思想研究会はGHQのブラックリストに載り、毎月一回は警視庁刑事の来訪を受けるようになった（関『私の民主社会主義』）。
その後も関氏は、結核療養中の昭和二十五年十月号の『中央公論』に、この新憲法第九条を念頭に非武装中立を守っていては国際秩序に貢献できないと皮肉を込めて論陣をはった。検閲下では第九条を直接批判できないため、「憲法は国民のためにあり、国民が憲法のためにあるのではない」と、間接的な批判で意思を通している。のちの憲法改正論議で先鞭《せんべん》をつけている。

機関誌発行の資金を集めるため、昭和二十二年、新たに社会思想研究会出版部をつくった。まもなく、欧米の名著の翻訳権を占領軍が斡旋《あっせん》してくれるのを知り、さっそく、これに応札することにした。アーノルド・トインビー『歴史の研究』、ルース・ベネディクト『菊と刀』、チャールズ・ベアード『共和国』、カール・ベッカー『現代民主主義』の四冊の翻訳権を落札した。

そこは素人集団の哀しさで、通常価格の倍以上で落札したところから、業界内で「半年もしないうちに倒産する」と陰口をたたかれる始末だった。だが、武家の商法にも怪我の功名はあった。これらの翻訳本がロング・セラーのドル箱になって、研究会の台所を潤した。さらに、オレンジ色に統一された「教養文庫」シリーズの発刊は、一世を風靡《ふうび》した。彼らはそうした活動を通じて、戦後の思想界を牛耳る進歩的文化人に敢然と闘いを挑んだのである。

多数講和か全面講和か

終戦直後の物資不足の中から、『中央公論』『改造』がいち早く復刊され、やがて容共の進歩的文化人が活躍する『世界』が創刊された。それまでの雑誌では平和国家への願望や国連への希求、あるいはその解説がほとんどだった。外交政策が本格的に議論されるようになるのは昭和二十四年ころからである。それは対日講和条約のあり方をめぐる論戦で始まった。

とくに朝鮮戦争が勃発して三カ月後の昭和二十五年九月、米国大統領ハリー・トルーマンが、米ソ冷戦下で「適度に武装された自由国家・日本」の独立を示唆する声明を発表した。このころすでに日本国内は、「全面講和か単独講和か」で国論を二分する論争が展開されていた。全面講和は社会主義陣営のソ連、中国、東欧諸国を含む講和のことであり、単独講和とは米国を中心とする民主主義陣営である。

多数講和なのに「単独講和」と言い換え、自由主義国家なのにあえて「資本主義国」と言い換えているところに、当時の言論界が左傾化していることが分かる。拓殖大学教授だった遠藤浩一は、この対立を東西冷戦構造の反映と考え、「左翼政党や進歩的知識人が主張した全面講和論は、クレムリンの政策の変奏にすぎず、『平和』を強調し、『中立』を標榜しながら、その実、社会主義体制、共産主義体制にきわめて親和的であるという構造的矛盾を顕はにしていた」と鋭く指摘した（「追放解除」『新日本学』季刊27）。

それには自由主義者の一部も全面講和論に同調しており、猪木正道にいわせると「日本の知識人は、どういうものか伝統的に国際政治に関する勘が欠けている」ようである。すでに京都大学に移っていた猪木は、国際法の第一人者、田岡良一教授が次のように明快に述べていたことを明らかにしている。

「米国に占領されているからには、米国とその友好国と講和するのは当然です。全面講和論は、日本の独立を回復することを先延ばしにするばかりです。単独―多数講和をすれば、ソ連や中国のほうから、日本との国交を持とうとして接近してきますよ」（猪木『私の二十世紀』）

猪木もまた早期独立のためには多数講和しかないと判断していたが、田岡のように講和後にソ連や中国の方から外交関係を求めてくるとまでは考えなかった。田岡の予測が証明されるのは、講和条約が発効して三年後の昭和二十七年四月、吉田の後継である鳩山一郎首相邸を元ソ連駐日代表部首席のドムニツキーが訪問して、国交正常化を求める公式文書を手渡している。

首相の吉田茂は日米安保条約を結んで、「西側の一員」として復帰する道を選んだ。願望はそのまま政策にはなりえない。できもしない全面講和を主張して条約に反対することは、結局は独立を先送りにすることになるからである。

そんな折に、東京大学の総長、南原繁が昭和二十五年三月の卒業式で平和と全面講和の理想を説いた。怒った首相の吉田は五月、自由党の両院議員総会で「曲学阿世《きょくがくあせい》の徒にほかならない」と思い切り毒を含ませた。それは、知識人の理想主義と実務家の現実主義との違いであった。南原は戦争中も、軍部に追従することなく節操を貫いた人物である。吉田がその優れた学者を「曲学」と断じ、「阿世」とののしるのはやはり行き過ぎであった。吉田の毒舌がかえって南原から「権力的弾圧」との反論を受け、国民世論の顰蹙《ひんしゆく》を買ってしまう。

全面講和論者の一部は、やがて非武装中立論に傾斜していく。日本国内は「安保条約か中立か」という選択が、その後の路線対立の出発点となった。

これに対して南原繁らオールド・リベラリストや丸山眞男、中野好夫ら進歩的文化人が「平和問題談話会」をつくり、中立不可侵、国連加盟、軍事基地反対、経済自立を訴えた。スタート時の談話会は、一部の理想主義者と左派マルクス主義者たちとの混成組織で、徐々に左傾化していく。

左傾化
進歩的文化人の批判勢力として

雑誌『世界』昭和二十五年十二月号に掲載の談話会報告「三たび平和について」は、戦後の言論界に大きな影響を及ぼした。談話会のメンバーは、丸山のいう「悔恨共同体」にさいなまれた知識人の典型であり、戦争を食い止められなかった自責の念と日本再建への気負いが混ざり合っていた。

消極的抵抗の「悔恨共同体」

それは河合栄治郎が右翼全体主義と独り闘っていたときに、それに同調もできずに「せいぜい消極的な抵抗しかできなかった」という自責でしかない。京都大学名誉教授の竹内洋にいわせると、丸山の有名な論文「超国家主義の論理と心理」にはじまる論考こそは、「過ちを二度と繰り返すまい」という悔恨共同体のバイブルであった（竹内『革新幻想の戦後史』）。

これに対し、関ら社会思想研究会の知識人や小泉信三《こいずみしんぞう》らの自由主義者は「朝鮮戦争、ベルリン封鎖、チェコのクーデターなどのもつ意味を、この声明は不当に軽視している。初めから客観的立場を放棄したという意味では、一面たるを免れない」と、ソ連共産主義に甘い進歩的文化人を鋭く批判した。

関は丸山らの悔恨共同体的な考え方を「外交政策はそのような希望的思惟に基づいた国際政治観から結論してさしつかえないものだろうか」と断罪している（関「中立主義者の国際政治観」『戦後日本の思想と政治』）。首相の吉田は自由主義陣営の国々と講和を結び、いずれ他の国とも講和を結んでいく方がより現実的であるとする点で、関らと同じ考え方であった。

こうして河合門下の社会思想研究会は、全面講和論のキャンペーン雑誌と化した『世界』が舞台の大内兵衛《おおうちひょうえ》や丸山眞男ら進歩的文化人の批判勢力として、戦後論壇の一翼を担った。彼らは機関誌『社会思想研究』や、創刊された雑誌『自由』を通じ、少数派言論人として時流の「革新幻想」に挑んでいくのである。

首相の吉田は昭和二十六年九月、サンフランシスコで講和条約の調印を行い、その日夕には日米安全保障条約に調印した。吉田は自らの責任を明確にするため、安保条約には彼一人が署名したのである。そして、翌年四月二十八日に条約は発効した。

対米観に温度差はあるものの、吉田茂はじめ、政敵である重光葵、岸信介もまた、米ソ冷戦の対立をテコに米国と接近を図ることが、戦後日本の活路を見出す道であることで一致していた。ただし、岸は対米観が吉田より「対米自立」の志向が強い分だけ、日米安保条約にひそむ欠陥を冷静に見つめていた。

当初の日米安保条約第一条は外国からの干渉による「大規模内乱及び騒擾を鎮圧する」ため、米軍の力を借りることを前提としている。日本が独立してもなお、外国軍に依存するいびつな条項であった。また、日本政府が許可する米軍基地をどこに置くかの事前協議さえ盛り込まれていない。後に岸は、初期の安保条約に米国の日本防衛義務が明文化されていないなどを含め、これらの矛盾を解決すべく安保改定に取り組んでいく。

社思研第二世代の登場

師の河合がそうであったように、社会思想研究会は若い世代への教育にも熱心に取り組んだ。土屋清と関嘉彦がそれぞれの自宅で、読書会形式のゼミ生を機関紙『社会思想研究』誌上で募集した。早稲田大学の学生だった田久保忠衛《たくぼただえ》（のちの杏林大学教授）は、友人の佐藤《さとう》寛行《ひろゆき》の紹介で土屋ゼミに入った。

彼らのほか、このゼミの〝卒業生〟には、吉田忠雄《よしだただお》、岡野加穂留《おかのかおる》、三宅正也、富山功らがおり、これとは別に碧海純一《あおみじゅんいち》、芳賀綏《はがやすし》、気賀健三《きがけんぞう》らが研究会に加わった。関西では山崎宗太郎《やまざきそうたろう》、伊原吉之助《いはらきちのすけ》、柿木健一郎《かきのきけんいちろう》、片上明《かたがみあきら》らを輩出した。このほか京都大学では、猪木正道の指導を受けた高坂正堯《こうさかまさたか》、勝田吉太郎《かつだきちたろう》、木村汎《きむらひろし》、矢野暢《やのとおる》など社会思想研究会の第二世代が活動に加わった。このほか猪木門下の西原正《にしはらまさし》も、社思研メンバーとともに『体系民主社会主義第六巻』に論文を提出している。

関によると、研究会に思想的な対立はなかったが、再軍備論問題では東京の現実主義と関西の理想主義がぶつかり、三年間にわたって論争が続いた。きっかけは土屋が昭和二十七年六月号の『社会思想研究』で、日本再軍備の必要を論じたのに対し、関西の音田正巳《おんだまさみ》、塩尻公明《しおじりこうめい》らが反論した。

関自身は昭和二十五年の『中央公論』で、国連協力のために日本は再軍備すべきだし、必要なら憲法改正もやむなしとの立場を表明していた。二十八年ごろからは、鳩山一郎ら自主憲法制定論が急速に浮上してきた。関らは鳩山グループの中に「言論の自由」を否定した戦前の指導者も含まれていたことから、彼らとは一線を画した（関『私の民主社会主義』）。

教科書検定に対する反論

社会思想研究会が自らの思想を、「民主社会主義」と自認するようになったのは、昭和二十三年ごろからである。『社会思想研究月報』の第三号に、猪木正道が「戦闘的民主社会主義」との巻頭言を書いたことがきっかけをつくり、かつ欧米ではすでにこの言葉が一般化していたからである。亡き河合栄治郎もまた、裁判所への上申書などで言及しており、「理想主義と自由主義とを両輪とし、その上に議会主義によって理想社会を実現せんとする河合教授の社会主義が展開されている」(『社会思想研究会の歩み』)。

彼らの民主的社会主義はマルクス主義的な共産主義や社会主義とは明確に一線を引いていた。例えば、行動する知識人、関嘉彦ら河合門下の考え方を示す高校の教科書問題があった。木村健康の声掛かりで昭和三十二年ごろ、秀英出版から社会科の教科書づくりを依頼された。神戸大学の塩尻公明、音田正巳が倫理、京都大学の猪木正道が政治、木村が経済、そして関が社会を担当した。

ある日、文部省の検定官から呼び出され、修正意見が示された。表現上の細かいミスもあったが、一つだけ納得できない見解があった。猪木が執筆した国際政治部分で、戦後の西側と東側の対立を「民主主義対共産主義」と表現すると、修正意見は「資本主義対共産主義」ではないかという。

そうした定義の仕方は、西欧の常識に反するとして、関が英紙『ロンドン・タイムズ』の切り抜きに赤線を引いた表記を提出した。すると、検閲官は執筆者チームの主張を了承した。民主主義を資本主義と言い換えるパターン化した表現は、おもに左派論壇による誘導であった。

資本主義を強調することで、労働者からの搾取や帝国主義の侵略を結びつけ、「悪の代表」と印象づける巧妙な決めつけである。関は「これが西欧では共産主義者以外には通用しない非常識を日本人に植え付ける原因となった」と論評している（関『私の民主社会主義』）。ましてて民主社会主義になると、さらに理解不能に陥るだろう。

杏林大学名誉教授の田久保忠衛は、後に民社党委員長の春日一幸が、だらしのない自民党に活を入れてやるとして元統合幕僚会議議長の来栖弘臣を参院選に担いだ例を引きながら、彼の「気迫を自民党の政治家はどう受け取っていたか」として、民主社会主義の安全保障に対する毅然とした姿勢を提示している。

さらに田久保は欧米の二つの事例を挙げて、「社会主義」の名前だけで拒否反応を示す保守に注意を喚起した。

七〇年代後半にソ連が欧州に向けて中距離核ＳＳ20ミサイルを配備したのに対し、悩んだ末に同じ威力を持つ米国のパーシングⅡと巡航ミサイルの国内導入を決断したのが、西ドイツ社会民主党の党首、ヘルムート・シュミットだった。また、米国の大統領、ブッシュが二〇〇三年にイラク攻撃に踏み切る前に、仏独露の三カ国が反対したときに、敢然と英軍を派遣して米軍と共同行動をとったのが、英労働党の首相、ブレアだったことを挙げている（田久保『激流世界を生きて』）。

批判すべき〝記号〟？
祖国愛を語った瞬間

社会思想研究会出版部から移行した社会思想社は、それまで河合栄治郎が戦前に出版した個別の書物を復刻していた。しかし、日本の思想史に輝く河合の業績をまとめておかないと散逸してしまうとの危機感から、昭和三十七年に全集の刊行が企画された。問題は資金不足にあった。

河合栄治郎全集の発刊

そこで土屋らは、河合に師事した東京電力社長の木川田《きがわだ》一隆《かずたか》を訪ねて、財政上の協力を要請した。木川田が東京帝大に入学した際に、彼は河合の著書『労働問題研究』を通じて強い影響を受け、自ら「生涯の心の師父」であると任じていた。

土屋らの申し出に木川田は、「それは結構なことだ。ぜひやって下さい。喜んで応援いたします」と応じてくれた。それは毎月全集一巻の刊行に対して一千万円の資金が提供された。木川田は自ら東大経済学部出身の企業のトップや有力者に会って、一社について月十万円の資金提供を依頼した。

これに対して全集一巻の刊行につき五十冊の本が毎回各社に届けられるという仕組みをつ

くった。土屋らは木川田の熱意と巧みな手法を編み出すその手腕に舌を巻いた。全集が完結したお礼に訪ねると、木川田は「全集が出て本当によかった。これこそ日本の思想界、とくに若い人に読んでほしいと思っています」とこともなげに答えた(土屋『エコノミスト五十年』)。

木川田が土屋らの申し出に、積極的に支援した背景には彼自身の河合栄治郎に対する強い思慕の念と思い入れがあった。山形高校時代に河合の『労働問題研究』に出合い、何度も繰り返し読んだ。彼は『私の履歴書』に、「改革者の高い精神と社会問題に対する先生の若い情熱と使命感が躍動しており、どれだけわたくしに消ゆることのない感動を与えたかははかりしれなかった」と書いている。

河合の講義では最前列に席をとり、何度か自宅を訪れて直接指導を仰ぐ熱心さであった。就職に際して第一志望だった三菱鉱業に行けずに、一般公募で第二志望の東京電燈、いまの東京電力に進んだ。木川田自身は、河合門下であることから「当時としては危険思想の持主として警戒されたものだった」ことが、後に分かったという。

もっとも、最初の三菱鉱業の面接では、河合仕込みの労働政策観を主張して試験官と激論を交わしており、農商務省で上司と対立した河合を彷彿《ほうふつ》とさせるものがあった。そうした一件でもまた、木川田は河合との絆をますます強くした。戦後の電気事業再編にあたっては、「電力の鬼」松永安左エ門の懐刀として、不屈の闘士として活躍したのもうなずける。

「学者に祖国あり」再び

河合とその思想は、巨峰のように高くそびえ、その門下生が広い分野で裾野を形成していった。英国哲学とドイツ思想は関嘉彦、共産主義とロシア革命については猪木正道、そして随筆は江上照彦《えがみてるひこ》、教育は音田正巳、時事評論は土屋清と、それぞれ河合の衣鉢《いはつ》を継いでいる（土屋『エコノミスト五十年』）。

河合の信じた「学問に国境なし、学者に祖国あり」との精神を、門下の関が昭和五十二年五月にオックスフォード大学で見事に展開したことがあった。戦時と平時を問わず、なるほど学問には国境がない。しかし、学者たちには国籍があるから、二律背反の中で自らの信条に従ったのである。

実は、朝日新聞の阪中友久記者が、ロンドンの国際戦略問題研究所に留学していたころ、オックスフォードで「日本の知識人」と題する講演を聞いた。講師は『天皇陛下の経済学』の著書で知られたヘブライ大学のベン・アミー・シロニー教授で、彼は戦争に反対していた日本の知識人でも、いったん戦いに突入するとすぐに賛成に回ったと批判的に論じた。

すると、聴衆の中からひとりの日本人がさっと手を挙げて堂々の反論を行った。その紳士は「自分も戦争には反対だった。しかし、いったん祖国が興亡を賭けた戦争に突入した場合、自国が敗れればいいと考える者を知識人と自分は考えない」と述べた。その弁舌に出席者が一瞬、静まり返った。この紳士こそが、英国外務省の招請でロンドン滞在中の関嘉彦であった。

関によると、会場には若き朝日の阪中と東大助教授の平川祐弘がいたが、自分が戦前を知る者として発言を求めたという。関発言のあと、聴衆の中にいたセント・アントニーズ・カレッジのリチャード・ストーリ氏が立ち上がり、「私も戦争反対であったが、宣戦布告後は銃をとって日本と戦った。それは国民として当然ではないか」と関を支持した（関『私の民主社会主義』）。

日英の学者が双方の立場から、祖国愛を語った瞬間であった。阪中はその時から〝関崇拝者〟になり、関が参院議員になった際には、杏林大学教授になっていた田久保忠衛と一緒に、定期的に防衛問題の意見を具申する関係になった（田久保『激流世界を生きて』）。

もう一人の河合門下生、経済評論家の土屋清はある日、毎日新聞の大型コラム「記者の目」で、当時、上智大学教授の渡部昇一が河合を評価した雑誌論文「何から見て『左傾化』か」を批判していることを知った。

この記者は、河合が著書『学生に与う』で皇室制度を支持し、「天皇は臣民の成長を図られ給い、臣民は天皇に対して忠ならんことを願う」と述べていることから、「リベラリストとしての同教授にも一定の限界があったことを示す」と断じていた。

土屋は河合が天皇を敬愛していたことを知っていたし、「コミュニストならいざ知らず、リベラリストの教授が天皇制を支持するのは当然である」と、生半可な批判に怒った。ここでいうリベラリズムとは文字通り河合の自由主義であり、近年、左派と同義語になりつつある「リベラル」とは含意が異なることに留意したい。

土屋は河合が共産主義者のように皇室制度を批判しないからといって、「限界がある」とはまったくの言いがかりであると抗議した。君主を戴く民主主義国家は、世界にいくらでもある。この抗議に毎日は、土屋の反論文「おかしい河合教授批判」を受理して掲載した。土屋はこの編集方針を評価し、研究会機関誌「総合政策研究」で、毎日に改めて敬意を表している（土屋『著作拾遺』）。

「祖国」や「天皇」は、批判すべき〝記号〟として、反射的に引き金が引かれるのではあるまいか。パスツールの言葉に由来する「学問に国境はなく、学者に祖国あり」との一節は、自由主義者が自らを律する象徴的な言葉のように思えるのである。

六〇年安保
「秩序より正義」というレトリック

「六〇年安保」が近くなると、各大学内にはさまざまな研究会や読書会ができた。反体制過激派が全盛の中で、ノンポリ学生が自らの立ち位置を見極めたいと考えるのは自然のことである。

その多くは、進歩的文化人の象徴である丸山眞男の本を読むことが議論の前提になっていた。それがインテリの証しであるような錯覚を抱いた。丸山の代表作である昭和三十一年発行の『現代政治の思想と行動』の魅惑的な文体に酔い、解釈し、「秩序よりも正義を！」というレトリックに魅了されていく。

ムード的左翼の陥穽

丸山の論文「ある自由主義者への手紙」は、ホッブズの名著『ビヒモス』の対話形式を模したのではないかと疑った。その斬新な手法で思想を語り、世にいう〝丸山教信者〟を増やしていった。のちの「七〇年安保」のころにも、学生仲間がこれら丸山本を小脇に抱え、政治的急進主義を謳歌《おうか》していった。

アカデミズムの権威を代表する丸山眞男は、常にその強い「拒否の精神」によって人々に感銘を与え続けた。共産党を含めた連合戦線を目指す政治的イデオローグとして結晶し、新しい知識人の地位を確立していた。

丸山は戦前の旧制第一高等学校時代から「ムード的左翼」を自認し、自由主義の知識人を「左翼の敵」と見なしていた。それでも、東京帝大に入って河合栄治郎の特別講義「ドイツ社会民主党史論」を聞いて感銘を受け、二つの講義をとることになる。

とくに、二学年の末に起きた陸軍皇道派のクーデター、二・二六事件に際し、河合が『帝国大学新聞』に軍部相手に敢然と追及する姿に、その評価を百八十度変えることになった（苅部直『丸山眞男』）。

「いままでなまぬるいリベラルだと思っていた人のなかに、反動期になればなるほどシャンとしてくるという人がいる」

それでも、「ムード的左翼」という内面に染みついた政治信条は変わるまでに至らなかった。丸山の拒否の精神は、必ずしもマルクス主義には向かわなかったのだ。

丸山は戦後、サンフランシスコ講和条約が発効後の雑誌『世界』昭和二十七（一九五二）年五月号で、坂本義和に先んじて「現実主義の陥穽」を書いている。現実主義者は、（一）既成事実に屈服し（二）現実の一部のみしか見えず（三）支配権力の選択する方を選ぶ――など三つを挙げて批判した。

そして「六〇年安保」の時代を迎えて、反安保の言論で学生たちに多大な影響を与えた。京都大学名誉教授の竹内洋によると、丸山らの進歩主義とは歴史を進歩するものとみ、それを推し進める思想であり、進歩の先にソ連や中国の社会主義国を想定していた（『月刊正論』二〇一五年八月号）。国内では社会、共産両党の応援団として、合理性に徹する現実主義者とは相いれなかったのである。

容共の扇動「いまこそ国会へ」

吉田茂は日米安保条約がもつ「共同防衛」が批判され、「対米追随」の非難が我慢ならなかった。吉田は著書『回想十年』で、「斯かる人々は、現今の国際情勢を知らず、国防の近代的意義を解せぬもの、いわゆる井底の蛙、天下の大なるを知らぬ輩と評する外はない」と断言している。

おそらく、理屈はその通りである。それでも、やや上滑りを感じるのは、相互防衛という概念が、独立の気概をもつ国民同士の間で成り立ちうる双務的な同盟関係だからであろう。日米安保条約の実態は、米国製〝鉄のカーテン〟であり、片務的である分だけ米国に対する防衛力の依存度は大きくなる。カーテンの内側では心地よい真綿にくるまれ、結果的に自立心や独立心を日本人から奪いさるものであった。

石橋湛山死去のあとに首相に就任した岸信介が目指すべきは、日米関係の見直しであり、吉田が築いたサンフランシスコ体制の欠陥を〝大改修〟することであった。まずは、日米安保条約をできるだけ日米対等のものにしたのちに、憲法の改正につなげる考えである。

岸は「日米新時代」を掲げて訪米すると、昭和三十二年六月十九日から三日間で安保条約の見直しだけでなく、沖縄と小笠原の島嶼《とうしょ》返還を申し入れた。日米交渉開始の合意は、昭和三十三年九月の藤山・ダレス会談だった。以後、昭和三十五年一月まで十六カ月に及ぶマラソン交渉により、「駐留協定」に過ぎない旧条約が改定される。

昭和三十五年一月十九日に「日米相互協力および安全保障条約」という新安保条約と付属文書が調印されたころから、安保反対運動が全国的に広がった。とくに、五月の衆院安保特別委員会で自民党が採決しようとして大混乱に陥り、会期を延長したうえで翌日未明に新安保条約が採決された。

左派イデオローグである清水幾太郎は雑誌『世界』昭和三十五年五月号に、扇情的な論文「いまこそ国会へ――請願のすすめ」を寄稿した。清水は「国会議事堂を幾重にも取り巻いたら」何者も抗えないと煽った。それまで過激な運動と距離をとっていた進歩的文化人の空気が変わりはじめていた。五月に衆議院で新安保条約の採択が行われると、「安保改定阻止」より「民主主義の擁護」が強調された。丸山眞男は、岸内閣総辞職要求・新安保採択不承認の文化人集会で「全く質的に違った段階に入った」と述べた（竹内洋『メディアと知識人』）。

丸山に見た「政治の魔性」

この年の六月、京都大学教授の猪木正道は東京大学教授の日高六郎の訪問を受けた。日高は丸山眞男に依頼されて、「安保反対運動に参加し、デモにも加わってほしい」と要請してきた。しかし、猪木は即座にこの申し入れを拒否した。彼は「条約の内容は新安保の方が、旧安保よりも、はるかにすぐれている」とその理由を述べた。同時に猪木は、「軍国日本の対米自爆戦争に責任の重い岸首相による改定には、断固反対するのだ」と、独自解釈による手続き上の反対にすぎないことを日高に明言した。

それにしても、猪木には解せないことがあった。なぜ、丸山は日高に依頼して、自分をデモに参加させようと考えたのか。そんな疑問を日高にぶつけてみると、意外な答えが返ってきた。日高は「猪木さんさえ参加くだされば、民社党や全労に影響力があるから、と丸山さんはいっておられました」と率直に答えた。

そのとたんに猪木は、「私を影響力として利用しようとしたのか」と失望し、逆に怒りがわいてきた。猪木は進歩的文化人に批判的な社会思想研究会メンバーの中でも、珍しく丸山との交流があり、これまではその研究に敬意を払ってきた。それだけに、友情を裏切られたとの思いが強く、気持の整理がつかないほどであった。

猪木は「六〇年安保」期の丸山は、ついに「政治の魔性のとりこになったのではないか」と、暗澹《あんたん》たる気持ちになった。猪木は京大キャンパスで親米派の巨頭とみられ、「京大をアメリカに売り渡した猪木教授、高坂助教授を追放せよ!」との立て看板が出ていたほどだ(猪木『私の二十世紀』)。たしかに猪木がデモに参加していれば、その影響力は想像以上だったであろう。自由主義者は共産主義者と手を結ぶべきだと説いている丸山らしい策謀であった。

学生たちはまず、岸首相と大統領秘書ハガチー会談を阻止した。やがて国会に突入して警官隊と衝突し、樺美智《かんばみち》子《こ》さんが死亡した。だが、可決から三十日を経過した六月十九日深夜零時を迎えて自然承認されると潮が引いていった。そして岸もまた、安保条約が自然承認された五日後の六月二十三日、退陣の表明を余儀なくされた。

理想論「中立幻想」に踊っていた

実は丸山眞男―猪木正道の関係は、こののち彼らの門下筋にあたる二人の論者に引き継がれていく。新進気鋭の論客の一人、東京大学の坂本義和助教授が『世界』昭和三十四（一九五九）年八月号に「中立日本の防衛構想」（坂本『地球時代の国際政治』）を寄稿して、論壇で脚光を集め始めていた。次の「七〇年安保」を前にしても、その浸透度、影響力からして、〝ノンポリ学生たち〟は間接的ながら彼の忠実なる弟子であった。

中立論者の忠実なる弟子

坂本は戦後論壇を代表する丸山眞男の流れをくむ国際政治学者である。やがて坂本の一連の論文や発言から「理想主義」と位置付けられ、当時、猪木正道門下の京都大学教授、高坂正堯助教授を代表とする「現実主義」と対比されることになった。

シカゴ大学で現実主義政治学を代表するハンス・モーゲンソー教授の薫陶を受けたはずの坂本だが、妙なことに、師が力説する「力による平和」をそのまま日本に当てはめることはできないと考えていた。

彼はむしろ、「われわれが日米同盟体制を続ける限り事態は絶望的である」と警告した。そこで坂本は、現状を変革して「中立的な諸国の部隊から成る国連警察軍の日本駐留を提案したい」と空想的だがユニークな提案をした。坂本によれば、「力による平和」を維持する勢力均衡論にたつ日米安保体制では、絶え間なく軍備を増強し、かえって戦争を招くことになりかねない。

そこで、国連による新しい集団安全保障によりどころを求め、グローバル市民による共同体が築かれていけば、やがて権力政治から離脱できると考えた。坂本自身は「理想主義」の呼称を嫌ったが、国連の実態を直視すれば空想的ですらある。

国連憲章第七章は国際社会への脅威に対して安全保障理事会が国連軍を組織して戦うことができると定めている。だが、実際に国連軍がつくられたのは一九五〇年に始まった朝鮮戦争のときの一回しかなかった。その後といえば、安保理常任理事国（P5）の意見がまとまらず、国連軍の創設は成立しない。

ノンポリ・ラディカルの学生たちは坂本の理想論を振りまわし、さかんに非武装中立を吹聴した。実際には日米同盟から中立に偏った分だけ、ソ連寄りに大きく歩を進めることに気づかない。

リアリストからの挑戦状

当時、自らを「革新勢力」と呼んだ理想主義左派に論争を挑んだのは、月刊『中央公論』や『自由』を舞台に活躍した執筆陣だった。とりわけ、『中央公論』一九六三（昭和三十八）年一月号の巻頭を飾った論文「現実主義者の平和論」（高坂『海洋国家日本の構想』）は論壇に衝撃を与えた。執筆者は米国留学帰りで、まだ二十代後半の京都大学助教授、高坂正堯であった。

高坂は京大法学部教授、猪木正道門下だから河合栄治郎から見ると孫弟子にあたる。若き高坂は、論壇で脚光を浴びる坂本義和の論文「中立日本の防衛構想」を正面から批判した。

多くの読者は、高坂論文が坂本らの平和主義を撃破していく展開に徐々に覚醒されていく。

坂本の勢力均衡論への批判に対し、高坂は「勢力均衡は近代ヨーロッパに国際社会が成立して以来、国際関係を規定してきた第1の原則であったし、勢力均衡の存在しないところに平和はなかった」と歴史から説き起こす。そして、「南北に分割された朝鮮のことを考えるならば、日本の中立化を唱える議論が、勢力均衡を考慮に入れず、そのため少なくとも強引であり、ある場合には無責任である」と痛烈に批判した。

高坂は中立論者が核時代に通常戦力は意味がないとの認識を批判し、侵略に対する「盾の役割」を無視していると糾弾した。さらに、日米安保条約が戦争の抑止に役立っているとの議論で、やがて今日の日米同盟論を不動のものにする。

自らの平和構想が、若き学徒に挑まれたことを知った坂本義和はどう動いたのか。

高坂論文を掲載した中央公論の編集長、粕谷一希は、直ちに坂本に反論文の掲載を望み、

「難しければ対談はどうか」と持ち掛けた。しかし、坂本はいずれも拒否したうえで、「もし高坂氏が私に会いたければ、私の研究室に来い」と求めた。粕谷はこのときの印象を「これは年長者とはいえ、論争相手にずいぶん失礼な話である」と回顧している。

ところが高坂は、かまわず坂本の研究室を訪問した。このとき、中央公論の編集部で待っていた粕谷は、やってきた高坂に結果を尋ねた。

「やはりだめでした。あまりに隔たりが大きくて共通点を見つけられません」

粕谷は後年、論争相手の坂本に礼を尽くす高坂の行動に敬意を表し、ことの顛末《てんまつ》を『アス

テイオン』二〇〇五年六十三号(『粕谷一希随想集Ⅰ』)で明らかにした。

「巻き込まれ論」の破綻

書棚から古い本や雑誌を引っ張りだして、目星をつけて読み返してみた。すると、京都大学の若き助教授、高坂正堯に批判された東京大学助教授の坂本義和は、しばらく沈黙のあと、高坂論文の発表から二年もたって反論を発表したことが分かった。

それも舞台は、『中央公論』ではなく、彼のホームグラウンドである岩波書店の『世界』昭和四十(一九六五)年三月号であるところが興味深い。坂本は、高坂ら現実主義者の弱点として「『力の均衡』の虚構」(坂本『地球時代の国際政治』)を書いている。時代は池田勇人内閣から佐藤栄作内閣に代わっていた。

坂本はこの論文で、現実主義者がいう二要素のうち「力の均衡」は軍拡競争を招き、「ナショナル・インタレスト」は国民の利益ではなく、国家の利益を追求する理論的復古にすぎないと論じた。

坂本がこの論文を書くまでの二年の間に、高坂は『中央公論』一九六四年九月号に「海洋国家日本の構想」を書いて、日本が島国意識から脱皮するよう求めていた。ちょうど、中国が初の核実験をするのではないかとの予兆があったころだ。

高坂は「イギリスは海洋国家であったが、日本は島国であった」との修辞法で警鐘を鳴らした。海を活用する英国と、海を背に閉じこもる日本を対比し、わが国が海洋国家として自立するよう提言したのである。

彼は戦後の日本は、自立できない島国であり、外交、防衛とも米国に依存しながら、経済発展のみに精力を傾注してきた代償であるとみた。

実際に、世界の目が一九六四（昭和三十九）年十月の東京五輪に注がれていたさなかに、ソ連ではフルシチョフ首相が解任され、中華人民共和国は初の核実験を強行した。日本が戦後復興を遂げて、世界の主要国に追い付こうとするころの衝撃波で、事実が高坂の指摘を裏書きしていた。

高坂の師にあたる河合門下の猪木正道も、『中央公論』一九六四年十月号の座談会で、坂本義和らの中立論について「パワーポリティクスがないということは致命的なことだと思う」と語り、その甘さを指摘した。

「平和の代償」ショック

坂本はついに筆を起こし、高坂、猪木らの現実主義が「政治的には保守の機能をになっている」と批判した。彼のいう保守とは日米関係を承認するという意味であり、戦後日米関係の既成事実の中に合理性を追認しようとしていると位置づけた。

したがって現実主義は、「六〇年安保」闘争で広がった「大衆運動の政治的意義を極小化しようとする」として、現状肯定主義であると決めつけた。師である丸山眞男論文と同じ論旨である。

現実主義が「現状肯定主義に陥りかねない」との指摘は、左だけでなく右からもあった。作家の三島由紀夫は劇作家の福田恆存との対談で、現実主義を認めながらもその危険性を突いている(『福田恆存対談・座談集』第二巻)。

東京と京都の気鋭の国際政治学者によって、日本の安全保障のあるべき姿をめぐる論争が繰り返された。やがて安全保障論争は思わぬ展開を見せる。もう一人の丸山門下である東京工業大学の永井陽之助が、ハーバード大学留学中に起きた一九六二年のキューバ危機に触発され、日本を微温的な「愚者の楽園」と中立論者を揺さぶったのである。

永井は『中央公論』一九六五年六月号に「米国の戦争観と毛沢東の挑戦」を書き、防衛努力は平和への最低限の義務であるとして、「力の裏付け」を強調したのである(永井『平和の代償』)。永井が坂本と同じ進歩的文化人のドン、丸山の系譜に連なるだけに、現実主義者としての参戦は左右から驚きをもって迎えられた。

もっとも永井は、ずっと下って一九八〇年代になると、宰相・吉田茂の軽武装・経済優先を擁護して「吉田ドクトリンは永遠なり」と、なぜか危機意識が薄れて昇華してしまう。戦後日本が歩んだ道を「顕教」として賛美し、逆に、防衛力の強化に懐疑的になっていく(永井『現代と戦略』)。

その後も非武装中立論は、論壇では雑誌『世界』、『朝日新聞』を中心に坂本義和、加藤周一らが主導し、政界では社会党を中心に移ろいやすい世論を誘導していく。

七〇年安保

〝丸山教信者〟のたそがれ

　ところが、「七〇年安保」の時代になると、彼らは反体制派から「学生にすり寄る類いの進歩的文化人は欺瞞だ」と、否定されてしまう。学生らが繰りだす「主体性」という新語は、丸山自身の発案によって大流行したが、このときの丸山は、皮肉にも進歩的文化人としての主体性が問われた。

官学エリートへの暴挙

　東大教授の林健太郎によると、丸山のいう主体性は、彼の意図とは別に「悩みあらば入党せよ」と訴える共産党の呼び掛けに合致するように見えた。反日共系全共闘にはそれが許せない。彼らにとっては、当の丸山を含む教授たちもまた「拒否」されるべき権威であったのだ。

　昭和四十三年の東大紛争では、全共闘系学生に教授たちの研究室が破壊され、明治以来の貴重な文書が燃やされた。丸山自身は「軍国主義者もしなかった。ナチもしなかった。そんな暴挙だ」とうめいた。貴重な文献を毀損《きそん》されて、はじめて彼らの無差別な暴力性に気づいたということであろう。翌年二月、その丸山は教室に向かう途中で、学生たちに拉致されてしまった。

「そろそろなぐっちゃおうか」

「へん、ベートーベンなんか聴きながら、学問しやがって」(竹内洋『大学という病』)

ベートーベンを聴いて何が悪いと思うが、丸山の文化貴族的なライフスタイルが執拗《しつよう》に問われた。彼らにとって丸山は、官学エリートとして破壊すべき対象に映っていたのである。

「後衛の位置から」の失墜

東大闘争のころに警備当局者だった佐々淳行は、丸山とおぼしき人物を著書『東大落城』で、「国立T大学のM教授」として、こう描いている。

「M教授が法学研究室を封鎖しにきた反代々木系の学生たちに首根っこをつかまれて引き回された。二十年間この世で一番悪いのはファッショと軍部だといい続けてきたM教授は『ファッショや軍部よりも悪い奴がいた』と激怒し、一転して機動隊導入賛成の急先鋒《きゅうせんぽう》になった……という話は当時公知の事実だった」

法政大学総長であるマルキシズムの大御所、大内兵衛もまた、過去の主張を一転させて「東大を滅ぼしてはならない」との、驚くべき論文を『世界』昭和四十四(一九六九)年三月号に寄せている。二人とも自らに火の粉が降り注ぐと反体制論を撤回し、あたかも体制派に転化してしまったかのようであった。

興味深いことに、米国の日本研究者、エドワード・サイデンステッカーが昭和三十九

（一九六四）年に『現代政治の思想と行動』の英訳に寄せた論文で、丸山の政治思想の容共的な体質を敏感に嗅《か》ぎ取っていた。

「丸山教授が批判するところの軍国支配者のそれにさまざまな面で似ているということ、彼らが全体主義の一つを拒否しながら別種のそれを奉じているということを――これこそが重要だということが証明されている」（サイデンステッカー「日本の不謬ならざる法皇」『後衛の位置から』）。

「別種のそれ」とは、政治姿勢を曖昧にしながら護持する共産主義を指している。サイデンステッカーは反安保闘争を通じて、丸山の思想を「現代の倒錯」とまで表現して、鋭くその本性を見破っていた。

呪縛

空想的平和論の破綻

朝日新聞の論説委員として活躍した土屋清は昭和三十九年、五十三歳で朝日を辞めて、産経新聞に移籍した。土屋自身は朝日退社のいきさつの多くを語っていない。社主である村山家との騒動が一段落して、反村山の立場をとっていたことからすれば、その出処進退は鮮やかであった。

産経新聞へ移籍する

ところが、朝日新聞社長だった渡邊誠毅は、逝去した土屋を偲ぶ追悼集『回想土屋清』への寄稿で、まことに嫌みな一文を載せている。

「戦後は、自由民主主義に転じ、日米提携を基軸とする現実主義の旗手としてあらわれた。日米安保条約の改定反対闘争に強い反発をかくさぬようになっておられた。そして、このような土屋さんの信条の変化が、朝日新聞を棄《す》てて、その対極に位置する産経新聞に身を寄せるという一大転換にも結びついて行った。後ろ足で砂をかけて去る趣さえあった。次の安保では朝日新聞と闘うとも公言されていた」

「六〇年安保」に対する朝日の論調は、東大教授の坂本義和や評論家の加藤周一らに引きずられた非武装中立論に傾斜していた。貫かれているのは、理想主義を掲げた空想的な平和論であった。土屋はそれらに背を向け、産経新聞の編集総長(編集局長)兼論説主幹として、縦横の指導力を発揮する。

土屋はすでに昭和二十七年六月号の『社会思想研究』で、日本再軍備の必要を論じており、米ソ冷戦の過酷な世界情勢の中で米国の危機感に同調せざるをえないと考えていた。共産主義と闘った恩師、河合栄治郎の自由主義思想を踏まえれば、土屋が可能な限り自立性、双務性をもって日米同盟への道を選択することになるのは故なしとしない。

朝日新聞那覇支局に勤務していた阪中は、あるとき本社の沖縄問題に対する関心の低さを嘆くと、土屋は「君らは朝日に依存しすぎる。朝日に倚ってたつ心構えが必要なんだ」と一喝された。阪中は土屋の苦言を、自ら言論人と思うなら信ずるところを発表し、それで社論と合わなくなれば辞めればよい、という意味であろうと理解した（阪中「仰ぎ見る高峰」『回想土屋清』）。

これまで見てきたように、戦後の論壇には長く進歩的文化人が跋扈《ばっこ》していた。彼らは人々を抑圧するソ連共産主義にほほ笑み、国内では共産党を含む連合戦線を目指した。朝日は長くその呪縛から逃れられなかった。土屋の薫陶を受けた田久保忠衛は、日本の国益から論陣を張ろうとする土屋を、朝日はそのまま止めおくだけの魅力を、失いつつあったのではないかと述べている（田久保『激流世界を生きて』）。

腹いせのゲバ棒

坂本義和ら進歩的文化人が日米安保条約は「戦争につながる」と主張してきたものの、その後の日本は「戦争に巻き込まれる」どころか、平和を享受してきたことによって彼らの論理は破綻していく。そしてソ連の崩壊へと歴史は大きく動く——。前言を訂正しない限り、容共の進歩的文化人は沈黙するか、「これから巻き込まれる」とごまかす以外になくなってしまった。

坂本が希求した「国際共同体」が新たな連帯を生むこともなかった。むしろ、経済のグローバル化が進むほど、主権国家を前提とした勢力均衡の国際秩序が先鋭化する皮肉に突き当たる。ソ連崩壊によって東西冷戦は終結したが、代わって中国という「遅れてきた帝国主義」（渡辺利夫・拓殖大学総長）が、今度はアジア太平洋地域で台頭してきた。

京都大学の教授になった高坂正堯は「七〇年安保」前夜になると、京大全共闘系学生の呼び出しに応じて公開討論に臨んだ。学生たちは、沖縄国際海洋博のブレーンを務める高坂に、「資本主義、大企業を喜ばすにすぎない」と痛罵《つうば》した。

高坂は京大の時計台広場でマイクをとり、学生活動家が吹っかけてくる批判を打ち返した。その翌日、学生たちは腹いせに高坂の研究室を襲撃してゲバ棒を振るった。破壊された室内を見た高坂は「卑怯《ひきょう》千万！」と嘆いた（産経新聞大阪社会部編『総括！さらば革命的世代』）。

上智大学名誉教授の渡部昇一によれば、ソ連のスターリン、中国の毛沢東、そしてベトナムやカンボジアなど、「世界中の共産国が現実にみんなの目に見える形でボロを出すまで、日本の言論人や知識人の多くを呪縛していた」のである（渡部「河合栄治郎の意味」『文化会議第127号』）。

沖縄返還前のころ
英雄的な思想家の素顔

世は激動の時代を迎えていた。池田勇人と同じように吉田茂の薫陶を受けた佐藤栄作首相は、吉田の遺縫を継いで「対米協調」を掲げながら、その実、裏では岸信介のように「対米自立」を推し進めた稀有な指導者であった。その佐藤が後の昭和四十二（一九六七）年十二月に、核を「持たず、作らず、持ち込ませず」という非核三原則を初めて言及した。

ところが、その後二年もたたない四十四（一九六九）年十月、沖縄返還交渉で首相の密使を務めた若泉敬《わかいずみけい》が持ち帰ったキッシンジャー米大統領補佐官の伝言は、「北東アジアの非常事態の際には、沖縄への核の再持ち込みを保証してもらいたい」というもので、さもなくば沖縄返還はできないという厳しいものだった。突然の展開に首相が思い悩む様子は、若泉氏の著書にも記されている。「核抜き・本土並み」公約も事前協議も、「持ち込ませず」に直結していたからである。

門下の第二世代が台頭

日米両政府はその年の十一月、三年後の沖縄返還に合意する「佐藤・ニクソン共同声明」を発表した。それを受けて河合門下の社会思想研究会（社思研）は翌年九月に、沖縄研究合宿を企画した。

返還前の沖縄行きには、パスポート、査証を用意するために身元引受人欄を埋める必要があった。幸い現地の那覇には、社思研の理事で、時事通信那覇支局長の田久保忠衛（のちの杏林大学教授）がいた。各種の書類をそろえたうえ、東京・晴海から海路を那覇に向かった。外洋にでると大シケにもまれ、四十八時間後、那覇港に接岸するころには胃は空になっていた。

港には、日焼けして精悍《せいかん》な顔の田久保と夫人が出迎えてくれた。現地集合した顔ぶれの中には、社会思想研究会事務局長の佐藤寛行、帝塚山大学教授の伊原吉之助、早稲田の大学院生だった高池勝彦《たかいけかつひこ》（のち弁護士）のほか、東西の大学生七人ほどが含まれていた。

研修の中核は、米軍基地に働く従業員の組合、全沖縄軍労働組合（全軍労）との討論会だった。沖縄返還が決まるとまもなく、米軍は従業員解雇を発表していたからである。ところが、全軍労は人員整理に反発して「四十八時間スト」に突入してしまって、討論会どころではない。現地に「基地に反対しながら解雇撤回の要求とは筋が通らない」との声が出た。

米軍基地に依存する沖縄社会の矛盾を浮き彫りにしていた。

日本復帰の昭和四十七（一九七二）年五月までに約七千人が解雇され、基地従業員は一万九千人余に減り、さらに年間二千人規模で解雇されていった。社思研メンバーは、この研修で米軍基地を視察し、日米安全保障条約の重要性と「核抜き、本土並み」返還を議論した。同時に、全軍労の四十八時間ストは、現在の「沖縄問題」の起源を見せられた思いであった。

すでに述べたように、一九七〇年前後の社思研は、早くも田久保ら第二世代の人々が活躍していた。河合栄治郎門下の第一世代は、経済評論家の土屋清、社会思想家の関嘉彦、政治学者の猪木正道らで、彼らがそれぞれに「ゼミ」と称する読書会を主宰した。

「ゼミ」の〝卒業生〟が第三世代を構成し、土屋は「社会思想研究会の中からも、碧海純一

（東京大学教授）、三宅正也、吉田忠雄、岡野加穂留（明治大学教授）、佐藤寛行、田久保忠衛、伊原吉之助（帝塚山大学教授）諸氏など、つぎの世代の学者、評論家が台頭してきた」（土屋『エコノミスト五十年』）と書いた。さらに京都大学では、猪木の指導を受けた高坂正堯、勝田吉太郎、木村汎、西原正らがこの人脈に連なる。

その多くは社思研の理事であり、ほとんどが産経新聞「正論」欄の執筆者になった。読書会には世代を継いで「佐藤寛行・冨山功ゼミ」があり、第三世代として「梅沢昇平《うめざわしょうへい》（尚美学園大学教授）、高池勝彦（弁護士）、中村信一郎《なかむらしんいちろう》（社会運動家）、住田良能《すみだながよし》（産経新聞社長）氏らが学界、法曹界、新聞界、官界などの第一線で活躍している」（田久保『激流世界を生きて』）。

偶像破壊の一撃

昭和四十五（一九七〇）年の十二月、社会思想研究会理事で相模女子大教授の江上照彦が、河合栄治郎全集第二十三巻の別巻として『河合栄治郎伝』を刊行した。いったい素顔の河合とはどんな人物で、どうポピュリズムに背を向けて戦闘的な自由主義を貫いたのだろう。社会思想研究会の学生からなる東京読書会は、次の月例研究会に生前の河合を知る江上を招いた。

江上は河合家から日記などの提供を初めて受け、恩師の素顔に肉薄した。彼に解き明かされた事実は、いわば偶像破壊の一撃であった。河合が英雄的な思想家であることはもちろんのこと、あるときまではエロスの探求者であったことを掘り起こした。あまりに人間的な、理性と感性のはざまで苦悶《くもん》する河合五十三年の生涯であったのだ。

『河合栄治郎全集』編集委員の経済評論家、土屋清もまた、日記を整理しているさなかに、河合の内面の葛藤を知り得たひとりであった。しかし、土屋は河合の女性関係を「江上氏の才筆のもたらした罪であろうか」（土屋『エコノミスト五十年』）とやんわり否定している。恩師の思想に邪念が入るのを嫌う土屋と、師の私生活を含む全人間像を描こうとした作家、江上との違いであろう。

江上は同門の土屋から「お前はけしからぬ、俺がせっかく念を入れて削ったやつを全部復活させた」と叱られた。江上自身は、河合は放埒《ほうらつ》なのではなく「古風なプラトニックラブだったと確信している」と語った（青日会『故河合栄治郎先生を偲んで』）。

さて、この月例研究会の報告者は、幹事の白川方明《しらかわまさあき》だった。研究会の様子は、毎回、報告者が機関誌『社会思想研究』に「花草会だより」として寄稿した。このときの研究会は、機関誌二十三巻二号の巻末に、白川が過不足なくまとめている。

「読書会で話題になったのは、主に次の三つであった。一つは河合栄治郎と女性という問題である。この本にもA、C、M等という名で多くの女性が登場してくるが、このことをめぐって話に花が咲いた。二番目は〝闘う人〟としての栄治郎である。農商務省を辞める時の『官を辞するに際して』に見られる官僚機構への闘い、昭和初期、〝反動〟の名を着せられながらのマルクス主義との闘い、二・二六事件批判に見られるファシズムへの闘い、あげればきりがない。三番目は教育者としての栄治郎ということである。彼は、その演習生という形で、あるいは直接に教えることはなくともその思想を通じて多くの人に影響を与えた。実際、門下からは優れた人が輩出している。その弟子たちの活動領域も、たとえば学問の世界でいうと、近代経済学、政治学、社会思想史等多方面にわたっている。たしかに、教育者としての偉大さは、優れた弟子をどれ位育てるかにあるだろう」

そして、白川自身の思索と進むべき方向を手繰りよせるような文章が続く。白川は「大学一年の時、長いストがあり思想的にも不安定で動揺していた時、民主的社会主義思想を主張する多くの本を貪り読んだ」と、世代に共通する感慨を述べる。

「経済制度は？　議会制度は？　それらに関する議論は、あまりに陳腐化したという理由で逆に、あまり議論されなくなったきらいはないであろうか。僕は河合栄治郎の思想やそのファシズム批判、マルキシズム批判の勇気を尊敬している。しかし、それらの思想を発展させるには、もっと今日的かつ鋭い議論が必要なのではないだろうか」（会友・東大経済学部三年）

そうした疑問の中から、白川は「通貨の番人」としての日本銀行を選択し、やがて総裁になる。河合門下の日銀マンには、総裁の山際正道、宇佐美洵《うさみまこと》、佐々木直《ささきただし》、理事の外山茂らを輩出しているから、白川もその流れをくむのだろう。果たして彼自身を含め戦後体制を享受してきた日本人は、河合の自由主義や教養主義、あるいは白川のいう民主的社会主義を発展させ、鋭い議論と実践をしてきただろうか。

国家の羅針盤

独立自存の道義国家めざす

都立大学名誉教授の関嘉彦は、河合栄治郎の思想家としての能力を継いでおり、社会思想研究会、民主社会主義研究会議を発展させた立役者である。彼は『社会主義と自由』『英国労働党の研究』などの業績のほか、欧州社会主義に関する学識は他の追随を許さなかった。

依存の中の幻想

その関が、防衛問題を『文芸春秋』誌上で展開したロンドン大学教授の森嶋通夫との「関・森嶋論争」は、日本の防衛の核心を浮き彫りにした。森嶋は昭和五十三（一九七八）年に帰国中の航空機の中で、関が『産経新聞』の正論欄に書いた防衛問題に関する論稿を読んで、北海道新聞紙上で批判した。これに関も同紙に反批判を掲載したが、さらに『文芸春秋』昭和五十四年七月号から二度にわたる論争を展開した。

関の論点は、共産主義国はその思想にもとづく支配の拡大を追求し、場合によっては武力侵略もありうることを指摘している。したがって日本は、自らを守るための武力配備を行い、足らざる点は民主国家である米国との同盟で補うべきであると指摘した。

これに対して森嶋は、核兵器の時代にあっては通常兵器による武装は無意味であり、非武装中立を貫くしかないと主張した。もしもソ連が攻め込んできたときは、白旗と赤旗を揚げて降伏すれば、惨劇を避けることができるという素朴な楽観論であった。

この論争は、投書による読者の参加を呼び、一時、論壇をにぎわすことになった。森嶋の論評は、長く日本の安全保障観をむしばんできた米国庇護下にある「依存の中の幻想」であろう。いまとなっては語る者さえいなくなったが、「米国がいると戦争に巻き込まれる」との議論がなおも生きていた。

ソ連とその後継国家のロシア、中国、北朝鮮という核保有国に囲まれた日本の厳しい環境は変わらず、その脅威を逃れる方法は日米同盟か、もしくは現実を逃避して幻想の中で生きるしかなくなった。

しかし、冷戦期にあっては森嶋説に賛意を表する新聞や月刊誌の声は大きく、野党はもちろんのこと、自民党の一部にもこれに追随する傾向があった。田久保忠衛は『文芸春秋』九月号に、評論家の福田恒存も『中央公論』十月号に、森嶋らが主張する非武装中立論の幻想性を批判した。防衛論争の行き着くところは、やはり日本国憲法の改正であった。

防衛論争から憲法改正論へ

先鞭をつけたという意味では、平成四（一九九二）年に、関嘉彦を会長に、田久保が座長、駒澤大学の西修と弁護士の高池勝彦が副座長となって、憲法改正問題を語り合った。関らはおよそ二十七人の有識者を招いて聞き取りを行い、討議の末に「世界平和と憲法問題に関する民社党への提言」を提出した。

すると、翌年二月二十一日付『ニューヨーク・タイムズ』紙が、「日本に平和を選ばせろ」という乱暴な社説を掲載した。田久保によると、日本の右翼政治家が改憲を唱えているが、外国でそれを認めているところはない――という低劣なものであった。

関と田久保はさっそくニューヨーク・タイムズ東京支局のスタンゴールドに面会を求め、その誤りを正した。関は英文の反論文を手渡し、読者欄でもよいので掲載してくれるよう依頼した（田久保『激流世界を生きて』）。

のちに杏林大学名誉教授になっていた田久保は、平成二十五（二〇一三）年に産経新聞が創刊八十周年の記念事業として進めてきた「国民の憲法」要綱の起草委員長を務めた。委員には佐瀬昌盛（防衛大学名誉教授）、西修（駒澤大学名誉教授）、大原康男（國學院大學教授）、百地章（日本大学教授）を配して、日本にふさわしい「新憲法」の策定に挑戦した。

前文で国づくりの目標「独立自存の道義国家」を掲げ、平和を維持する国防の軍保持や「国を守る義務」、緊急事態条項を新たに設けた。国難に対応できない現行憲法の致命的欠陥を踏まえ、要綱は起草委員が約一年にわたって討議を重ね、「国家の羅針盤」となりうる指針を打ち出した。

とくに要綱は、前文で「日本国は先人から受け継いだ悠久の歴史をもち、天皇を国のもといとする立憲国家である」と明確にうたった。同時に国際社会の一員として重要な役割を演じる覚悟を鮮明にし、自由主義、民主主義、基本的人権の尊重といった普遍的な価値観を掲げた。起草委員会の論議の過程で、河合栄治郎の憲法観や天皇観が語られたことも、改めて付記しておきたい。

これまで見てきたように、左右の全体主義と闘った河合は、「言論の自由」に命をかけて天下に示した唯一の知識人であった。門下の河合人脈が結集した社会思想研究会の多くが産経新聞「正論」欄の執筆者になったことは自然の流れであろう。関らはまた行動する知識人であった。昭和三十五（一九六〇）年の民主社会党結成の際に綱領を起草し、党を支える思想団体として民主社会主義研究会議を発足させた。

やがて社会思想研究会や民主社会主義研究会議が解散していくのは、自由、人権、福祉に関する一定の役割を終えたからかもしれない。その一部が政策研究フォーラム、国家基本問題研究所、河合栄治郎研究会として今につないでいる。

〈了〉

敬称略

あとがき

　本書は産経新聞のオピニオン面に掲載された長期連載「独立不羈　河合栄治郎とその後の時代」に加筆したものである。連載のきっかけとなったのは、河合栄治郎門下の人々が創設した社会思想研究会（社思研）関係の何かの席であったと思う。ちょうど、陸軍英米派の辰巳栄一元中将を描いた「歴史に消えた参謀」の連載を終えてすぐのころだった。

　同じ社思研の先輩でもある当時の産経新聞社長、住田良能氏から「次は何をやるんだ」と問われた。密かに決めていたテーマを説明したところ、「それよりも」と提案を受けたのが、自由主義の思想家、河合栄治郎の生涯を描くことであった。間髪をいれずに、杏林大学名誉教授の田久保忠衛氏も、いま河合を取り上げる意義を諄々《じゅんじゅん》と説かれた。

　こんなときは、困難な理由を総動員して素早く逃げるに限る。昭和史に登場する軍人たちの動きと違って、思想家の頭の中を紹介するのは新聞にそぐわないこと、すでに優れた類書が出ていて、新鮮味がないことなどを挙げてみた。だが、ロープに追い詰められた状態で、二人の先輩を前にしては反証にも力が出ない。かえって逆襲の憂き目にあうだけだった。

　いまの日本人が自由を享受しているのは、敗戦時の連合国総司令部（ＧＨＱ）だけでなく、左右の全体主義と闘った河合の存在が欠かせなかったこと。日本には思想に殉じた先達の存在があまりに少なく、日本の指針となる思想的な背骨が見えないこと――はその通りであった。

◇

実は、河合ゆかりの人々が作った社会思想研究会との関係は、いまだ学生時代の昭和四十年代にさかのぼる、東京読書会の「花草会」は昭和四十三年、東京女子大生の花岡計枝さん、伊藤香代さん、それに社思研事務局の大滝美奈江さんが結成し、関西読書会には神戸に「芦屋読書会」があった。発足から二年が過ぎたころ、卒業する彼女たちの後を東大経済学部二年の白川方明と私が幹事を引き継いだ。

若き日の社思研読書会は、貴重な交流の機会であった。土屋清先生には、赤坂のホテルニュージャパンの777号室のオフィスを月例研究会に提供していただいた。関嘉彦先生の自宅を訪ねた際は、民主主義制度の欠陥を聞き、河合を神格化すべきでないとクギを刺された。猪木正道先生とは後年、私が産経新聞のワシントン赴任を終えて帰国した折に、理事長をされていた平和・安全保障研究所で報告をさせていただいた。

読書会の月例研究会には、さまざまな大学から毎回十数人が集まった。その都度、社思研の理事たちを担ぎ出し、講師から本を紹介してもらった。一人が読後報告したあとに議論を開始する。月例研究会の顛末《てんまつ》は、月刊の機関誌『社会思想研究』に報告した。

忘れもしない昭和四十五（一九七〇）年十二月十九日夜の月例研究会は、東大教授の碧海純一先生と助教授の浜井修先生に講師を依頼した。碧海先生が推薦するカール・ポパー『歴史主義の貧困』を読みこなすのは容易ではなかった。報告者の私がまごつくと、浜井先生から鋭い一撃が飛ぶ。最後に碧海先生が黒板に左右の手を使って論評を加え、議論に決着をつけた。厳しさで定評のあった大師匠格の「河合ゼミ」もこんなふうだったかと考えた。

実は碧海先生を迎えたちょうどその日、「ソ連戦車隊、ポーランド国境近くに集結」という衝撃的なニュースが流れた。ポパーはこの本で、「思想の自由な競争」がない社会では、経験的事実すら否定され、多くの悲劇を生み出すと警告していた。

それより二年前の一九六八年八月二十日に、ソ連軍はチェコにも軍事介入していた。反米デモのときには大きなデモになるのに、このときの反ソの方はささやかなものであった。そしてポーランドへの軍事的圧力である。ポパーのいう「峻厳《しゅんげん》な法則を信じたファシストやコミュニストの犠牲者」を思わないわけにはいかなかった。それが戦闘的自由主義者、河合栄治郎が闘った「全体主義」の姿であろう。

あれから半世紀近くたっても、ソ連の後継国家ロシアは、隣のウクライナから二〇一四年三月、軍事圧力によってクリミア半島を併合してしまった。「ロシア系住民の保護」が名目であり、大国が小国をひねりつぶす際に使う古典的な手法であった。そして、国際法を無視する中国が、南シナ海に人工島をつくって軍事基地化し、力で現状を変更しようと周辺国に圧力をかけている。

河合が生きた一九三〇年代もそうだった。ファシズムの危険が迫ったとき、思想的には河合よりも先鋭的なマルクス主義者たちは沈黙した。しかし、河合はたとえ不利な状況に置かれても、自由な精神が蹂躙されることに我慢がならなかった。それは彼の国家観も同様であった。戦争の勝敗がどうあれ、日本人としての道義を失えば亡国の民となることを恐れたのである。

いまの日本が享受している自由で民主的システムの国家と社会を、次世代にどうつないでいくべきなのか。左右の全体主義と闘った河合が身を挺して示した自由主義思想と道義力の精神を振り返る意味は決して小さくはない。できれば、河合門下の俊英が各界に散って、戦後日本の再建と言論界にどう貢献してきたかを再現してみたいと考えた。しかし、紙数の関係や著者の力量不足は否めず、十分に語りつくせたとはいえない。

結果的に前著の『吉田茂の軍事顧問　辰巳栄一』が政治家と軍人の昭和史であり、今回の『全体主義と闘った男　河合栄治郎』は学者、言論人の昭和史になったものと思う。今後、もし可能なら戦後に焦点を当てた物語を描いてみたいと考えている。

◇

河合栄治郎全集の二十三巻を読んでいるさなかの二〇一三年六月十一日に、相談役に退いていた住田良能氏が六十八歳の若さで亡くなった。それもあって、河合の自由主義を連載する気力も失せて、しばらく頓挫した。それを再び、紙面化するよう声をかけてくれたのは、編集担当取締役の小林毅氏であった。

連載にあたっては、多くの河合関係者の方々、先輩、研究者らから多くの資料提供をしていただいた。故人になられた住田氏の幾枝夫人から、「本棚にこんなものがあって」と、彼が収集していた資料をいただいた。生前の住田氏がこれほどまで河合に関心を持ち続け、資料まで収集していたとは思わなかった。あらためて故人に感謝の気持ちを表すとともに、本書を住田氏の墓前に捧げたい。

また、田久保氏からも、河合のほかに門下の土屋清、関嘉彦、猪木正道の関連資料を貸していただき、その都度、助言と励ましをいただいた。産経ＯＢの鈴木隆敏氏からは、河合と同じ共産主義の強力な批判者である小泉信三の資料をお借りした。時代は前後するが、西修、沢英武、梅沢昇平、寺井融、川西重忠、清滝仁志、松井慎一郎の各氏からも助言を受けており、元論説委員長の吉田信行氏からは連載中から批評をいただき、感謝の言葉もない。

新聞の連載中はデスクを論説副委員長の沢辺隆雄、ゲラについては清湖口敏がチェックをしてくれた。そして、産経新聞出版の星野俊明氏は、連載開始のころから熱意をもって読み、終了後の書籍化に尽力いただいた。改めてお礼を申し上げたい。

平成二十九年二月

湯浅　博

本書は、平成二十七（二〇一五）年七月五日から平成二十八（二〇一六）年十一月二十七日まで産経新聞に掲載された連載「独立不羈　河合栄治郎とその後の時代」に加筆し、再構成した作品です。

単行本　平成二十九年二月　産経新聞出版刊

装　幀　伏見さつき
DTP　佐藤 敦子
写真提供　河合栄治郎全集（社会思想社）より

河合栄治郎略年譜

年	年齢	河合の動向と主な著作	世界と日本の出来事
明治24(一八九一)		二月一三日、東京府に生まれる	
明治27(一八九四)	3歳		日清戦争開戦
明治35(一九〇二)	11歳	小学校卒業　郁文館中学校入学	
明治36(一九〇三)	12歳	中学校途中退学	
明治37(一九〇四)	13歳	東京府立第三中学校に転学	日露戦争開戦
明治41(一九〇八)	17歳	府立三中卒業　第一高等学校入学	
明治44(一九一一)	20歳	一高卒業　東京帝国大学法科大学政治学科入学	
大正3(一九一四)	23歳	高等文官試験合格	第一次世界大戦勃発
大正4(一九一五)	24歳	東京帝国大学卒業　農商務省入省	
大正6(一九一七)	26歳	金井国子と結婚	ロシア革命
大正7(一九一八)	27歳	長女純子誕生　米国出張	第一次世界大戦終結
大正8(一九一九)	28歳	米国から帰国　農商務省を辞す	
大正9(一九二〇)	29歳	次女潔子誕生　東京女子大学講師に	森戸事件
		『労働問題研究』刊　東京帝大経済学部助教授に	国際連盟加入
大正10(一九二一)	30歳	三女尚子誕生	
大正11(一九二二)	31歳	在外研究のため欧州に出発(英国、ドイツ)	
大正12(一九二三)	32歳	『社会思想史研究』第一巻刊	関東大震災
			ソビエト連邦成立

大正13（一九二四）	33歳		英国・労働党内閣成立
大正14（一九二五）	34歳	欧州から帰国	治安維持法成立 普通選挙制実施
大正15（一九二六）	35歳	東京帝大教授に　『在欧通信』刊 『社会経済体系』刊行開始（全二四巻）	
昭和3（一九二八）	37歳	満州・朝鮮へ講演旅行	三・一五事件
昭和4（一九二九）	38歳	長男武誕生	世界恐慌
昭和5（一九三〇）	39歳	『トーマス・ヒル・グリーンの思想体系』刊	
昭和6（一九三一）	40歳	次男光誕生　学生思想問題調査委員に 『社会生活原理』『大学生活の反省』刊	満州事変勃発
昭和7（一九三二）	41歳	欧州出張 『学生思想問題』（蝋山政道共著）刊	満州国建国宣言 五・一五事件
昭和8（一九三三）	42歳	欧州より帰国	ヒトラー、独首相に就任 国際連盟脱退 滝川事件
昭和9（一九三四）	43歳	『欧州最近の動向』『ファッシズム批判』刊	
昭和10（一九三五）	44歳	『第一学生生活』刊	天皇機関説事件
昭和11（一九三六）	45歳	『帝大新聞』で「二・二六事件の批判」発表 東京帝大経済学部長に　『学生叢書』刊行開始	二・二六事件

昭和12（一九三七）	46歳	『時局と自由主義』『第二学生生活』刊 中国華北地方に視察旅行	盧溝橋事件 第一次人民戦線事件 日独伊三国防共協定締結
昭和13（一九三八）	47歳	『ファッシズム批判』以下四著作発禁処分	第二次人民戦線事件 国家総動員法制定
昭和14（一九三九）	48歳	休職命令　東京地裁に起訴	第二次世界大戦勃発
昭和15（一九四〇）	49歳	『学生に与う』刊　地裁で無罪判決	日独伊三国同盟
昭和16（一九四一）	50歳	『国民に愬う』出版差し止め 東京控訴院で有罪判決	太平洋戦争勃発
昭和18（一九四三）	52歳	大審院にて上告棄却（有罪確定）	イタリア降伏
昭和19（一九四四）	53歳	「河合研究所」設立 二月一五日、バセドウ病による心臓麻痺で死亡	米軍、サイパン上陸

参考文献＊河合栄治郎、社会思想研究会／編『河合栄治郎全集第一巻〜二十三巻』（社会思想社）＊江上照彦『河合栄治郎伝』（『河合栄治郎全集』二十三巻別巻）＊社会思想研究会／編『河合栄治郎・伝記と追想』（現代教養文庫 全集別巻、社会思想研究会出版部）＊木村健康「河合栄治郎の生涯と思想」（『河合栄治郎・伝記と追想』）＊鶴見祐輔「交友三十三年」（『河合栄治郎・伝記と追想』）＊蝋山政道「人間として同僚としての河合さん」（『河合栄治郎・伝記と追想』）

【書籍】

＊関嘉彦、林健太郎『戦後日本の思想と政治』（自由選書、自由社）＊ヨハン・ホイジンガ『朝の影のなかに』（中央公論社）＊大河内一男『暗い谷間の労働運動』（岩波新書、岩波書店）＊大河内一男『暗い谷間の自伝―追憶と意見』（中公新書、中央公論社）＊大河内一男『社会政策四十年―追憶と意見』（東京大学出版会）＊扇谷正造『カイコだけが絹を吐く』（雷鳥社）＊関嘉彦『私と民主社会主義―天命のままに八十余年』（日本図書刊行会）＊竹内洋『メディアと知識人―清水幾太郎の覇権と忘却』（中央公論新社）＊竹内洋『大学という病―東大紛擾と教授群像』（中公新書、中央公論新社）＊竹内洋『革新幻想の戦後史』（中央公論新社）＊粕谷一希『河合栄治郎―闘う自由主義者とその系譜』（日本経済新聞社出版局）＊小金井喜美子『鷗外の思い出』（岩波文庫、岩波書店）＊松井慎一郎『評伝 河合栄治郎』（玉川大学出版部）＊松井慎一郎『河合栄治郎 戦闘的自由主義者の真実』（中央公論新社）＊松井慎一郎『戦闘的自由主義者 河合栄治郎』（社会思想社）＊E・S・モース『日本その日その日』（東洋文庫、平凡社／講談社学術文庫、講談社）＊阿部次郎『三太郎の日記』（角川選書、角川学芸出版／角川文庫、角川書店）＊小野塚喜平次『政治学大綱』（博文館）＊細井和喜蔵『女工哀史』（改造社／岩波文庫、岩波書店）＊山本茂実『あゝ野麦峠―ある製糸工女哀史』（角川文庫、角川学芸出版）＊佐々木隆『日本の近代14―メディアと権力』（中央公論新社）＊大内兵衛『経済学五十年』（東京大学出版会）＊森戸辰男『遍歴八十年』（日本経済新聞社）＊芹沢光治良『人間の運命』（新潮文庫、新潮社）＊芹沢光治良『愛の影は長く』（新潮社）＊土屋清『エコノミスト五十年―一言論人の足あと』（山手書房）＊土方成美『マルクス価値論の排撃』（日本評論社）＊土方成美『事件は遠くなりにけり』（経済往来社）＊土方成美『学会春秋記』（中央経済社）＊今村武雄『小泉信三伝』（文春文庫、文藝春秋）＊河合栄治郎、蝋山政道『学生思想問題』（近代日本青年期教育叢書1期4巻、日本図書センター）＊美作太郎『戦前戦中を歩む―編集者として』（日本評論社）＊平野

義太郎『法律における階級闘争』（改造社／研進社）＊佐々淳行『私を通りすぎたスパイたち』（文藝春秋）＊佐々淳行『東大落城―安田講堂攻防七十二時間』（文春文庫、文藝春秋）＊小泉信三『共産主義批判の常識』（講談社学術文庫、講談社）＊杉森久英『昭和史見たまま』（読売新聞社）＊大森義太郎『まてりありすむす・みりたんす』（黄土社／中央公論社）＊稲垣武『悪魔祓いの戦後史―進歩的文化人の言論と責任』（文春文庫、文藝春秋／PHP研究所）＊武田清子ほか『教養の思想』（社会思想社）＊青木育志『河合栄治郎の社会思想体系―マルクス主義とファシズムを超えて』（春風社）＊川西重忠『断固たる精神 河合栄治郎』（桜美林大学北東アジア総合研究所）＊梅沢昇平『安部磯雄と西尾末廣―日本民主社会主義の系譜』（桜町選書、桜耶書院）＊猪木正道『私の二十世紀―猪木正道回顧録』（世界思想社）＊社会思想研究会『社会思想研究会の歩み―唯一筋の路』（社会思想社）＊田久保忠衛『激流世界を生きて―わが師 わが友 わが後輩』（並木書房）＊木川田一隆『私の履歴書』（日本経済新聞社）＊丸山眞男『現代政治の思想と行動』（未来社）＊苅部直『丸山眞男―リベラリストの肖像』（岩波新書、岩波書店）＊三島由紀夫、福田恆存『福田恆存対談・座談集第二巻』（玉川大学出版部）＊永井陽之助『現代と戦略』（文藝春秋／新編＝中公文庫）＊E・サイデンステッカー「日本の不謬ならざる法皇」（『後衛の位置から』未来社）＊産経新聞大阪社会部編『総括せよ！さらば革命的世代』（産経新聞出版）

【雑誌、新聞、小冊子等】

＊河合栄治郎「一学徒の手記」（『経済往来』昭和三年一月号）＊河合栄治郎「大学に於ける自由主義の使命」（『改造』昭和三年六月号）＊河合栄治郎「嫌悪すべき学界の一傾向」（『改造』昭和三年十月号）＊河合栄治郎「高原の生活」（『経済往来』昭和四年十月号）＊河合栄治郎「五・一五事件の批判」（『文藝春秋』昭和八年十一月号）＊河合栄治郎「美濃部問題の批判」（『帝国大学新聞』昭和十年四月十五日付）＊河合栄治郎「改革原理としての自由主義」（『中央公論』昭和十年五月号）＊河合栄治郎「自由主義論争の結末」（『日本評論』昭和十一年二月号）＊河合栄治郎「二・二六事件の批判」（『帝国大学新聞』昭和十一年三月九日付）＊河合栄治郎「時局に対して志を言う」（『中央公論』昭和十一年六月号）＊河合栄治郎「迫りつつある戦争」（『日本評論』昭和十二年七月号）＊河合栄治郎「日支問題論」（『中央公論』昭和十二年十一月号）＊河合栄治郎「時局、大学、教授」（『日本評論』昭和十三年四月号）＊澤田次郎、拓殖大学海外事情研究所『海外事情』＊河上丈太郎「蘆花事件」（『文藝春

秋』昭和二十六年十月号）＊佐藤嗣男「蘆花講演『謀叛論』考」（明治大学人文科学研究所紀要1997）＊松井慎一郎／編『赤城山日記―河合栄治郎 若き日の日記』（桜美林大学北東アジア総合研究所）＊森戸辰男「大学の顚落」（『改造』昭和四年八月号）＊高橋彦博「『森戸事件』前後」（『法政大学学術機関リポジトリ』）＊土屋清追悼集編集委員会／編『著作拾遺』（『回想土屋清』追悼集刊行委員会」）＊有沢広巳、土屋清『回想の河合栄治郎先生』＊美作太郎「編集者として」（『Editor』一九七六年三月号）＊美濃部亮吉「或る自由主義者の悲劇」（『文藝春秋』昭和三十三年十二月号）＊渡部昇一「河合栄治郎の意味」（『文化会議』第127号）＊大森義太郎「まてりありすむす・みりたんす」（『改造』昭和二年十二月号）＊大森義太郎「新装自由主義の虚妄」（『改造』昭和十年八月号）＊清滝仁志「思想史研究者としての河合栄治郎」（『駒澤法学』第8巻第1号）＊清滝仁志「教養と社会改革」（『駒澤法学』第10巻第4号）＊向坂逸郎「ある自由主義者の自己暴露」（『経済往来』昭和十年八月号）＊都立大学関ゼミ同窓会『七十七年を振り返って』＊矢内原忠雄「国家の理想」（『中央公論』昭和十二年九月号）＊青年日本会／編『故河合栄治郎先生を偲んで』（青日会）＊西修「日本国憲法の記述に関する連合国総司令部の検閲の実態」（『駒澤法学』第3巻第2号）＊遠藤浩一「追放解除」（『新日本学』季刊27）＊丸山眞男ほか「三たび平和について」（『世界』一九五〇年十二月号）＊丸山眞男「現実主義の陥穽」（『世界』一九五二年五月号）＊清水幾太郎「いまこそ国会へ―請願のすすめ」（『世界』一九六〇年五月号）＊坂本義和「中立日本の防衛構想」（『世界』一九五九年八月号）＊坂本義和「『力の均衡』の虚構」（『世界』一九六五年三月号）＊高坂正堯「現実主義者の平和論」（『中央公論』一九六三年一月号）＊高坂正堯「海洋国家日本の構想」（『中央公論』一九六四年九月号）＊粕谷一希「高坂正堯の世界」（『アステイオン』二〇〇五年63号）＊永井陽之助「米国の戦争観と毛沢東の挑戦」（『中央公論』一九六五年六月号）＊大内兵衛「東大を滅ぼしてはならない」（『世界』一九六九年三月号）

産経NF文庫

全体主義と闘った男 河合栄治郎

二〇一九年四月十九日 第一刷発行

著 者 湯浅 博

発行者 皆川豪志

発行・発売 株式会社 潮書房光人新社

〒100-8077 東京都千代田区大手町一-七-二

電話/〇三-六二八一-九八九一(代)

印刷・製本 凸版印刷株式会社

定価はカバーに表示してあります

乱丁・落丁のものはお取りかえ致します。本文は中性紙を使用

ISBN978-4-7698-7010-4 C0195

http://www.kojinsha.co.jp